問題解決的／成長促進的援助

カウンセリング，生徒指導実践への基本的視点

増田 實 [著]
MASUDA Minoru

ナカニシヤ出版

はしがき

　私は，昨年（2004年）3月末，東京家政大学を定年退職した。このことは，私にとって大きな区切りのひとつである。この区切りは，あるいは，最大のそれになるかも知れない。これを機にこれまでささやかに著してきた著書や論文のいくつかをまとめて，一冊の本にしてみようという思いが湧いてきた。そして，やや紆余曲折はあったが，その思いの具現化が本書である。これが私にとって意味深い"節目"になれば，望外の喜びとなろう。

　ふりかえってみると，カウンセリングと生活指導（生徒指導）に関する研究と教育・実践は，私の主要な関心領域であり，それらについて学生時代から少しずつではあるが推しすすめてきた，という実感がある。それを要約すると，自己や他者へのさまざまな様相をもつ援助である，と言えそうに思う。これまでに著した著書や論文などをみてもそのすべてがそうであり，そのなかから拾いあげた本書の17篇も同様である。そこで，本書名を「問題解決的／成長促進的援助」とした。

　私は，栃木県教育研究所での教育相談の実践，現職教員に対する教育相談の研修などを最初の仕事としたが，その後大学（郡山女子大学や東京家政大学，筑波大学非常勤講師など）での教育・研究に携わり，その前半は，教職課程に関する授業を主に担当し，また，学生相談にも多くかかわってきた。そのなかでも"生活指導"（今日では，生徒指導という名称が一般的になっている）の授業科目を担当できたことは，私の専攻分野でもあったので，当時としては恵まれた環境のなかにあった，といま思う。第2部の6篇には，この時期に著した著書・論文などを含めているが，今日でも考慮に価する部分があろうと思って本書に採り入れた。また，生徒指導は，"学校心理士"資格取得に要する必

修科目のひとつに数えられているので，その学修に資するような内容の小論も加えた。

大学での後半では，東京家政大学に文学部心理教育学科が新設され，そのなかに"カウンセリング"に関する科目（カウンセリング論，同演習，同実習など）が開設されたので，生活指導とともにこれらを担当することになったので，研究や教育での私のアイデンティティはこれらに向けていっそう強められた，と言える。その後，大学院も開設され，定年前には"臨床心理士"養成機関（日本臨床心理士資格認定協会による第1種認定）に指定されたので，そこでもさらにカウンセリングに関する科目（臨床心理面接特論など）を担当することになった。

これらの科目担当とも関連してこの時期に著した著書・論文などのなかから拾いあげたのが第1部と第3部の計11篇である。これらの篇には，個人への援助機能としてのカウンセリングに関する基礎的・基本的な所論・論述とともに実践に活かされるようなそれが含められている。

私の対人援助へのオリエンテーションは，本書の目次を一瞥しても知られるように"パーソン（あるいは，クライエント）センタード"であり，また，"人間学的"（ヒューマニスティク）である。そこから著された所論・論述には，当然のこととしてその色合いの重複部分が多くならざるを得ないが，拾いあげたそれらをまず，カウンセリングに関するもの（第1部）と生活（生徒）指導に関するそれ（第2部）に分け，つぎに，この両者に関連する援助に関する所論などを第3部にまとめた。

それぞれの部の構成には，とくに系統的な順序（序列）が考えられているわけではないが，その前半にはそれぞれの基礎的・基本的な所論などを置いた，と言える。しかし，読んで頂くときには，その標題を見てどこからでも関心や興味を抱かれた章から始めて一向に差し障りはない。

編集にあたっては，初出著書・論文などに加筆・訂正を加え，また，初出のそれらの一部をひとつの章のうちに含めて標題を改めた部分もある。内容的な重複を避けるようできる限りの考慮を払って編集したが，初出のそれらに限界があり困難であった。読者のお許しを乞いたい，と思う。

副題として，敢えて「カウンセリング，生徒指導実践への基本的視点」を付

け加えた。それは，本書の志向をより明確に示すことを考慮したからであるが，そこには教育にかかわりをもつ方々に少しでも多く読んで頂ければ，という願いが込められている。

　対人援助に関する私の関心は，さらにフォーカシングにも向けられているが，紙数の制約もあり，それらの所論などを本書に載せることができなかった。やや心残りであるが，他日を期したい。

　本書の刊行にあたっては，ナカニシヤ出版の宍倉由高編集長にたいへんお世話になった。初出著書・論文などからの読み込み・打ち出し，そして，初校刷りへの整理など，めんどうな仕事を適切に処理して頂いた。この作業なしには，本書は成り立たなかった。出版にあたり，深く感謝し，重ねてお礼を申し上げます。

2005 年 5 月 8 日・母の日

　　　　　　　　　　　　土浦・霞ヶ浦湖畔の寓居にて
　　　　　　　　　　　　　　　　　　　　増田　實

目　次

はしがき　*i*

第1部　カウンセリング……………………………………………………………1

第1章　パーソンセンタード・アプローチへの軌跡
　　　　――カール・ロジャーズの理論と実践に沿って　*2*
第2章　カウンセリングの基本的な捉え方　*21*
第3章　カウンセリング入門　*35*
第4章　自己表現を大切にするカウンセリング　*60*
第5章　対話とカウンセリング――カウンセラーの役割　*66*
第6章　心理臨床面接における「傾聴」の実践的意味　*72*

第2部　生活指導／生徒指導……………………………………………………89

第1章　人間的成長の援助と生活指導　*90*
第2章　生活指導の方法理論　*109*
第3章　非行と生活指導　*121*
第4章　「荒れる」学校状況とその克服への視点
　　　　――カウンセリングによる「共感」的関係の創造　*148*
第5章　甘やかされている子の心の問題　*159*
第6章　自己実現に関する一試論　*166*

第3部　援助論考 …………………………………………………… 179

第1章　自己再構成へのトレーニング　*180*
第2章　「感」を啓き「観」を創る
　　　　──エンカウンター・グループ体験からの自己の変革　*197*
第3章　グループでの"傾聴"トレーニング　*207*
第4章　教師教育へのヒューマニスティック・アプローチ
　　　　──一教師のカウンセリング学習を通して　*225*
第5章　エンカウンター・グループとカール・ロジャーズ　*237*

初出著書・論文一覧　*253*
索　引　*255*

第1部　カウンセリング

第1章
パーソンセンタード・アプローチへの軌跡
──カール・ロジャーズの理論・実践に沿って

1. はじめに

　パーソンセンタード・アプローチ（person-centered approach，以下PCAと略記する）は，それぞれの個人およびその他者とのかかわりなどに関し，その成長・発展（治療も含む）への可能性を信じ，これをベース（基本的な哲学あるいは信念）にしてすすめるさまざまな自立的・援助的活動の総称である，と言えよう。カール・ロジャーズ（Carl Ransom Rogers　1902.1.8-1987.2.4）は，1970年代後半以降，このことばを好んで使っており，そこには，かれがそれまですすめてきたカウンセリングやエンカウンター・グループなどを含む，個人の自立への援助および人間関係改善などへのそれに関する多くのアプローチが包含されている。

　筆者は，学生時代にロジャーズの著述に少しばかり触れることに始まり，1972（昭和47）年，神戸・摩耶山での"エンカウンター・グループ"（encounter group, EGと略記する）に初めて参加し，また，その翌年（1973年）には"ラ・ホイア・プログラム"（La Jolla Program）に参加することによって[1]，このアプローチへコミットする気持ちがよりいっそう強くなった，とふりかえって思う。そして，カウンセリングへの"私のアイデンティティ"の根はこの辺にある，と捉えている。

　この時期（1970年代前半）には，60年代後半から展開されていた体制批判運動やグループ体験への関心の強まりなどが継続し，個別的形態のワークショップよりもグループとしてすすめるそれが多くなされていたが，ロジャーズは，

自己の推しすすめるグループ体験に対して"エンカウンター・グループ"と呼ぶことが多く，PCAということば，あるいは，その概念を明確に提唱するには至っていなかった。

しかし，"ラ・ホイア・プログラム"などで，小グループ中心のセッションに加え，参加者全員が集って共有し合う体験の場としての"コミュニティ・セッション"（community session）が多く設けられていたことには，暗々裡にPCAへの意志とそれへの志向が含められていた，と推量される。

また，ロジャーズは，1960年代前半以前，周知のとおり個人セラピィやその研究に没頭しており，"非指示的"（non-directive），あるいは，"来談者中心的"（client-centered）なアプローチに関してさまざまな面からの論述を提示しているが，それらをPCAということばで示すことはしていない。この点からみると，カウンセリングや心理療法など個別な手法ですすめられるアプローチは，PCAに含められていないように思われるかもしれない。

このようにかれのこれらのアプローチに対してPCAということばや名称は当時まだあてはめられていないが，その内実には，言外にその意味やかれのその考え方・意図が含まれていた，と思われる。例えば，カウンセリング（心理治療）関係をクライエントの成長経験そのものとして捉えようとしていること[2]，クライエントの変容過程として「固着性（fixity）から変易性へ，固定性から流動性へ，停滞から過程へ」という方向に連続的に変化していくとみなしていること[3]などは，それ自体PCAに通じる脈絡のなかにある，と言える。

これらの点からみると，PCAは，それを言語として明示するか否かにかかわらず，ロジャーズの理論とその実践のなかに一貫して鼓動していた，と推量して間違いないようである。否，それは，ロジャーズかれ自身である，と捉えられるかもしれない。すなわち，PCAには，エンカウンター・グループなどのグループ形態のアプローチに限らず，かれのすすめてきたセラピィを含む個別的アプローチをも併せ包摂される，と考えられ，それに加えて，ロジャーズ自身の成育全般もPCAに含められる，とみられよう。

しかし，既述のように，PCAは，1970年代後半以降ロジャーズ自身によって創始的に提示され，その晩年には，PCAのなかに問題の解決とともに人間の可能性を開く道を求め，それへの挑戦がなされていた，と思われるので，ここ

ではPCAへの軌跡をたどるにあたり，この時期のかれの理論と実践を中心に触れていきたい。

2．パーソンセンタード・アプローチの前奏

　PCAは，ロジャーズの"人間探索"から導き出されたひとつの帰結であった，とみることができよう。それは，かれが著した論文や著書などを刊行順に沿ってみることによってもほぼ確かめられる。

　かれの生涯にわたる論文や著書などを示したリストによると，その数は，226篇にのぼる[4]。これらの文献をそのタイトルによって，①個人セラピィ（クライエント中心療法など），②グループ体験（エンカウンター・グループなど），③分類不能（いずれかに分け難い論文など）に分け，それらを10年間の年代別に示してみると，下表のようになる。

　この数字は，1960年代がこのアプローチに関する研究・実践の分岐的時期になっていることを指し示している，と言えよう。すなわち，1950年代までは，来談者中心的セラピィ（あるいはカウンセリング，以下CCTと略記する）がその研究・実践の中心部分に位置づけられているのに対し，1960年代以降は，集中的グループ経験としてのエンカウンター・グループなどに関しての論文・著述が急増し，70年代以後は，CCTの文献とEG関係のそれが逆転している。

　また，ロジャーズ自身の著書に限ってみた場合でも，この様相は同様である。周知のことであろうが（また，引用文献と重複するが），敢てかれのそれを列

表　ロジャーズ著作文献の分類

	個人セラピィ	グループ体験	分類不能
1920年代	—	—	1
30年代	6	—	1
40年代	18	—	1
50年代	36	3	1
60年代	32	18	5
70年代	12	31	11
80年代	11	29	10

記して確かめておこう。

① Measuring Personality Adjustment in Children Nine to Thirteen 1931
② The Clinical Treatment of The Problem Child 1939
③ Counseling and Psychotherapy 1942
④ The Case of Mrs.Ett 1947
⑤ Client-Centered Therapy : Its Current Practice, Implications and Theory 1951
⑥ On Becoming A Person 1961
⑦ Personality Adjustment Inventory 1961
⑧ The Therapeutic Relationship and Its Impact : A study of Psychotherapy with Schizophrenics 1967（共著）
⑨ Person to Person : The Problem of Being Human 1967（共著）
⑩ Freedom to Learn : A View of What Education Might Become 1969
⑪ Carl Rogers on Encounter Groups 1970
⑫ Becoming Partners : Marriage and Its Alternatives 1972
⑬ Carl Rogers on Personal Power 1977
⑭ A Way of Being 1980
⑮ Freedom to Learn for The 80's 1983

　これらの著作をみると，1960年代後半の著書を境にしてその前後ではその趣が大きく異なっている。すなわち，⑧以前のそれぞれの著作は，そのすべてがCCTそのもの，あるいは，CCTに関する著述であり，⑨以降のそれらは，CCTに触れてはいるものの，⑪に示されているようなEGに関する著述，あるいは，⑬，⑭にみられるようにPCAに関連しそれを強調する著述に傾いている。

　ロジャーズ自身のこれらの著作から知られるように，かれは，一貫して人間（個人 person）に関心を寄せ，その内実をその個人に即して明らかにするとともに，その成長への寄与を探索していた，と言えよう。それは，例えば，CCTの理論を構成することに集中し，数多くの実証的研究をすすめるなかから，パーソナリティと行動に関して19の命題[5]を提示しているが，この命題のそれぞれを精査吟味することによってもその一端が知られる。「有機体は，自己

(the experiencing organism）を実現し，維持し，促進しようとする基本的な傾向（tendency）と欲求（striving）をもっている」[6]という命題は，それを如実に示している，とみられよう。

　このように，1960年代の分岐的時期以前にあっても，かれは，CCTそのもののなかにPCAに結びつく示唆を表明していた，と考えられる。加えて，かれは，常に挑戦のなかにいた，とみられる。それは，疑問や未知への挑戦であり，その一端は，自分自身の「老いと成長」について述べたなかのつぎのような記述からも推量できる。

　　「私は，安全や確実性には退屈する。……私が新しい試みを好む主要な理由は，成功しようと失敗しようと，それを試みることによって学びとる，というように気づいてきたことである。学習，とりわけ経験による学習は，私の人生を価値あるものにした主要な要因である。このような学習は，私自身を大きくする助けとなる。それゆえに冒険を続けているのである。」[7]

　PCAは，かれ自身のこのような挑戦から導かれた必然的な帰結であった，と言い得るであろう。

3．パーソンセンタード・アプローチへの志向

　ロジャーズは，「人間関係に関する考え方とその発展」のなかで，"非指示的面接法"について回想的に触れた後，つぎのように述べている。

　　「しかし，私は，クライエントを信じ，そして，かれ自身の問題探究・解決能力を信頼する，という新しい発見が，思いもよらないほど他の領域にも広がっていくことに気づいた。……私は，治療の新しい方法を仕始めたのではなく，生き方や対人的かかわりに関する全く新しい考え方に乗り出したのに気づいたのである。
　　オハイオ（1940年から約4年間：引用者付記）では，このことの一部を実践に移した。そして，シカゴ大学の新設されたカウンセリング・センターで，自分の考え方に基づいてスタッフを選びその運営を始める機会が与えられたときには（1945年：引用者付記），人間関係に関する新しいアプローチの理論構成がなされ，また，実行に移す準備がなされていたのである。」[8]

そして，かれは，1946年にシカゴで初めてこの種のワークショップを開催している。これは晩年に至るまでかれ自身が深く関心を寄せ実践していたEGのスタートであり[9]，また，PCAの萌芽がそこにあった，とみることができる。

このようなアプローチは，その後1960年代の前半，かれが大学を離れ（1963年，ウィスコンシン大学を辞職）カリフォルニア州のラ・ホイアに移ることによって新しい展開をみせることになるが，ロジャーズは，このアプローチについてつぎのように述べている。

「パーソンセンタード・アプローチは，つぎのような前提に立っている。すなわち，人間は，外的・内的状況を評価し，自分自身をその脈絡において理解し，生活上の新たな段階に関して建設的に選択し，その選択に基づいて行動することができる，というような基本的に信頼し得る有機体である。」[10]

そして，有機体と人間，PCAに関して，つぎのように触れている。

「すべての有機体には，どのようなレベルの場合であっても，その生得的な可能性を建設的な方向に達成しようとする基本的な動きの流れ（flow of movement）が存在する。人間には，完全な発達に向かう自然な傾向（natural tendency）が秘められている。このことについてもっともよく使われることばは，実現傾向であり，それは，すべて生命のある有機体に存在する。これがパーソンセンタード・アプローチの拠って立つ基盤である。」[11]

人間を含む有機体のもつ潜在的可能性の実現傾向（actualizing tendency）については，すでに1950年代後半，CCTの仮説検証などから導き出されており，それへの信頼の重要性が指摘されている[12]。ロジャーズが個人セラピィにおいて求めた理論的根拠は，それがそのままPCAの基盤になっており，その根は同じところにある，とみることができる。

言い換えるならば，このアプローチは，かれの個人セラピィと同じ根から咲いたもうひとつの花なのである。そして，既述のように，このアプローチへの志向は，1940年代すでにかれ自身のうちに芽生えていたが，その新たな発展は，ラ・ホイアの地で始動した。

"人間研究センター"（Center for Studies of the Person）の設立が，まずそのひとつにあげられよう。ロジャーズは，1964年"西部行動科学研究所"

(The Western Behavioral Science Institute)に移ったが，その後同68年，その研究所のスタッフ25人（その半数）とともにこの新たなセンターを設立した。

　このセンターは，その後，かれの研究・実践のための中核的地点，すなわち，PCAの拠点となるのであるが，その組織自体がこのアプローチに基づいて運営されていた。これは，すでにシカゴ大学のカウンセリング・センターで試みられた組織運営がその下敷きにされていたと思われるが，ここではこの組織の代表者をおいてはいるが，その代表者によって管理されたり，他のスタッフの誰かが管理的にすすめるということは，一切排除されている。それは，"非組織的な組織"であり，ひとつのコミュニティとなるよう運営されていた。センターのスタッフは，そこで企画したそれぞれの研究やプロジェクトから得られた収入の一部を納入し，それがこの組織の運営費用にあてられる，という形態をとってすすめられる。

　ここでは，各スタッフの企画によってさまざまなプロジェクトが提案され実施されるが，それは，この組織のこのようなあり方に由来した，とみられる。これらのプロジェクトには，首から上を中心とする知識修得的研修の類よりも，個人の体験に焦点を合わせた集団やグループを中心とするワークショップ形態のそれが多く含まれており，これらはこのセンター設立当初から"エンカウンター・グループ"と呼ばれることが多かった。

　PCAへの志向の新たな発展には，このEGそれ自体が他のひとつへの促進剤になっていた，と言えよう。当時（1960年代後半）米国では，大学改革など体制批判を含む革新的な動きが燎原の火の如く広がり，それと相俟って"集中的グループ経験"（intensive group experience）と呼ばれる活動が急速な広まりをみせていた。これは，ひとつの大きなうねりの様相を呈していたので，"人間性回復運動"（Human Potential Movement）とも呼ばれていた。

　そして，この集中的グループ経験は，実際にはさまざまな名称によってなされていた。Tグループ，エンカウンター・グループ，感受性訓練グループ，課題志向（task-oriented）グループ，感覚（身体）覚醒グループ，創造性ワークショップ，組織開発グループ，ティーム形成グループ，ゲシュタルト・グループ，シナノン・グループなどがそれであるが，これらのグループには，「リーダーもメンバーも，その場での個人の相互作用のプロセスとダイナミックスに

焦点をあてる」という共通性があり[13]、これらのグループ経験をすすめるセンターなどが各地に誕生していた。

このようななかで、ロジャーズは、EGに中心をおくプロジェクトをこのセンターの仲間スタッフとともに推しすすめていたが、その代表的なひとつに"ラ・ホイア・プログラム"がある[14]。このプログラムは、ロジャーズの歿後も開催されるほど長期にわたってすすめられており、最盛期には年数回、少ない場合でも年1回は開催されてきた。参加者は、ひとつのプログラムで70-80人になることも多く、世界各国からのそれがしばしばみられた。また、このプログラムのファシリテーター（facilitator）養成に資する点が大きかったことは、特筆される。

このプログラムの中身は、その開催時期によって多少異なっているが、おおむね①小グループ経験（small group experience）、②コミュニティ・ミーティング（community meeting）、③テーマ別グループ（thematic group）、④ファシリテーター経験週末グループ（co-facilitate weekend group）、⑤その他（ダンスやリラクセーションなどの自己開放的活動、ロジャーズとの直接対話や面接などの"ロジャーズ・セッション"など）が全日程のなかに含められており[15]、その期間は、もっとも長い場合には3週間にもおよんでいる。

このプログラムでは、これらのうち①と④のセッション数が多く、また、それに多くの時間があてられている。プログラムの重点がこの二つにおかれているのが知られよう。①は、EGそのものである。④も同様であるが、ここでは、このプログラム参加者がファシリテーターを体験する場として設定されている。したがって、このプログラムでは、参加者以外にこのセッションのための参加者が新たに募られ、その人たちをメンバーとするEGが実施されるのである。このように、このプログラムは、1回開催されるごとに、この参加者のEG体験とファシリテーター体験（これがファシリテーター養成に結びつく）に加えて、新たな参加者のEG体験を生み出している。その数は、ひとつのプログラムで600人にものぼる、とみられる。

ロジャーズは、また、教育への実践的改革にも強く関心を寄せているが、EGを導入してこれに挑戦した代表的なひとつが"イマキュレート・ハート・プロジェクト"（Immaculate Heart Project）である[16]。これは、ロジャーズが

夢として企画し，人間研究センターのスタッフたちとともに1967年からすすめられた組織的な教育改革とその評価を含む数年にわたるプロジェクトであるが，その核心は，「教育全体のシステムのなかで変革の可能性を開発する」[17)]ことにあった。

二つの財団などからの資金援助がやっと得られ，対象組織（イマキュレート・ハート・システムの大学，ハイスクール，小学校とその管理機関）の了解を得て，まず組織の管理者，ついで教授や教員がEGに参加することから始められ，さらに，学生などの参加を得てすすめられた。このように教育現場の学校ばかりでなく，それらを含む教育システム全体にわたる多くの関係者がそれぞれEG体験をもつに至ったこと自体，ひとつの大きなプロジェクトであった，と言えよう。

このEG体験は，教育組織の管理・運営や教育実践の方法，授業など教育システムの諸々の面にそれまでにみられない変革をもたらすこととなった。それらには，肯定的・否定的両面が含まれていたが，3年後の1970年には部外者による査定がなされ，EGが組織の発展プロセスと構造に影響を与えること，授業のすすめ方などに種々の革新がなされたこと，大学がよりいっそう人間中心の場としての傾向を強めたこと，などが確かめられた。

このようなEGに関して，ロジャーズは，当時それをPCA，あるいは，そのひとつであるとは明言していないが，かれの研究・実践の脈絡からみるならば，これは，このアプローチへ志向する新たな発展の芽になっている，と考えられる。

ロジャーズは，さらに"ラ・ホイア・プログラム"のコミュニティ・ミーティングに注目するようになり，つぎのように述べている。

> 「昨年（1969年），スタッフは，コミュニティ・ミーティングという考え方を実験的に採り入れた。それは，参加者全員がコミュニティをつくるよう，くり返し集中的にミーティングをおこなうものであるが，そこには，参加後それぞれの生活の場にとくに応用できるであろう，という発展性がある。参加者がいったんエンカウンター・グループを経験した後には，大きなコミュニティであっても，このようなグループの親密な風土に染めていくことができ，大きな成功を収めることが認められた。」[18)]

このように，コミュニティ・ミーティングは，それ自体がひとつのコミュニティとして形成されること，そして，そのプログラムのなかだけでなく，人間生活のさまざまな場（領域や分野）にまで適用される可能性が含まれていることを示唆しており，それがPCAという概念を実践的によりいっそう明確にしていく契機となった，と思われる。

4．パーソンセンタード・アプローチの展開

その後，ロジャーズは，好んで"パーソンセンタード・アプローチ"ということばを使い，それに沿ったさらなる挑戦をすすめていくが，それをかれは自ら"静かなる革命"（quiet revolution）と呼んでいる。そして，「われわれの仕事がいかに"根源的"（radical）であり"革命的"（revolutionary）であったかということに気づいたのは，ごく近年のことである」[19]と述べている。

"パーソンセンタード・アプローチ"ということばがいつどこで最初に使われたのかをここでは明示できないが（筆者・未調査），ロジャーズは，1970年代半ば以降，そのことばに沿った実践的，また，理論的な展開をさまざまな分野にわたってすすめている。

このアプローチは，既述のように，個人（人間）のもつ潜在的可能性の実現傾向への信頼を基盤（人間観）としてすすめられるが，そこには，個人セラピィのような1対1の対人的状況とともに100人を超えるような大きな集団（large group）のそれを含み，それぞれの個人の課題探索や心理的成長，あるいは，新たなコミュニティの形成などが相互的なかかわりのなかで展開される，と言える。

そして，このアプローチの展開に関して，ロジャーズはつぎのように述べている。

> 「……人間関係のこの公式化されるようになった（この論文に包含されている）考え方は，個人が介在するあらゆる状況に適用できる，という仮説に深い確信を得ている。それは，心理的治療，結婚生活，親子の問題，教師と生徒の関係，地位の上下関係，人種・民族間の問題に適用できる，と信じられる。」[20]

PCAは，この叙述のように，われわれの存在やそこで生じる葛藤などさまざまな問題に向けてなされるようになるが，そのなかでも1975年に開催された"パーソンセンタード・アプローチ―個人の成長過程とその社会的意義―"（A Person-Centered Approach : The process of individual growth and its social implications）と名づけられたワークショップは，このアプローチの展開を示唆する主要なひとつにあげられよう。

そして，その目的のなかにはつぎのような記述がある。

> 「個人の価値と尊厳や自己指示（self-direction）への能力を信じる人びとが共にひとつのコミュニティを形成する場を提供する。……われわれは，個人に内在する力を開放する方法があれば，それをすべて歓迎する。そのコミュニティが（参加者それぞれの）専門性，個人的な疑問・問題・満足，創造性およびその変革を分かちもつようになることを願っている。われわれは，このワークショップが自己理解と自己指示的行動を喚起することのできる心理的風土を提供する，と確信している。……」[21]

このワークショップの開催期間は16日間であり，その内容には，コミュニティ・ミーティングをはじめとして関心別グループ，小（エンカウンター）グループ，セミナー，対人的技法の実践と発展に関する図書・録音テープ・映画・その他の機会，柔軟性のある行動を生み出す体験などが用意されていた。

開催にあたっては，その企画，スタッフの選出や依頼，運営方法などに関して仔細にわたる検討がなされており，その準備に多くの時間と労力が費やされている。ここからは，PCA展開への新しい試みに対する強い挑戦的意欲が感じさせられる。

このワークショップの具体的な実施スケジュールは，その参加者に対して，当初の5日間について提示されたのみであった。しかも，それは，ひとつの可能性としてであった。その後の11日間については，136名の参加者の意志や考えなどそれぞれのもつ資源に応じて決められたが，この5日間のスケジュールには，1セッション3時間のコミュニテイ・ミーテイングが3回組み入れられていた。これは，それまでの他のワークショップではほとんどみられないスケジュールであり，このような点にPCAの特徴が表されているとともにそのフィロソフィ（PCAの哲学や人間観など）が顕現されている，と言えよう。

小グループ（EG）での体験やその他の活動経験と相俟って，このような長時間にわたるコミュニティ・ミーティングをくり返し継続して体験することにより，嫌悪・困惑・不安・絶望・葛藤などの否定的状況を超えて，参加者の大多数が内面的に触れあい響きあいなから，相互につながりをもつひとつのコミュニティが形成されるに至ったが，その過程で，「自分の気持ちを信頼できるようになった」，「私は私である」，「私の社会観を変化させ，信頼と意欲をもたらせられた」などの気づきや変革を参加者の内面に喚起させている。

 そして，ロジャーズは，このワークショップに関して，PCAとして期待を超えた望外の成果があり，このアプローチの原型をそこに見出した[22]，と述べている。

 既述のように，かれは，EGを含むこのアプローチがわれわれの生活のさまざまな分野に適用されることを予測していたが，その予測をこのワークショップ開催前後10年の間に実践に移す，という挑戦をおこなっている。家庭における親子関係のあり方，結婚生活での夫婦間の問題，教育の場における教師と生徒との関係や学習促進の方法，企業などにおける組織運営・経営の変革，地位や人種差別による抑圧からの解放，異文化やイデオロギー・宗教における対立の解消などへのPCAの適用がそれであるが，これらを実践するなかで"静かなる革命"が推しすすめられた。その一部は，かれ自身の著書として公刊されている[23]。

 PCAは，さらに，個人内の，個人間の，小集団間の，そして，大集団間のさまざまな緊張や対立・葛藤などの解消への手だてになると予想され，ロジャーズは，このアプローチを自国内ばかりでなく，海外の各地でもすすめている。それらには，ベルファストでの北アイルランド紛争解決への試み（1972年）をはじめとして，ブラジル（1977年），南アフリカ（1982年），オーストリア（1985年），ソビエト連邦（1986年），その他ローマ，パリ，ワルシャワ，ベネズエラ，わが国などでのワークショップやプロジェクトがあげられる。

 このうち，ベルファストでのそれは，1969年以来，IRA（反英武装組織アイルランド共和軍）の爆弾テロや暴力行為が続いていた北アイルランド紛争のなかで，偏見や憎悪，不信などの対立感情をもつ11名のメンバーとともにすすめたEGであるが，3日間24時間にわたるグループ・プロセスを映像にまとめ，

"スチール・シャッター"（The Steel Shutter）という名でわれわれに提供されている[24]。これは，宗教や政治の対立に由来する大きな集団間の緊張解消に向けてなされたPCAの先導的なモデルのひとつである，とみられよう。

　また，ブラジルでのワークショップは，リオ・デ・ジャネイロなど3か所で開催されたが，それは，"シクロ"（ciclos）と呼ばれ，500人から800人にもおよぶ多人数の参加者（large group）でおこなわれた。初期の混沌とした状況から，ワークショップの進行にともない，参加者の感情や体験の分かち合いを通して"共にいる"という感覚をもつコミュニティの形成がなされ，それとともに，ここでの体験が参加者のその後の仕事や生き方に活かされる，というようなことが認められ，このワークショップからPCAの未来への示唆がなされた。そして，ロジャーズは，この点についてつぎのように述べている。

　　「非常に短かい時間であっても，大集団の人びとが不確かな未来に対してそれぞれの仕方でより適切に生きようとし始める，ということをわれわれは学んだ。
　　〈中略〉
　　かれらは，他人を尊重すること，競争よりも協力することが基調となってコミュニティの感覚を伸ばすことができたのである。」[25]

　南アフリカでのワークショップは，PCAを人種差別の解消に向けてなされた挑戦であるが，オーストリアのそれは，世界平和を視野に入れたPCAの展開である，と言えよう。

　このワークショップは，ウィーンのルストで開催されたので"ルスト・ワークショップ"（Rust Workshop）[26]と呼ばれているが，PCAを国際的な紛争による緊張の緩和に適用し，国家間の相互理解・コミュニケーションの促進に資するよう意図した最も大きなプロジェクトであったとみられる。それは，参加各国の政府関係者，大学教授，財界人などを招くかたちで実施したこと，その滞在に要する費用などの資金を集めたこと，これらを含め開催準備に数年の期間があてられたこと，によっても知られる。

　ちなみに，その参加者，参加国，資金などについてその概要を以下に示しておく。

　参加者：中央アメリカ諸国の前大統領3人，コスタリカ副首相，3人の外務

大臣，7人の現職大使，7人の国会議員，4人の現職政府高官，7人の大学教授，8人の財団・民間機関の職員，5人の和平活動家，2人の著述家，資金援助銀行の重役2人，など50名。

参加国：コロンビア，メキシコなどの中南米諸国から8か国，インド，フィリッピンの東南アジア2か国，オーストリア，西独などヨーロッパ諸国から6か国，および，アメリカ（計17か国）。

資金：カーネギー財団から25,000ドル，匿名者から30,000ドル，その他オーストリアの銀行頭取によるホテル提供と参加者全員の滞在費。

このワークショップでは，全日程（4泊5日）のうちコミュニティ・ミーティングが5セッション（毎日午前4，最終日午後1），小グループが3セッション（中3日間の午後），その他にロジャーズのレクチャー・セッションなどがプログラムとして配置されていた。その経過は，参加者がこのようなメンバーであっても，他のPCAワークショップのそれとほぼ似たような過程をたどり，「全体としてみると，緊張が減少し，コミュニケーションの回路が開かれた」[27]，と言われる。

改善されるべき点などもいくつかみられたが，このプロジェクトが成功に導かれた要因の大きなひとつは，ロジャーズとともに参加した"人間研究センター"のスタッフがPCAのすすめ方（how to do）を提示するのではなく，PCAのあり方（what to be）を表明しながら共に参加していたことである。そして，「1対1の，人間対人間の対話の原理が，国際紛争における人間相互の信頼関係の回復に役立つ」[28] モデルを構築する手がかりがここから得られたのではないか，と思われる。

また，ワルシャワでおこなわれた"ポーランド・ワークショップ"（Polish Workshop）では，専門家間（小集団間）の対立・葛藤が洗練されたかたちで解消された[29]，と記述されている。さらに，わが国でのワークショップ（1983）については，『カール・ロジャーズとともに』（畠瀬直子他編　1986　創元社）にその記録が詳しく記されている。

5. パーソンセンタード・アプローチを超えて

ロジャーズは，PCAに至る自己をふりかえり，その契機についてつぎのように述べている。

> 「何か月か前，私にとって奇妙なことが起こった。それは，以前に心霊経験（psychic experience）を得たときのものに非常に近いように思う。私は机に向かってある仕事をしようとしていたが，そのとき突然閃光が走り，"私は人生をゆったり（softly）歩む"という完全な一文が浮かんだ。その閃きには当惑したが，それはその仕事と何ら関係がなかったので，そのまま放っておいた。その後しばらく経て，その"閃き"という不思議さに強く打たれ，それについて思いめぐらした。」[30]

そして，この"閃き"がいま居る自分自身へと導いた，とも述べている。それはPCAへの道すじであったが，その後かれは，神秘的・心霊的な事象を含む"超越的なものの存在"にさらに惹かれ，それへの関心を示している。

かれの妻・ヘレンの死（1979年3月）前後に起こったかの女にまつわる心霊（spirituality）現象に接し，つぎのように述べている。

> 「これらの経験はすべて，その人の魂が永続的である，という可能性に対して自分自身をよりいっそう許容的にしたし，そのようなことは，これまでにないことであった。これらの経験は，通常では考えられない現象にまで関心を寄せるようにさせられた。」[31]

また，自然科学や社会科学などでの事実や研究の方法に論考を加え，「"唯一の"現実が必要か？」のなかで，現存する"真の世界"（real world）とは何かという問いを投げかけ，それについてつぎのように述べている。

> 「これらのことは，巨大な神秘的世界（mysterious universe）—われわれが未だその一部しか知らない内的世界あるいは精神世界—が存在するであろう，ということを示している。そのような世界は，"これが現実の世界である，としてすべて知っている"というわれわれの安心した信念に対して，最後の一撃を与える。……それは，われわれが見て触れて把握することのできるような事象のなかには存在しない。……それは，客観的な世界とはまったく異なっている現実で，神秘的

な，しかも，通常では測りしれない"もうひとつの現実"（separate realities）を考慮に入れなければならない。」[32]

かれのこのような超越的事実への接近は，真理の唯一性という固定的な観念（考え方）から離れ，真理は人間の数と同じほど多く存在しており，それに応じた生き方を求めよう，という示唆であり，また，それぞれの独自な真理を認めあいながら共に存在し，共に生きよう，という暗示でもある，と言えよう。それは，かれの"超越的なものの存在"へのたんなる興味・関心ではなく，PCAからの由来とその帰結の両面を含むかれ自身のありようを示している，と推量される。

6. おわりに

PCAは，1970年代後半以降，世界各地へ急速な広まりをみせ，カウンセリングや心理治療の専門家ばかりでなく，非専門家の多くの人たちにも受け容れられ，大きな関心事となった。そして，これに関連するワークショップも数多く開かれるようになった。このような流れのなかから，このアプローチに関する国際的なワークショップや研究集会（conference）が組織的に開催されるようになったが，その主要なひとつに"国際パーソンセンタード・アプローチ・フォーラム"（International Forum of Person-Centered Approach）がある。

これは，フォーラムと名づけられてはいるが，その中身はこのアプローチそのものの実践をその中心に据えており，ロジャーズの考え方（philosophy）がほぼそのまま生かされている点に特色がある。1982年，メキシコでその第1回フォーラムが開催され（19か国からの参加者があった），その後，イギリス（ノリッチ，同84年），アメリカ（ラ・ホイア，同87年），ブラジル（リオ・デ・ジャネイロ，同89年），オランダ（ターシェリング島，同92年），ギリシャ（レプトカリャ，同95年），南アフリカ共和国（ヨハネスブルグ，同98年）と2～3年ごとにおこなわれてきており，2001年にはわが国（兵庫県赤穂）で開催された。

また，他のひとつに"国際クライエント中心的・体験的心理療法会議"（International Conference on Client-Centered and Experiential Psychotherapy）

があげられよう。これは，前者のようにPCAを標榜せず，また，ワークショップ的性格も希薄であるが，ロジャーズの考え方を背景にした国際的な研究集会（学会）であり，1988年にベルギーで初めて開催され，その後3年ごとに他の国で開かれている。2003年には，その名称の変更（World Conference for Person-Centered and Experiencial Psychotherapy and Counceling）とともに第6回大会がオランダで開催されている。

さらに，"パーソンセンタード・アプローチ発展学会"（Association for the Development of the Person-Centered Approach）があげられる。これは，アメリカの国内学会的な組織であるが，国際的な性格もあわせもち，1986年ロジャーズの縁の地，シカゴ大学で産声をあげ，その後年1回アメリカの各地で大会的に開催されている。シカゴでの第1回のそれは，PCA的な運営によってすすめられたのが印象的であった[33]。

わが国では日本人間性心理学会や人間関係研究会が設立され，とくに後者は，ロジャーズに学び，かれの理論や実践にコミットする人たちが集まり，エンカウンター・グループを中心とするワークショップを数多く開催してきている。2000年度にはその発足（1970年，畠瀬稔代表）30周年を記念する意味も含めて，そして，PCAの色合いをよりいっそう強めてワークショップ（コミュニティ・セッションを中心にしたグループ，山梨県・清里）を開催した。これは，われわれのひとつの挑戦である，といえる。そして，PCAのこれまでの軌跡に沿って，新しく迎える世紀での自己自身を含めた人間のもつ可能性の発展，人間関係の進展を求めた実践であった。

〈引用文献〉
1) 増田實 「研究会20年のなかで」ENCOUNTER出会いの広場 No.12 1911 pp.57-59
2) Rogers, C.R. Counseling and Psychotherapy Houghton Mifflin 1942 p.30 （佐治守夫編 友田不二男 カウンセリング ロージャズ全集第2巻 1966 岩崎学術出版社）
3) Rogers, C.R. "A process Conception of Psychotherapy." American Psychologist 13 1958 pp.142-149 （伊東 博編訳 サイコセラピイの過程 ロージャズ全集第4巻 第7章 1966 岩崎学術出版社）
4) Kandel, N. et al. Alphabetical Bibliography of the Work By and About Dr.Carl

R.Rogers, 1922-1987　1990　Center for Studies of the Person
5) Rogers, C.R.　Client-Centered Therapy　Houghton Mifflin　1951　pp.481-533　（伊東博編訳　パーソナリテイ理論　ロージャズ全集第8巻　1967　岩崎学術出版社）
6) Rogers, C.R.　op cit.　1951　p.487
7) Rogers, C.R.　A Way of Being　Houghton Mifflin　1980　pp.77-78　（畠瀬直子監訳 人間尊重の心理学　1984　創元社）
8) Rogers, C.R.　op cit.　1980　pp.37-38
9) Rogers, C.R.　op cit.　1980　p.39
10) Rogers, C.R.　Carl Rogers on Personal Power　Delacorte Press　1977　p.15（畠瀬稔・畠瀬直子訳　人間の潜在力　1980　創元社）
11) Rogers, C.R.　op cit.　1977　pp.4-8
12) つぎの著述など参照. Rogers, C.R.　A Theory of Therapy, Personality and Interpersonal Relationship as Development in the Client-centered Framework　1959
13) Rogers, C.R.　Carl Rogers on Encounter Groups　Harper & Row　1970　pp.4-6（畠瀬稔・畠瀬直子訳　エンカウンター・グループ　1973　ダイヤモンド社）
14) Rogers, C.R.　op cit.　1970　pp.149-157
15) 増田 實　ラ・ホイア・プログラムへの参加経験　人間関係研究会資料No.7　1977　pp.2-6
16) カール・R・ロジャーズ　イマキュレート・ハート・プロジェクト―教育の自己主体的変革の実験―　エジュケーション　関西カウンセリングセンター　1980　pp.161-214
17) カール・R・ロジャーズ　前掲書　1980　p.165
18) Rogers, C.R.　op cit.　1970　p.153
19) Rogers, C.R.　op cit.　1977　p.xii
20) Rogers, C.R.　op cit.　1980　p.45
21) Rogers, C.R.　op cit.　1977　pp.151-152
22) Rogers, C.R.　op cit.　1977　pp.183-184
23) Rogers, C.R.　Becoming Partners　Delacorte Press　1972　（村山正治・村山尚子訳　結婚革命　1982　サイマル出版）および 同　Freedom to Learn for The 80's　Charles Merrill　1983（友田不二男監訳　自由の教室　伊東 博監訳　人間中心の教師　友田不二男監訳　教育への挑戦　岩崎学術出版社　1984～1985）
24) パトリック・ライス　畠瀬 稔・東口千津子訳　鋼鉄のシャッター　2003　コスモス・ライブラリー
25) Rogers, C.R.　op cit.　1980　pp.334-335
26) 村山正治　エンカウンター・グループとコミュニティ　ナカニシヤ出版　1993　pp.104-117
27) 村山正治　前掲書　1993　p.112
28) 村山正治　前掲書　1993　p.116
29) Rogers, C.R.　op cit.　1980　pp.94-95
30) Rogers, C.R.　op cit.　1977　p.xi

31) Rogers. C.R.　op cit.　1980　pp.91-92
32) Rogers, C.R.　op cit.　1980　pp.101-102
33) 増田 實　ADPCA 第1回大会に参加して　1987　未公刊資料

<注> 本稿は，「パーソンセンタード・アプローチ—1960年代後半からの理論—」（現代のエスプリ No.374『クライエント中心療法』pp.65-77) の一部を修正・加筆して『パーソンセンタード・アプローチ』（ナカニシヤ出版　1999年）に掲載された。

第2章
カウンセリングの基本的な捉え方

　カウンセリングへの関心やその必要性は，周知のように，今日広く，また，強く求められています。これは，新聞や雑誌，広告，あるいは，日常の会話のなかでカウンセリングということばが使われていることによっても知られるでしょう。

　学校教育の場でも，今日ほどカウンセリングが求められ，それへの関心が示された時期はなかったように思われます。社会状況の変化や教育上の諸問題への対応などに対して考慮が払われるなかで，児童・生徒への個別的な指導や援助が欠かせなくなってきていることがカウンセリングへの関心を生ましめている，と言えるでしょう。

　しかし，このような関心や必要性が求められている一方で，カウンセリングに関しては，必ずしも間違いのない理解がなされているかと言えばそうとは限らないようです。例えば，"扱いに困るからカウンセリングを受けるようにする"というように考えている場合があるようですが，これはカウンセリングについてまったく誤解している，と言っていいとも思います。

　結果的にみると，扱いに困る子ども（児童・生徒）がカウンセリングの対象になる，という事態を生じることはあります。しかし，これは，困るからカウンセリングを，ということとは違うのです。この違いのなかにカウンセリングへの認識の確かさと不確かさが表されている，と言えるのです。

　カウンセリングの種々の理論や技法に触れる前に，カウンセリングに関して間違いのない認識が得られるよう，いくつかの点をまず述べておきましょう。

1. カウンセリングへの関心・必要性

　ひとつのことが多くの人から関心が寄せられ，その必要性が考えられる背景には，肯定的な状況がある場合もあるが，逆に否定的な場合もあります。カウンセリングについてみると，これへの今日的関心・必要性は，一般的に否定的な状況から起こっている，と言えそうです。

(1) 否定的状況への対応

　かつて，現代は「不安」の時代である，と言われたが，いま私たち一人ひとりの内側に，それぞれ異なっているが「不安」が生起していることは間違いのない事実のようです。「不安」の生起は，生きていることの証しである，と言えるのですが，この「不安」は，今日，よりいっそう増幅される状況が私たちの周囲に広がっています。
　共同体的社会が解体し，私たちは孤立的状態で大衆社会のなかに投げ出されている，とみることができそうです。これは，学校社会についても同じように捉えることができます。このなかで，個人（児童・生徒）は，生活の不安，孤立の不安，競争の不安などにさらされている，と言えます。他方，「飽食」の時代と言われるように，物質的には多くの生活用品などが豊かに身のまわりに存在しており，そのことが物質的欲望をいやおうなく駆り立てさせる状況にある，と言えます。また，情報量の多さも，これまで私たちが経験したことのないほどです。情報の洪水によって，事の本質をかえって見えにくくさせられている，と考えられます。さらに，「価値観多様化」の時代とも言われます。確かに，今日，絶対的に善しとすることが何であるかが捉え難くなっている，と言えるでしょう。単一の価値観によって支配される社会では，混乱は少ないけれども，人々の精神的な自由が制約されて，そこでの進歩・発展が望みにくくなると考えられます。他方，多様な価値観をもつ社会では，何を支えにするかが見定められず，迷いと混乱を生むようになることも事実です。とくに，教育に関してみると，価値観の多様化は，教師や親などにより多くの不確かさをもたらし，一歩踏み出しにくい状況を生み出すようになるでしょう。そして，対人的疎外がその結果として起こってきます。

「つきあい」はできるが，「ふれあい」は容易につくり得ない，と言われるが，このような社会的状況においては，人との「ふれあい」がよりいっそう困難になります。学校でも，家庭でも，その他の生活の場でも，「ふれあい」がなかなかできないでいるのが現状ではないでしょうか。しかし，私たちは，誰でも心と心との「ふれあい」を求めているのです。

非行，暴力，登校拒否，学校嫌い，自殺など，多くのこのような否定的な事態は，その底辺（あるいは，目に見えない背景）を探ってみると，この「ふれあい」に欠けていることから生じている，とみることができます。

カウンセリングは，後に触れられるように，「ふれあい」の関係をつくっていく働きのひとつと考えられますが，一般的にはこのように観ることは未だ十分なされていないようです。それよりも，非行，暴力などの否定的な事態への対応策・打開策として考えられる傾向が強く，このことから，カウンセリングが誤って理解されている場合が多いように思われます。このように，否定的な状況と結びついてカウンセリングが求められるのは，学校などの教育的側面からだけでなく，企業や社会一般のなかでも同様である，と言えます。

(2) カウンセリングの本来的必要性

しかし，カウンセリングが最初に始められた理由（関心・必要性）は，このような否定的な状況を背景にしていたのではない，と言われています。

今日のカウンセリングの起源をたどると，20世紀初頭アメリカで起こった3つの運動（職業指導運動，教育測定運動，精神衛生運動）がその背景にある，とされています。職業指導運動は，1908年，フランク・パースンズ（Parsons, Frank）がボストン職業局を開設したことを契機として始まり，「丸い釘は丸い穴へ」(a round peg in a round hole) というスローガンのもとに，ハイスクールの卒業生を適材適所に就職できるようすすめることを考えてなされたのです。このなかで，彼は，①個人の分析，②職業の分析，③個人と職業の結合（これをカウンセリングとする）の3段階を考えたのです。

教育測定運動は，知能検査（スタンフォード・ビネー知能検査 1916年）がつくられて以後急速に広まり，それが運動にまで発展したのですが，とくに1930年代に最盛期となり，職業指導での個人分析のための用具開発とともに，

教育における個人指導の客観的な方策をもらすことになった，と言われています。

精神衛生運動の発端は，クリフォード・ビアーズ（Beers, Clifford W.）の著書『わが魂にあうまで』（A Mind That Found Itself 1908）にある，とされています。このなかでかれは，かれ自身の精神病院での体験を著し，当時の州立病院の改善を世に訴えようとしたのです。その後，かれはこの改善運動を拡大して，1909年に「全国精神衛生協会」（National Committee for Mental Hygiene）を設立することになった，と記されています。

この3つの運動は，このようにほとんど同じ時期に始められたが，運動の拡大とともに，学校におけるガイダンス（guidance）活動を促進するようになったのです。ガイダンスは，教科の教授活動（学習指導）と並ぶ主要な学校での教育活動である，という認識を高め，その実践をすすめる動きが強められて，それがガイダンス運動にまで発展することになったのですが，このような動きのなかで生徒たちへの個別指導のひとつとしてカウンセリングが始められたのです。

カウンセリングは，このように個人の成長への援助的働きかけとして，教育的観点からの積極的・建設的意味をその起源に含んでいた，と言えるのです。わが国における今日のカウンセリングへの関心・その必要性と併せ考えてみると極めて対照的である，と思われます。例えば，アメリカのハイ・スクールにカウンセラーが置かれるようになったのは，1940年代にすでに見られており，それは，生徒の心身の調和的な成長・発達を個別的に援助するためであって，かれらの問題行動を治療したり矯正したりすることが主目的ではないということからも知られます。

(3) カウンセリング理論の成立と展開

職業指導，教育測定，精神衛生の3つの運動を背景に，さらに，カウンセリングに関する理論の体系化が動き始めるなかで，1930年代の後半になって初めてこれを集約化した1冊の著書が出版されたのです。

これは，ウィリアムソン（Williamson, E.G.）によって著された『学生カウンセリングの方法』（How to Counsel Student 1939）であるが，このなかでか

れは,それまでの臨床心理学の成果を採り入れたカウンセリングの方法を明示したのです。それ故,これは,いわゆる「臨床的カウンセリング」(Clinical Counseling) と呼ばれるようになり,このカウンセリングが当時広く知られるようになったのです。

学生のための教育的指導(ガイダンス)は,パーソネル・ワーク(Personnel Work)と呼ばれているが,その内容のひとつに臨床的カウンセリングが含まれる,とウィリアムソンは捉え,このカウンセリングでは「慎重な診断と慎重な治療」が強調されています。

臨床的カウンセリングの理論は,「診断―治療」という論理性・合理性をその基盤にして成り立っていると考えられるが,そこには,つぎのような六つの段階が含められています。

①分析(analysis)　クライエント理解のための資料を収集する。
②総合(synthesis)　得られた資料をクライエントの長所・短所,適応・不適応が明白になるよう整理する。また,生育歴,家庭的背景などを整え,クライエントのプロフィールを作成する。
③診断(diagnosis)　クライエントの問題の原因を探り,その因果に関しての結論を見出す。
④予診(prognosis)　クライエントの問題がその後どのようにすすんでいくかについて,カウンセラーが予測し,予言する。
⑤カウンセリング(counseling)　クライエントが適応・再適応ができるように種々の方法(例えば,指示,教示,抑制など)をとってすすめる。
⑥フォロー・アップ(follow-up)　カウンセリングの効果を見きわめ,それを評価する。

このような段階は,必ずしもすべての場合にあてはめてすすめられるとは限らない,とかれは述べているが,この臨床的カウンセリングでは,人間行動を因果関係で捉え,クライエントの情緒性やその非合理性についてはほとんど採り入れられていない,と言えます。

カウンセリングの理論は,この後,1940年代に入ると新しい展開を見せるようになるが,これに対して大きな刺激と寄与をもたらしたのが,カール・ロジャーズ(Rogers, C. R.)です。

かれは、カウンセリングに関して多くの著書・論文を著わしているが、この時期の画期的な著書に『カウンセリングと心理療法』（Counseling and Psychotherapy 1942）があり、これによって新しいカウンセリングの理論を提唱したのです。

このなかで、かれは、クライエント自身の適応、健康・成長への力を信頼し、カウンセリングの主導性をクライエントに委ね、カウンセラーは、診断、助言、指示などをほとんど必要としない、ということを述べています。これは、カウンセラーがクライエントの問題を診断し、助言を与えるというこれまでの「カウンセラー中心的」な方法とまったく異なったカウンセリングの捉え方になる、と言えます。

かれは、伝統的な手法の臨床的カウンセリングを「指示的」（directive）である、と批判し、自分の提唱する新しいカウンセリングは「非指示的」（nondirective）である、と述べています。ここから、ロジャーズのカウンセリング理論は「非指示的カウンセリング」と呼ばれるようになったのです。

このカウンセリングの過程（クライエントはどのような変化の経過をとるか）について、おおむね 12 の段階が見られる、とかれは述べています。

① クライエントが他人のすすめなどによって、助言を求めにやって来る。
② 助力する関係であることが、はっきり示される（場面構成）。
③ クライエントの感情が自由に表明できるようにする。
④ クライエントの表明した否定的感情を受容し、認め、また、それを明確にしていく。
⑤ 否定的な感情が十分表明されると、かすかな肯定的感情が表明されるようになる。これが、成長への重要な礎石となる。
⑥ カウンセラーは、否定的な感情の受容と同じ態度で、肯定的感情を受容し、認めていく。
⑦ ここでの自己理解、自己受容がカウンセリングのなかで重要な意味をもつ。
⑧ この過程を経て、どのようにすすんでいけばいいのか、ということがクライエントに見え始めてくる。
⑨ わずかであるが、重要な積極的な行動がクライエントに出てくる。

⑩自己理解が拡大し，成長への動きが増大する。
⑪クライエントに，より積極的・統合的な行動が現われてくる。
⑫助力の必要が感じられなくなり，カウンセリング関係を終結しようという気持ちになる。

　この記述からも知られるように，このカウンセリングではクライエントの感情に注目し，それを受容する，ということがひとつの特質になっている，と言えます。人間の情緒性とその非合理性に即した捉え方がここには見られるが，カウンセリングの新しい展開は，これをひとつの軸にして始められた，と考えることができます。

　その後，ロジャーズは，『クライエント中心療法』（Client-centered Therapy 1951）を著わし，「非指示的」という言葉への批判に応えるとともに，それよりも「クライエント中心的」であることを強調し，実証的研究に基づいてこのカウンセリングの理論構成に精力を注いできています。後に触れるカウンセリングでの「必要十分条件」も，この理論構成への探究成果のひとつである，とみられます。

2．カウンセリングについての誤解と基本的な捉え方

　すでに触れたように，否定的な状況と結びつけて考えられるところにカウンセリングについての誤解が生じてくる，とみられるが，他方，カウンセリングということばが，他のことばと同様，日常語的にポピュラーになっていくにしたがって，その正確な意味が薄れていくようになる，と思われます。

　例えば，"カウンセリングを受けるようにならなくて，よかった"とか，"相談室は変な所のような気がする"という声を耳にすることがあるが，これらはカウンセリングについての誤った認識の表われである，と言えるように思えますし，カウンセリングは，「相談」と似たような部分をもっていることは確かですが，カウンセリングと相談がまったく同じであると誤解されていることも多いようです。

　カウンセリングについての誤解を改め，その本来の意味が捉えられるよう，つぎに触れてみたいと思います。

(1) 誤まった理解のいくつか

カウンセリングは治療や直すことではない

カウンセリングによって，問題行動を直すとか，心理的なかたよりを治療する，と考える場合があるが，このような安易な捉えかたができるでしょうか。ひとつの生命をもつ存在としての人間に対して，他の人が治療したり，直したりするということは，深く考えてみると不可能と言っていいでしょうし，それは，また，人間に対する冒とくである，とさえ言えます。

治療する，直すという行為には，こちらの意志で相手を操作する（manipulate）意味が含まれているが，これは，物に対しては妥当するが，人間に対して極力避けねばならないことである，と思われます。この点から，まず，カウンセリングは治療し，直すことではない，と言えます。

また，治療する，直すということがなされる背後には，そうしようとする人の価値観が基準になっている，と思われます。正しいか正しくないかは，その人自身の内的作業に基づいてなされることであって，その人が自由に判断することができるよう手助けするのがカウンセリングなのです。

カウンセリングは，その対象となる相手の人間が，自分自身でその問題行動や心理的なかたよりに気づき，それを自ら修正できるよう援助することであって，決して治療したり，直したりすることではないのです。この援助と治療・直すことの微妙な差異を間違いなく理解する必要がある，と言えるでしょう。

カウンセリングは解決してあげることではない

心配や不安，悩みなどに関して，カウンセリングをおこなうことによってそれを取り除き解決してあげようとする場合があるが，このように考えることには誤りがあります。

まず，「……してあげる」という言い方のなかには，前述の「人間を操作する」意味が含まれているとともに，相手との関係をつくるうえで恩恵的思考が内在している，と言えるでしょう。これは，自分でも気づかずにもっていることが多く，カウンセリングに関心を抱き学ぼうとする動機になっていることもしばしばあるようです。しかし，「……してあげる」気持ちがその根にある限りカウンセリングはうまくいきません。

人は他人から解決してもらって，それによってそのときには解決できたよう

に思えても，また元にもどってきてしまいます。「……してあげる」ことは，その相手にとっては「……してもらう」ことに結びつくので，それは，決して解決したことにはならない，と言えます。カウンセリングは，決してこのような「あげる」―「もらう」の関係で成り立つのではないのです。

　心配や不安，悩みなどは，その人自身の内的・心理的事象であるから，その人自身がそれらに対してどのように取り組むかということが重要なポイントになるのです。解決してあげるのは，それへの取り組みを失わせてしまう，と言っていいでしょう。

　心配や不安などの否定的な内的事象に対しては，容易ではないが，それに正面から取り組み，むしろそれと対決することがない限り，その後もそれを引きずっていくことになり，同じような事態が再発する，と考えられます。このような否定的な内的事象に取り組むことへの援助機能が含まれていてはじめてカウンセリングになるのです。このような取り組みは，ひとりだけでは容易になし得ないので，カウンセラーの助けが必要とされるのです。

　そして，この取り組みは，その人自身の内的成長をもたらすことになる，と考えられます。

カウンセリングは話させたり，訊くことではない
　相手に何か問題あると思うと，そのことについて語るよう促したり，詳しく知ろうとして尋ねたり訊いたりすることが多いのではないか，と思います。そうすることによって，その相手が答えて語る，これが続けられることがカウンセリングである，と思っている場合があるようですが，これは，カウンセリングに似てそれに非ず，と言えます。

　話させたり，訊いたりすることによって，その相手がたくさん語ることがあったとしても，その話がその人自身の内面から離れ，起こった事実の説明がその大部分を占めるようになっていては，カウンセリングになりません。「話の花」が咲いても，それは，カウンセリングではないのです。

　その相手が自分の内面の動きをことばに表わすことを通して自分自身の問題に追っていくことができるような関係をつくっていくと，そこにカウンセリングが生まれてくる，と言えるのです。話させたり，訊いたりするだけでは，決してこのような関係は生じてこないでしょう。

カウンセリングをしているつもりでやっていても，それが会話になっていたり，インタヴューになっていたり，ときには雑談になってしまうことがあるようですが，これは，多くの場合，話させよう，訊こうとしているところから起こってくるように思われます。

話させられ，訊かれることによっては，容易に自分自身の内面に向かうことができにくいのではないでしょうか。それよりも，語すことができる条件が整えられている方が話し易いし，自分の問題に向かえる，と言えます。この条件のひとつとして「聴く」態度があげられるが，この態度からは，語させよう，知るために訊こう，という気持ちはあまり出てこないように思われます。

カウンセリングは技術ではない

カウンセリングをすすめることによって，その相手の治療や問題の解決，内面の言語化（話す）などがその結果として生じてくるが，しかし，それは，カウンセラーの技術によってなされるのではないのです。

カウンセリングのなかには技術と思えるような要素が含まれる場合が見られるが，それらは，単なる技術ではない，と言えます。カウンセラーがクライエントに向けて伝えることば（レスポンスなど）を分類して，それをカウンセリングの技術と称することがあるが，これはわかり易く表わすためにあえて技術と表現したにすぎないのです。

カウンセリングは，人間そのものに向けて行う人間の行為（活動）です。人間に対しては，技術は不適切である，と言えます。カウンセリングが成功するのは，カウンセラーの技術によってではないのです。彼のその相手に向かう態度やあり方なのです。

技術は，その対象を操作し，処理するという結果をもたらします。これは，物に対してあてはまることであって，人間に関してあてはめようとすることは，人間を物化することに導きます。物は，どのように精巧に精密に作られていても，技術によって操作することができるし，その物に対する操作技術の向上が私たちに課されている，と言えます。しかし，カウンセリングでは，その対象が人間であるがゆえに，技術としてそれを学ぶことは当を得ないのです。

カウンセリングを技術として捉えてしまうと，「人間と人間との関係」が薄れていくか，消失してしまいます。この人間関係が確かなものとして創られて

いくところにカウンセリングが成り立つ，と言えるのですが，技術は「人間と物との関係」を作るように導かれ，カウンセリングから離れてしまう，と言えます。

カウンセリングは相談ではない

カウンセリングも相談も，その実践形態が似ているので，この2つにはほとんど違いはない，と考えられている場合が多いようです。確かに，カウンセリングでも，相談でも，それをおこなった結果ひとつの解決がもたらされる，という点では変わりはないのです。そうであれば，この2つを区別する必要がない，とも言えますし，日常語として使用する場合には，この異同を考えずに使っても特別な不都合は生じない，と言えます。

しかし，カウンセリングと相談には，基本的な点で違いがあるのです。例えば，「法律相談」や「経営コンサルタント（相談助言者）」は，そのまま馴染めるが，これを「法律カウンセリング」や「経営カウンセラー」と呼ぶことには異和感が生じてきます。ここには，カウンセリングと相談の違いが暗示されている，と思われます。

相談は，端的に言えば，事柄を中心にして展開されるのです。法律相談の一例として，隣家との土地境界に関してトラブルが生じた場合を想定してみましょう。これによる心配や悩みは，法律に詳しい専門家（弁護士など）にその解決策を尋ね，土地境界についての法律上の知識が得られたり，法律的な処置がなされたりすれば，一件落着に至り解消する，と考えられます。このように，相談では，その人が確かにその事柄（法律上のこと）にかかわっているが，その人自身よりも，その事柄に焦点が向けられて展開するのです。教育相談の場合も，基本的にはこの場合と同様，子ども自身よりもその子どものもつ問題に重きが置かれてすすめられるのではないでしょうか。

これに対して，カウンセリングは，その人自身を中心にして展開されるのです。あくまでも，視点はその人自身に向けられるのです。その人のもつ不安や悩み，問題などに触れてはいくが，その焦点は，その人自身に合わせてすすめられるのです。小学校であれば，「児童とのカウンセリング」であり，中学校・高等学校であれば，「生徒とのカウンセリング」になるのです。

カウンセリングは人間と人間との関係である，と言われるのは，このような

表現に結びつくことも考えられるのです。生徒とのカウンセリングは，生徒という人間と教師という人間との間で展開される成長への援助関係という意味になるのです。

　病気の診断や治療，処置などにおいては，合理性や論理性が強調され，これに基づいてすすめられるが，これは，相談ということと一脈通じる共通性があります。このような捉え方は，カウンセリングの基本的な観点とは異なっているのです。人間の身体的な側面に対しては，合理的・論理的に対処できるし，そのようにすべきであると考えられるが，人間の内的世界や人間の成長は，必ずしも合理的・論理的ではないのです。身体的メカニズムなどの合理性・論理性とともに，感情・情緒などの非合理性や非論理性などがかれの内的世界を構成し，かれの成長を促すことになるのです。

　このような非合理性・非論理性を排除することなく，その相手となる人間とともに歩むところにカウンセリングが生まれてくるのです。

(2) カウンセリングの基本的観点

　カウンセリングを実際にすすめていくときを想い浮かべてみると，その相手は，最初の面接時には非常に弱々しく，いまにも崩れてしまいそうに見えます。本人も，自分自身で"私はもうダメだ"というように否定的に思っていることが多いのです。

　しかし，何回か継続して面接していくうちに，その弱々しさが薄れていき，崩れそうな感じも無くなってきます。そして，次第に自分自身の内から，その人なりの力が芽生えてくるのが伝わってきます。それは，弱々しい苗木が風雨にさらされながらも，陽の光や水分を得て，その木なりに自然に成長していき，次第に力強さを見せていくのに似ています。

　生命のあるものがすべてそうであるように，人間には本来「成長する力（芽）」が備わっている，と観ることができます。そして，この芽は，おのずから肯定的に開いていく，と考えられます。一人りひとりに対するこのことへの信頼がカウンセリングの基本的観点のひとつになるのです。

　カウンセリングをこの観点とともに概括的に捉えると，「H型」で示すことができます。ことばを換えて言えば，「H型」の人間関係ができてくると，そ

れはカウンセリングになる，と言ってよいでしょう。

　Hの右の縦線をカウンセラーあるいは教師と考え，左の縦線をクライエントあるいは生徒とみなして説明しておきます。

　それぞれの縦線には，2つの意味が含められているが，そのひとつは，カウンセラーもクライエントも，ともに自立・独自的存在である，ということを意味しています。縦線の直立（立っていること）は，カウンセリングの観点からは，カウンセラーであろうと，クライエントであろうと，いずれも「自分の足で立っている，あるいは立つことができる」ことを表しています。

　この自立・独自的存在という見方は，カウンセリングをすすめるにあたって基本的に重要です。カウンセラーには，このような存在として自分自身を具現化していくことが求められるのです。換言すれば，自立し独立した存在として，それがより具現化した姿となって現わされているのがカウンセラーである，と言えるのです。

　これに対して，クライエントと呼ばれる人は，本来は独立し自立できる存在でありながら，現実にはその時点で独立・自立に近づいていない人間である，と言えます。独立・自立をなし得ないのではなく，そのときにはまだ「自分の足で立てないでいる」のです。しかし，いつの日か「自分の足で立つことができる」のです。

　このような左右2本の縦線が，ある程度の間隔を置いてともに立つ状態がつくられ，この関係が進展していくとき，カウンセリングがそこに生じてくるのです。この2本の縦線が重なってⅠ型になったり，相互に依存してしまう∧型になっては，カウンセリングとは言えなくなります。Ⅰ型も∧型も，一方の縦線が倒れると他方も倒れ，共倒れになるおそれがあります。

　他のひとつの意味は，左右の縦線がそれぞれの個人の「心の流れ」を表している，ということです。右の縦線は，カウンセラーの「心の流れ」を，左側の縦線は，クライエントのそれを示しています。この両者には，それぞれの内面の動き（考え方，感じ方など）が惹起しているが，それは時間とともに動いており，そこにはひとつの流れがつくられます。これは，気持ちの流れと言い換えることもでき，相手とのかかわりのなかで，留まることなく変化していきます。この変化の方向は，つまずき，迷い，不確かさをもちながらも，本来的に

は成長的である，と考えられます。縦線の意味する「心の流れ」は，肯定的方向に向かう，と考えられます。このような点から，2本の縦線は，むしろ↑のように矢印を入れた方が適切かもしれません。

次に，H型の横線は，この2つの「心の流れ」の「つながり」を意味します。カウンセラーという人間とクライエントという人間との心の「つながり」という意味になります。それは，相互の内面的「ふれあい」ということと同じである，と言っていいでしょう。

この「つながり」がより確かなものとなるためには，右側の「心の流れ」の波長と左側のそれとが合っていることが不可欠的に求められます。それは，カウンセラーがクライエントの「心の流れ」に沿って，ともに流れていくときに生まれます。相手の「心の流れ」に沿う，そして，ともに流れる，ということがなされていくと，そこで起こっていることがカウンセリングになるのです。

このようなとき，その相手は，"わかってもらえている"という実感をもつようになるでしょう。それとともに，この実感をベースにしながら，自分自身の問題へのとり組み，自己成長への胎動が始められていくのです。

この横線は，カウンセリングでの共感（empathy）を表している，と言っていいように思われます。横線には，ある程度の長さがありますが，これは，左右の縦線で表わす2人の間のほどよい心理的距離をも示しています。短か過ぎもせず，長過ぎもしない間隔があるなかでこそ，「つながり」になるのであり，共感が生まれてくるのです。

これを図示するとつぎのようになりますが，この「H型」の人間関係を創れるようトレーニングすることが求められる，と言えます。

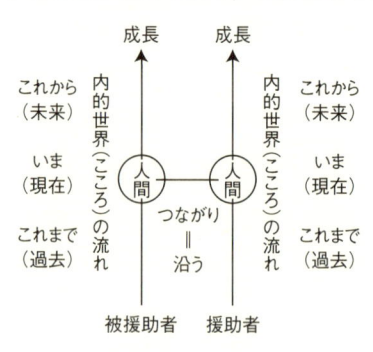

第3章 カウンセリング入門

1. はじめに

　カウンセリングが今日ほどわれわれの生活のなかで求められてきたことは，これまでなかったのではなかろうか。
　ひとつのことが多くの人に求められることは，喜ばしいことであり，また，望ましいこととも考えられるが，しかし，一歩立ち止まって考えると，そこには検討を要する問題が多く含まれている。
　そこで，このカウンセリング入門を始めるにあたって，まず，このことから述べておこう。
　カウンセリングの必要性が言われるとき，その背後には，いずれの場合でも，否定的な状況が起こっていることが一般的である。例えば，学校の現状では「不登校」や「校内暴力」が大きな問題・症状として考えられているが，これらは，学校にとって決して肯定的な状況ではない。この状況への対応策，打開策を求めるなかで，他の方策とともに（あるいは，他の方策にいきづまって）その必要性が浮上してくるのが，カウンセリングであることが多い。
　否定的な状況と結びついてカウンセリングが必要であると考えられるのは，学校場面に限らない。企業でも，社会一般のなかでも，この傾向はある，と言える。
　カウンセリングが，このようにわれわれの社会生活における否定的な側面と関連してとりあげられることから，カウンセリングそのものさえ否定的な意味に理解されがちである。例えば，「カウンセリングを受けるようなことにならなくて，よかった」とか，「カウンセリングをするようなところ（相談室）は，

何となく変な場所のような気がする」ということばを耳にすることがあるが，これはその証左である，と言えよう。

　カウンセリングが否定的な状況の必要から求められる事実は，それが事実として存在している点でそのまま認めるほかはないが，それから派生して，カウンセリングそのもの（その意味・概念）が否定的に受けとられてしまうことには，検討が必要であろう。それは，カウンセリングが誤解されてしまうから，である。

　確かに，カウンセリングは，児童や生徒などの否定的な状況に適用され，それへの治療的な機能をもっている。それゆえ，カウンセリングが「治療」と結びつけて捉えられることは多い。後に触れるように，カウンセリングには多くの理論があるが，その理論を支える考え方（オリエンテーション）に治療的意味あいの濃いものも多い。

　しかし，カウンセリングは，否定的な状況への方策，治療との結びつきにのみとどまるのではない。人間の「成長」や肯定的状況の創造に寄与する働きかけがそのなかに備えられている。このことが理解されて多くの人に求められるよう考慮しながら，ここでの筆を進めていきたいと思う。

2．カウンセリングと相談

　「カウンセリング」ということばは，今日，ポピュラーな日常語として多く使われるようになってきている。電車内の広告にも，街かどの看板にも，それが見られる。

　ポピュラー化することは，一方でそれが広く認識されてきていることを示しているが，他方では，その意味が次第に拡大され，正確な意味が薄れていくことでもある。「カウンセリング」に関しては，このことがいま起こりつつある，と言ってよいのではなかろうか。かたくなな捉え方をして，ひとつの意味に固執することは望ましくないが，その本来の意味を誤りなく理解しておくことは必要である。

　「カウンセリング」ということばが広く使われてきていることに関連して，「相談」ということの異同が不鮮明になってきている現状がある。「カウンセリ

ング」も「相談」も，それほど大きな違いがないから，この二つを区別して使うこともない，とも考えられよう。日常語として使用する場合には，それでもよいが，その本来の意味には，この両者に違いがある。

例えば「法律相談」というと馴染めるが，「法律カウンセリング」ということばには，しっくりしない感じが残る。また，「経営コンサルタント」はそのまま使えるが，「経営カンセラー」には，ちょっと違和感が生じてくる。ここには，「カウンセリング」と「相談」の意味の違いが暗示されている。「法律相談」や「経営コンサルタント」は，ことがらを中心に展開する。例えば，ある人が隣家との土地境界に関してトラブルが起こり悩むようなことが起こった場合，法律について詳しい専門家（弁護士など）にその解決策を尋ねたり，解決を頼んだりすることがあるが，このようなときには，法律上の知識が得られたり，法律上の処置がなされれば一件落着に至る，と考えられる。

このように，「相談」（コンサルテーション）は，その人がそのことがらにかかわっていることは確かであるが，その人自身よりも，そのことがらに重きが置かれて展開される。「法律相談」は，法律上のことがらを中心にすすめられる，と言えよう。

これに対して，「カウンセリング」は，その人そのものを中心にして展開される。あくまでも，視点はその人自身に向けられるのである。小・中・高校であれば，「児童・生徒の（あるいは，との）カウンセリング」であり，「A君とのカウンセリング」になるのである。

カウンセリングをすすめるなかで，その人にかかわることがらに触れていくことも，また，そうしなければならない状況も当然起こってくるが（その場合には「相談」の意味に近づく），基本的な姿勢としては，その人そのものに向かうのが「カウンセリング」なのである。それは，人間と人間とのかかわり（関係）として展開されていく。

3．視点の相異から

「カウンセリング」であっても，その人にかかわることがらに焦点を合わせるか，その人そのものに視点を向けるかによって，その立場（理論）に違いが

出てくる。

　その人（クライエント）にかかわることがらに焦点を合わせることが強調されると，それは「相談」的に展開されるようになるが，カウンセリングの歴史・変遷をたどるとき，その初期にはこの立場のカウンセリングが主流をなしていた。その人そのものに視点を向けるカウンセリングの立場が広く認められるようになり，カウンセリングが本来その人自身に向けられて展開する，との認識がなされるようになったのは，比較的最近である。

　したがって，その人にかかわることがらに目を向けること（「相談」的展開）が，今日でもなお，カウンセリングとして捉えられる傾向が強く残っているし，「相談」と「カウンセリング」を区別しにくくしている，とも考えられる。

　初期のカウンセリングは，「臨床的カウンセリング（心理療法）」と呼ばれ，診断と治療を重視していた。悩みや不安，問題の原因をつきとめ，その原因となるものを取り除くことが，カウンセリングの主要な部分（働き）となる。このためには，症状（その人にかかわることがら）を扱う「技術」が重要視されるようになる。

　この立場のカウンセリングでは，診断・治療の技術をもった「専門家」がカウンセラーと考えられるが，この背後にあるカウンセリングの考え方（カウンセリング観＝ひいては，人間観にもつながる）は，おおよそ，つぎのようにみることができる。

　人間には，ひとつのメカニズム（機構）があり，それは一定の形をもって動いている。そのメカニズムに故障が起こり，うまく動かなくなった状態が悩みや不安である。これは，身体の機構がどこか壊れて不調になった姿が病気である，という見かたと軌を一にしているが，実は，病気の診断や治療，処置と同じ考え方の基盤に立ってカウンセリングが考えられたのである。医学上の一般的な考え方から派生してカウンセリングが考えられており，この考え方のなかでは，合理性と論理性が強調される。人間を合理的・論理的に捉え，合理的・論理的な筋道に沿ってカウンセリングをすすめることが考えられている。

　確かに，この考え方をベースにしたカウンセリングも「カウンセリング」であると言うことができる。しかし，ここでなされるカウンセリングは，対症療法的効果をもたらすこと（治療）はできても，人間一人ひとりの「成長」にま

で結びつけることは困難である。また，カウンセリングが治療を要するある特定の人間にのみ向けられてしまうおそれを生じさせるであろう。

4．さまざまな理論・方法

　「カウンセリング」の理論や方法（技法・技術）は，今日では，心理学的諸理論あるいは人間そのものへのアプローチ（接近のしかた）の諸思考を背景にして数多く開発され，また実践されている。

　これらの理論や方法に対して，力点や焦点の向けどころの違いによって，「カウンセリング」と名づけられたり，「療法」と呼ばれたりしている。しかし，この二つの名称の違いをあまり明確に区別して捉えることをしないで使われる場合もある。また，「カウンセリング」とか「療法」とかの名称を付けない場合であっても，ひとつの理論や方法を構築している場合もある。

　つぎに，これらを列挙しておこう。

　来談者中心カウンセリング，行動（主義的）カウンセリング，精神分析的カウンセリング，マイクロ・カウンセリング，交流分析，論理＝喚情療法，ゲシュタルト療法，フォーカシング，内観（療法），森田療法，遊戯療法，箱庭療法，夢分析などがある。

　「カウンセリング」を「相談」まで広めた幅広い意味で捉えていくと，これらの理論や方法に加えて，それぞれの個人が考え実践してつくり上げて普遍性をもつに至ったその他の理論・方法が存在するであろう。

　また，これらの理論や方法が適用される対象や場によって，さまざまな「カウンセリング」が展開される。例えば，家族カウンセリング，結（離）婚カウンセリング，キャリア・カウンセリング，医療カウンセリング，危機介入カウンセリング，学生カウンセリングなどと呼ばれるものがそうである。

　どの理論に拠ってなされる「カウンセリング」でも，また，どのように展開される「カウンセリング」であっても，そこには，二人の人間が向かい合ってなされていくことには変わりはない。そこには，二人の人間の「相互関係」が生まれてくる。これは，二人が人間としてそこに存在する限り，必然のことと考えられる。

しかし，この「相互関係」の質は，どのような理論や方法をとるかによって異なってくる。技術に重きが置かれ，それが前面に出される「カウンセリング」では，二人の間の「相互関係」は皮相的・表層的になされると想像される。そして，そのような「相互関係」が展開されていても，この関係の基本には，相手のことばやこころ（内面）を「聴く」ことがなければ，相互の関係は生じてこない。

「カウンセリング」のどの理論・方法に立脚しようとも，また，それがどのように展開されようとも，「聴く」ことがその根底になければ，そこでなされるものは「カウンセリング」にならない，と言うことができる。

これは，「聴く」であって「聞く」だけではない。「聴く」ことの濃度の強，弱により「カウンセリング」の立場に違いが生じてくるとも考えられる。

5. カウンセリングの人間観

カウンセリングにおいて基本的な要件のひとつとして考えられることに，人間観がある。人間をどのように観るか，人間をどのような存在として捉えていくか，ということであるが，これが確かなものとしてその人自身のうちに培われていなければ，そこでなされているカウンセリングはカウンセリングまがいになり，その相手の治療や成長も不確かなものとなるであろう。

カウンセリングでは「自己実現」が目指されているが，これが考えられる背後には，「人間は，生まれながらにして，より成長しよう，自分のもてる力を最高に発揮しよう，という動機づけをもつ存在である」（マズロー，A.）という考え方（人間観）がある。

このような考え方は，批判的にみると，極めて楽観的であると観られるかもしれない。しかし，人間を，あるいは，自分自身を深く捉えてみると，ふだんあまり気づかないでいるが，自己を最高度にまで発揮することができたと思えたり，また，十分自分の力を出しきったときには満足感や達成感で嬉しくなる。これらは，この人間観に結びつくひとつのあらわれであると言うことができる。

現実には，この人間観に応じた状況がいつでもみられるとは限らない。むし

ろ，そうした状況は，少ないであろう。それに目が向いてしまうと（否，向きがちであると言える），自分はより成長しよう，自分の力を最高に発揮しようと本来的に求めている存在であることを見すごしてしまう。

　状況を見るか，その本質を見るかによって，その観かたは異なってくる。カウンセリングでは，人間の本質的な部分を十分観ることができることが求められる。

　カウンセリングを実際に続けていると，その相手は，その初期には非常に弱々しく，すぐにもくずれてしまいそうに見える。本人も自分自身"だめな存在だ"というような捉えかたをしていることが多い。しかし，何回か継続して面接していくうちに，その弱々しさが薄れていき，くずれそうな感じが伝わってこなくなる。そして，次第に自分自身のうちからその人なりの力が芽生えてくる。それは，弱々しい苗木が陽の光や水分を得て，強風にさらされながらもその木なりに自然に成長していき，次第に力強さを見せていくのに似ている。

　生命のあるものがそうであるように，人間は，本来「成長する力」が備わっていると観ることができる。一人ひとりに対するこのことへの信頼がカウンセリングの基本にある，と言えよう。

　人間をこのように「肯定的存在」として捉える観かた（人間観）は，来談者中心的カウンセリングの創始者であるカール・ロジャーズのなかに強く認められる。この観点から，ヒューマニスティック（人間的）な方向がカウンセリングを通して導き出されており，彼からは多くを学ぶことができる。

6.「H型」の人間関係

　カウンセリングを概括的に捉えると，「H型」として示すことができる。言い換えれば，カウンセリングを「H型」として理解しておくとわかり易い，と言える。

　Hの右の縦線をカウンセラーと考え，左の縦線をクライエントとみなして，説明しておこう。縦線には，二つの意味が含まれている。そのひとつは，線が直立して（立って）いるところから捉えることができるが，カウンセラーもクライエントも，ともに独立した存在であることを意味している。カウンセリン

グの観点からみると，カウンセラーであろうとクライエントであろうと，それは，いずれも独立した存在であると捉えておくことが基本的に重要である。独立した存在としての捉え方がなされていないと，そこから，すでにカウンセリングでなくなる，とさえ言えるのである。

独立した存在ということは，「自分の足で立っている」ことであるが，そこには，主体的・自律的である，という意味も含まれている。これは前述の人間観にもつながっており，カウンセラーには，このような存在が自分自身のうちに具現化されていることが求められる。ことばを換えれば，独立した存在としてより具現化されている者がカウンセラーになれる，と言うことができる。

これに対し，クライエントと呼ばれる人は，本来独立し存在でありながら，現実にはその時点で独立できないでいる人間である，と言うことができる。その時にまだ「自分の足で立てない」でいるのである。しかし，いつの日か，「自分の足で立つことができる」のである。

このような左右二本の縦線が，ある程度の間隔を置いて共に立つ状態ですすめていくのがカウンセリングになるのである。この二本の線が重なってしまって，I型になるのはカウンセリングとは考えられないし，また，二本の線が互いに依存しあった状態の∧型もカウンセリングにはならないのである。I型も∧型も，右の線が倒れると左の線も倒れ，共倒れになるであろう。これは，カウンセリングではない。

他のひとつの意味は，この縦線が「心の流れ」を表わしているということである。右の線はカウンセラーの心の流れ，左の線はクライエントの心の流れである。両者には，それぞれの考え方や感じ方があり，それが時間とともに流れている。人それぞれ，ひとつのことに対する一定の考えや感じ方が生じるが，それは固定的ではなく，相手との関係のなかで留まることなく変化する。

その変化の方向は，時につまずき迷うことはあっても，本来的には成長的である，と言うことができる。したがって，縦線の意味する「心の流れ」は，肯定的方向に向いている，とみられよう。こう考えると，二本の縦線は，成長的・肯定的方向をとっているという意味を含めて，↑↑のように矢印を入れた方が適切であるかもしれない。

横線は，この二つの「心の流れ」のつながりを意味する。それは，心のふれ

あいを示している。しかし，このつながりが確かなそれになるには，右線の「心の流れ」と左線の「心の流れ」の波長が違ってないことが不可欠である。カウンセラーがクライエントの「心の流れ」に沿ってともに流れていくとき，相互にふれあえるようになり，クライエントは，わかってもらえているという実感をもつようになって，ここからクライエント自身の治療や成長への胎動が始まる，と考えられる。

　この横線は，共感（エンパシー）を表している，と言ってもよい。このような「H型」をイメージとして捉えてみることが，カウンセリングとは何かに答える一端となるであろう（34頁の図，参照）。

7.「タテ」関係と「ヨコ」関係

　カウンセリングは，二人の人間（カウンセラーと呼ばれる人間とクライエントと呼ばれる人間）との間の関係で成り立つ。言い換えるならば，この「関係」が二人の間に存在するようになると，そこで起こってくることが，カウンセリングになっていく，と言えるのである。この「関係」はカウンセリング関係と呼ばれている。

　この「関係」は，親と子の関係，教師と生徒との関係，あるいは，上司と部下の関係などと異なり，これらと区別して捉える必要がある。まず第一に，これらの関係は，相互の間に上・下の位置づけを明確に定めて成り立っており，固定的である。このことと関連して，第二に，これらの関係は，皮相的，一面的である。

　例を教師と生徒との関係で説明してみよう。教師は，当然のこととして，生徒よりも年長である。年長と年少の間には，はっきりした年齢的な上・下的位置づけがつくられてくる。この位置づけは，決して逆転しないのである。ここでの下克上はあり得ない。

　このような関係では，両者は，上・下のつながりで成り立ち，しかも，固定的にならざるを得ない。ここでは教師と生徒の間に「つきあい」はできても，「ふれあい」はなかなか生まれてこない。嫌な奴でもしかたないからつきあっていく，近所づきあい，などと言われるように，この場合の両者のかかわりあ

いは，皮相的，表面的である。種々の状況を想定して，この場合にはこのように他の場合にはこうする，というように，ある一定の形（行動形式）を決めて対処していく。この意味で一面的であると言えよう。

われわれは，多くの場合，このような関係のなかで生きている。しかし，ここでの生活では，充分な満足感を得られることが少なく，また，この関係は，個人の内面的な自由を拘束することさえある。

一般に，われわれは，その時，その場によって肩書き的立場に身を置くことになる。教師，生徒，親，子ども，上司，部下などと呼ばれるのがそれである。そうでありながら，教師も生徒も（その他の呼び名で呼ばれている者も）すべて紛れもなく「人間」である。

年齢的な上・下，職場での上・下的位置づけなどはあっても，ひとりひとり誰でも，一個の人間として存在していることは紛れもない事実である。この「人間」が，相互に内面的に深い部分でのかかわりあいがもてるようになるとき，そこには人間関係が生じてくる，と言えるのである。「ふれあい」は，このひとつであると考えられる。

こちら側が相手をひとりの人間として捉え，相手の肩書きや容ぼうなどにかかわりなく，その考え方，感じ方などをそのまま受け入れ，また，こちら側の考え方や感じ方をそのまま伝えることができるならば，この両者の「関係」は，相互に自由な交流に基づいてなされていくであろう。この「関係」を創るのが，カウンセラーでもある。

この「関係」のなかでは，その相手（クライエント）も自分自身で問題の解決，自己の成長をおのずから為し遂げていくことができるようになるのである。カウンセリングでは，この「関係」が求められる。

8．カウンセリング関係の必要条件

カウンセリング関係が豊かになると，そのカウンセリングは成功的に進展する，と言える。この関係が豊かになる条件を，カール・ロジャーズは，とくに三つとりあげている。

かれは，「パーソナリティ変化の必要にして十分な条件」というテーマのも

とに，建設的なパーソナリティの変化が起こるためには，つぎのような六つの条件が存在し，それがカウンセリングをすすめていく期間継続することが必要である，と述べている。

　①二人の人間が，心理的な接触をもっていること，②一方の人間（クライエント）は，不一致の状態にあり，傷つきやすい，あるいは，不安の状態にあること，③他方の人間（カウンセラーあるいはセラピスト）は，この関係のなかで，一致しており，統合されていること，④カウンセラー（セラピスト）は，クライエントに対して無条件の肯定的配慮を経験していること，⑤カウンセラー（セラピスト）は，クライエントの内的照合枠について共感的理解を経験しており，そして，この経験をクライエントに伝達するよう努めていること，⑥カウンセラー（セラピスト）の共感的理解と無条件の肯定的配慮をクライエントに伝達する―このことが最低限達成されること。

　この六つの条件のうち，とくに③，④，⑤の三つが，カウンセリング関係にとってより重要である。そして，この三つを要記すれば，一人の人間（カウンセラー）のうちに，自己一致，無条件の肯定的配慮，共感的理解がなされているならば，カウンセリング関係が豊かになり，その結果としてカウンセリングが成功に導かれてくる，と言える。

　自己一致ということは，その人自身が「ありのままの自分」になっていること，と解せられる。仮面で装っていず，「純粋である」，「真実である」，「透明である」状態と言えよう。この態度で相手に接するのである。

　無条件の肯定的配慮ということは，相手が目の前に居るのをそのままの存在として認め，受けとっていくこと，と言ってよい。子どもだから，生徒だから，面白い人だから興味をもつ，大事にする，ということとは異なり，「〜だから」のない関心である。また，相手に対する否定のない態度でもある。

　共感的理解ということは，相手のうちに動くさまざまな感情をやや距離をおいて共有することである。決して「同情」のように相手の感情と重なるような理解でもなく，また，評価を含めた判断でもない。相手の深い感情的な動きとつながりがもてることである。

　この三つの条件は，知識として得ていても，それだけでは条件とはなり難い。その人自身がこれら三つを自己の変革的態度として体得して初めてカウンセリ

ング関係が豊かになっていく。そして，この条件は，日常生活における人間関係にも活かされる，と言える。

9. 共感・共感的あり方

　望ましいカウンセリング関係は，カウンセラーが小手先の技術で相手を操作することや，ありきたりの価値観や考えを押しつけることなどによっては成り立たない。

　カウンセリングにはさまざまの立場や考え方があるが，いかなる立場に立とうとも，カウンセラーの共感的な態度の有無がカウンセリングの成否を決定する大きな要因となっていることは，広く認められてきている。言い換えれば，「共感」がない場合にはカウンセリング関係が成立しているとは言えないのである。

　しかし，カウンセリング関係における共感は，われわれが日常使用している「共感」ということばとは多少異なる意味をもっており，それゆえ安易な捉え方や誤解がなされる場合も多いようである。そこで，カウンセリング関係における共感とはどのようなものかを明確にしておくことが肝要になる。

　まずはっきりと認識しておかなければならないのは，カウンセリング関係における共感は，カウンセラーがクライエントとまったく同一の心理状態になることではない，ということである。それぞれ個性をもった二人の人間が，まったく同一の心理状態になるということは，ほとんど不可能であろうし，もしそうなり得たとしてもそれはたいへん危険なことであろう。なぜなら，そこからは決して「個」としての独自性は追求され得ないからである。

　また，クライエントが語る話の内容をカウンセラーが自分の過去の経験内容と照らし合わせて，「私にもそういうことがあった」という状態も，決して共感的であるとは言えない。その場合のカウンセラーによるクライエントの理解は，たんにカウンセラー自身の内的枠組によってなされたにすぎないからである。カウンセリング関係における共感は，クライエントが感じ，表明しようとしていることの彼自身にとっての個人的意味あい，その独自性を尊重することから出発する。

クライエントが感じていること，その経験的世界は絶えず刻々と変化している。そこでカウンセラーによる共感も，絶えず続けていかなければならなくなる。「これでよく分かった」というカウンセラーの一時的な思い込みは，かえって共感の過程をストップさせる，と言えよう。ロジャーズは，このような意味で，共感の特質を適切に表現するために，「共感の状態」ということばに代わって「共感的あり方（empathic way of being）という表現を好んで用いている。

10. 存在と可能性への認識

　カウンセリングをすすめていく場合，カウンセラーの姿勢・態度が極めて重要な意味をもつ。この姿勢・態度がカウンセリング関係を決定づけ，また，その成否を左右する。すでに述べてきたロジャーズの三つの条件は，この姿勢・態度を示す主要な中身であるが，これに関連するいくつかの要点を以下にとりあげておこう。
　そのひとつは，カウンセリングにおいて，とくに，一人ひとりの人間のもつ重み，そのかけがえのなさを十分に認識しているか否か，ということである。例えば，学校で十分な学習成果が得られないような生徒であっても，また，粗雑な行動を示す子どもであっても，あるいは，か弱い様相のひとであっても，かれは，かけがえのないひとりの人間である。その一人ひとりを独立した一個の存在として認めていくことが十分できているか否か，ということと言い換えでもよい。
　これは「無条件の肯定的配慮」と通じる意味をもつ。クライエントという人間のもつ，かれのかけがえのなさを十分認識しているならば，かれの存在そのものから出てくる一つひとつのことばの重さとそこに込められている意味・感情をその人独自のものとして受けとめることができるようになるであろう。ここでは「受容」がなされていく。
　この「受容」は，決して技術的になされるのではなく，かれの人間としての重み，かけがえのなさへの認識から必然的に出てくる表現なのである。それは，かれを抱き込んでしまうような受けとり方とは大きく異なっている。カウンセ

リングは「技術」でない，と言われるのは，このことからからも理解されるであろう。カウンセラーの姿勢・態度が，「受容」という「技法」（技術と区別した意味）を自然に生んでくるのである。

　もうひとつの点は，相手の人間（クライエント）の自己指示（self-direction）の能力を信頼できるか否か，ということである。言い換えれば，人間は自分自身の力によって自己自身を修正しながら成長していく，ということを信じられるか，ということである。

　例えば，その個人の人生を決めるのはその人自身であることをどこまで深く捉えているか，また，悩み試行錯誤しながら弱々しい自分から脱却していくことを十分認めているか，などがあげられるが，これとは逆に，カウンセラーが助けてあげなければその人はやっていけないと考えるか，という違いである。

　ロジャーズは，このことに関し「もしカウンセラーが面接中に，このクライエントは自分自身を再体制化する能力をもっていないと感じ，この再体制化に対してかなりの責任を負うようにしなければならないという考え方に変わっていくならば，カウンセラーは，クライエントを惑わせることになり，かれ自身を閉じさせていく」と述べている。カウンセリングは，「あげる」＝「もらう」の関係で成りつのではない。相手のもつ「自己を生かす力」を信じて援助する関係なのである。

11. カウンセリングの日常への活用

　カウンセリングは，日常生活や職業生活などへの応用性・適用性をそれ自体のなかに含んでいる。

　カウンセリングを実際におこなうのは，確かに，治療的な専門機関（例えば，教育相談室や病院の治療・面接室など）であり，それにあたる人の専門性に委ねられているのであるが，カウンセリングは，このような専門的な機関での使用や専門家の専門性にのみ留まるのではない。

　これは，カウンセリングそれ自体の性格・内容からみて，当然の帰結であろう。例えば，共感性（empathy）や聴くこと（listening）は，カウンセリングがカウンセリングとなる重要な要件のひとつであるが，これは，日常生活のなかでも求められることであるからである。

カウンセリングを学校での教育場面や家庭生活，あるいは，職場の人間関係に採り入れ，活かしていこう，ということがしばしば言われているが，このようにカウンセリングを生活の場などにまで拡大していくことは望みたいことである。しかし，このような拡大は，カウンセリングに含まれている要件を変えたり，歪めたりしていくことを意味するのではない。要件そのものは，そのままであり，要件の濃度がやや薄れて拡大される，と解すべきである。

　学校場面を想定してみよう。教師と生徒との間で展開される二人の心の交流は，教育の成果を導くうえで極めて重要である。この場合，心の交流が真に交流となっているか否か，を検討する必要があろう。教師の側で交流があるように思っていても，交流になっていないことがある。相互の心のすれ違いに気づいていないことも多いからである。

　心の交流がなされる基本的な要件は，まず生徒の心をそのまま受けとめることである。これは，キャッチ・ボールにたとえることができる。相手からのボールをキャッチできなければ，これは始まらない。生徒は，未熟な部分を多くもっているから，正確にボールを投げることができないであろう。こちらに届かないボール，横にそれるボール，高すぎるボールなどが多いかもしれない。それでも，このボールを受けとらなければ，キャッチ・ボールにはならない。的はずれのボールだと言って非難しても始まらない。

　次に必要なことは，相手にボールを投げ返すことである。このボールは，できる限り相手の受けとりやすいように投げる。そうすることによって，相手は，楽しくもなり，少しずつ上達していくであろう。

　生徒の心から投げかけられたものをそのまま受けとり，その受けとったものをできる限り的確に返すとき，交流が生まれてくる。これは，学校のなかで，授業のときにも，また，ちょっとした生徒との立ち話のときにも，あるいは，相談ごとに訴えてきたときにも，なされ得る。これがなされていると，カウンセリングをしようとしなくても，カウンセリングになってくる，と言える。

12. そのまま受け的確に返す

　相手の内面（心）から投げかけられたもの（ことば・表情・動作など）をそ

のまま受けとり，それをできる限り的確にその相手に返していくこと——これを日常生活での人と人とのかかわりのなかでおこなっていくと，カウンセリングをしようと考えなくても，それ自体でカウンセリングになる。そこには，カウンセリングが存在するようになる。

しかし，これを実際におこなうのは，実はたやすいことではない。まず第一に，相手からの投げかけを「そのまま受けとる」ことのむずかしさがある。「そのまま」ということは，色づけなしにということであるが，意外にわれわれは色づけしていることが多い。相手のことばが発せられるその裏に含まれている意味を，受けとる側の考えや感情で捉えていることに気づかないでいるからである。

例えば，同情する気持ちで接しているときには，そこには，すでに色づけがなされている，と言えよう。この場合，受けとる側の考えや感情をその場に持ち込んでいるので，「そのまま」にはなっていない。受けとる側の価値観が含められると，「そのまま」にはならない。価値観をもたずに受けとることはほとんど不可能であると考えられるが，その価値観をできる限り薄めるか，その人（受けとる側の人）のなかで脇に寄せることができると，「そのまま受けとる」ことに近づいていく。

つぎに，「的確に相手に返していく」こともたいへんむずかしいことである。カウンセリングでは，ことばを主な手段として相手に伝えていくことが多いので，「的確に返す」のは，的確なことばを使うことを意味する。冗長に表現すると，相手にしっくりと届かない。微妙な表現の違いも，相手にとって確かな伝わりにはならない。むしろ，短いことばで，相手の言おうとしている内容を同じようなことばを使って表現した方が，「的確に返す」ことになる。

「的確に返していく」ことは，「そのまま受けとる」ことと密接に結びついている。相手から投げかけられたものが，そのまま受けとれなければ，的確に返すことにはならない。そのまま受けとれるようになると，的確に返すこともできるようになる。

このように，この二つのことは，相互関連性が強い。そして，この両者が適切になされていく基本は，「聴く」ことにある，と言ってよい。相手から投げかけられたことばをまず，そのまま聴く。そして，心を聴く。相手の内面の世

界に深く耳を傾けるのである。

　このことができるようになるには，日常の生活のなかでもある程度可能であるが，やはりそのためのトレーニングが必要である。自分がどのように「聴」いているのかを直視し，他者からのスーパービジョンを受けながら「聴」ける自分に変身していく訓練が求められる。これがカウンセリングの重要な学習となる。「聴く」ことを中心とする体験学習が，カウンセリングにつながる基本的な筋道であると言える。

13．カウンセリングの理論的学習と体験的学習

　カウンセリングに関心をもち，学びたいという人が，近年潜在的に増加している。動機はさまざまであるが，その「学びたい」気持ちは，尊重したい。しかし，カウンセリングを「学ぶ」ということはそれを「知る」ということに留まらない点をとくに喚起しておきたい。

　カウンセリングがどのようなことであるかを「知る」のもそれを学ぶひとつであり，その知識自体の重要性を決して否定はしないが，カウンセリングを知っただけでは「学んだ」ことにはならない。

　カウンセリングの学習には，それを知識として学ぶ「理論的学習」とともに，自己自身のそれへの変身につながる「体験的学習」を欠かすことができない。この両者は，実は相互関連的ではあるが……。

　理論的学習の中身としては，カウンセリングの諸理論，その関連科学（例えば，心理学，精神医学，精神分析，哲学，教育学など），カウンセリングの事例，体験記録などを自分で読んだり，それらについての講義を聞いたり，また，話し合ったりすることがあげられる。これらは，カウンセリングに関する文献を客体として捉え，それを自己のなかにとり入れることが中心となる。

　これに対し，体験的学習では，カウンセリング学習の場や他者の存在する場に我が身を投じ，その場での自分自身の考えや感情など自己の総体的な内的動きを自ら体得するとともに，他の人とのかかわりのなかで自己修正を感得していくことがなされる。そして，内側から湧き出る自分自身の変化がこれらによって導き出されてくる。

この学習には，カウンセリングを受けること（クライエント体験），エンカウンター・グループ体験をもつこと，カウンセリング・ロール・プレイを体験すること，カウンセリングのスーパービジョンを受けること，教育分析的・自己分析的な体験を得ることなどがあげられる。また，カウンセリング面接記録（録音・ビデオテープ）の視聴取をすることも体験学習に結びつく。

　体験的学習では，ひとの心の動きに生の姿で触れることができるので，そのこと自体が学習となる。エンカウンター・グループ体験は，このひとつの典型であると言える。エンカウンターとは「出会い」を指すが，グループの人たちとの出会いを通して，自分自身のこれまでもち得なかったと思われていた新しい局面，気づいていなかった力（personal power）と出会うことができるようになる。

　そこでは，自己のうちに潜んでいる未知の可能性が開かれるようになり，それへの信頼さえ生じてくる。例えば，カウンセリングをすすめる場合に極めて重要な「共感」性が自己の内から芽生えてくることがあり，「共感」できる自分に変化していき，そして，そのような自分を「それでいいんだ」と認めることができるようにもなる。これは，理論的学習ではほとんど不可能な体得である，と言える。

14. 相手の内面の流れが見える

　カウンセリングに関する「体験的学習」をしていくと，次第に「ひと」（人間）の心の動きに関してふだんなかなか見えない部分が「見える」ようになってくる。

　「ひと」の心や内面は，そう簡単には見えにくい。それが少しでも見えるようになると，そこで対面している二人の関係はカウンセリングになっていく。

　ここで言う「見える」ということは，「わかる」とか「理解する」ということとまったく同じではない。例えば，「理解する」あるいは「理解した」というとき，理解する側が中心になっていることがある。性格テストなどで生徒を捉えようとする場合がこの典型的な例と言える。ここでは，生徒（相手）が「いま」どのような気持ちでいるかということにはまったくと言っていいほど

関心を向けず，テストする側の意図・考え方に基づいておこない，そのテスト結果によって相手を分析・分類していく。そこでの捉え方が「理解」となるのである。

　この「理解」では，一方（テストする側）はそれができても，他方（テストされる側）は「理解してもらえた」とは思えない。それと同時に相手を固定的に捉えることになる。これは，その相手を理解する側が「決めつけ」に導くことにもなる。例えば「攻撃的である」とか「神経質である」というように……。そして，このような「理解」をしているなかでは，相手の心や内面の「見えない」部分を「操作」を加えて（テストをするという操作をして）捉えようとしており，そのまま見ていない。

　「見える」ということは，このような意味での「理解する」ということと異なっている。まず，相手の心や内面の動きをそのまま受けとることがなければ，「見える」ことには導かれない。そのままということは，前述の「理解」のように「操作」を加えることなく，その相手が考えていたり感じていたりするまま，ということであって，それに対して評価を加えたり，何か色づけをしたりすることがない，ということである。これには，受けとる側に「空白」（あるいは「余白」）の部分がつくられていなければ不可能である。

　また，相手の心や内面は，止まることなく動いているから，その心の流れに沿うことがなければ「見える」ことにはならない。人の心の動きはそのときどきで，また，その場その場でその人なりに変わっていく。激しい感情が吐き出されるときもあれば，静かな思考に入ることもある。心はころころと変わるから心なのだ，と言われるように瞬時瞬時に変化する。

　ここには，その人なりの心の流れがある。その流れにほどよい距離をとって沿っていくことができるようになると，その人の内面が「見える」ようになってくる。このように「見える」とき，そこにカウンセリングがある，と言えるのである。

15. 暗にも明にも居られる自己

　カウンセリングを学ぶにあたって「理論的学習」と「体験的学習」の両面が

必要であることは、すでに述べたとおりであるが、後者に関してはさらによりいっそう強調しておきたい。

実際のカウンセリングではその相手（クライエント）は、自分自身の問題に遭遇して深く暗い淵に落ち込んでいることがある。そのようなとき、こちら側（カウンセラー）が相手のその気持ち（内面）の動きをそのまま「見える」ことがまずできなければ、カウンセリングにはならない。

この「見える」ことができるようになるのも「体験的学習」に基づくと言えるが、相手の落ち込んでいる気持ちが「見える」ようになって、それによってこちら側の気持ち（内面）が揺り動かされ、同じように落ち込む状態が生まれてきてしまっても、カウンセリングにはならない。見えながらそれに揺り動かされずに、相手とともに居ることができる。これが、カウンセリングには欠かせない。言い換えると、相手の落ち込みの深く暗い淵にともに入っていきながら、入り込んでしまったままの状態にならない自分（こちら側）をつくっていくことが求められる。

加言すれば、相手の否定的な心の状態（落ち込みなど）を否定して自分自身がそれを排除するような自己のあり方ではなく、否定的なことをも容認できる自分自身になっていくことがカウンセラーには求められるのである。舗装道路だけでなく、ドロ沼のような道も歩けるようになることが必要である。これは、深さと幅の広さのある自己のあり方と言えよう。

この自己のあり方は、カウンセリングの「体験的学習」に触れることによって徐々に創られていく。カウンセリング・ロール・プレイ（後述）の体験学習をしていくと、自分自身がどのようなあり方であるか、が見えてくる。不十分な自分も見えてくる。このような自分自身を見るのは避けたいことでもあるが、実はここからその自己のあり方を創ることが始まるのである。エンカウンター・グループ体験もこの点では共通部分がある。カウンセリングの「体験的学習」は、自分自身の再構成への修業である、とも言えよう。

16. カウンセリング・ロール・プレイ

カウンセリング・ロール・プレイによって体験的学習をしていくと、人間の

内面の動きに関していろいろなことが「見えて」くる。

　このロール・プレイでは，一方が「話し手」，他方が「聴き手」となって15分程度の面接訓練としておこなうのであるが，この二人の「かかわり」のなかで「話し手」は，短い時間のなかでも，その人自身の内面の動きを表してくる。これは，その人の「心の流れ」である。

　この「心の流れ」は，その人自身の内面からの湧出によってつくられてくるのであるが，人間の「心の流れ」は，その相手との「かかわり」においていろいろと変化する。

　「聴き手」が「話し手」の「心の流れ」に沿って聴くことをしていくと，この「心の流れ」は，自分自身が問題としていることへと自然に向かっていき，深まりの方向をとるようになる。しかし，「心の流れ」に沿って聴くことが不十分であったり，訊くようなことをすると，この深まりの方向は，なかなか見出しにくくなる。相手の「心の流れ」に沿って聴くことが，その人自身の自己探究を促進するということが確かめられるのも，このロール・プレイによってである。

　「話し手」の表現される中身は，大別して，過去の事実や状況の"説明"とそれに関する自分の考えや感情（気持ち）の"表明"の二つになる。「話し手」のその時その場の状態によって，事実や状況の説明が先に出されたり，逆に，自分の気持ちの表明がまず表現されたり，というような違いはあるが，この二つは交互に出てくる「心の流れ」が見られる。

　事実や状況の説明をしていても，ただ単にその説明をしているのではなく，その説明のなされた後に自分の気持ちの表明が出てくる。そして，これらを表現するいまの「心の流れ」がある。「話し手」は，これを受けとって欲しいのである。聴くというのは，これを「聴く」のである。これを聴いていることをその相手に伝える（ことばで表現する）ことまで含んでいないと「聴く」ことにはならない。事実や状況の説明にのみ心が奪われ，知ろうとして訊くと，相手の「心の流れ」は，自己探究から離れてしまう。

17. 他者援助「自戒の10章」

　カウンセリングは，他者の成長（治療も含む）への援助として展開されるのであるが，その際何が援助となるかを心得ておくことが必要である。以下に「援助の心得」10点をとりあげ，カウンセリングに関する基礎的なポイントを要約しておきたい。
　①ひたすら聴く……核心にも，周辺にも耳を傾ける
　②悩み・不安を大切にする……「不適応」は，その人にとってはそれが適応であると捉える
　③気負わない……治すのではなく，治るのを待つ
　④急いでケリをつけない……一件落着と考えるのは自己満足である
　⑤経験や学説にとらわれない……相手の固有の悩み・不安とかかわる
　⑥周囲に揺り動かされない……そこでの「あなた」と「わたし」の関係としてすすめる
　⑦ほどよい距離を保つ……密着は共倒れになる
　⑧何ができるかより，何が必要かに徹する……だれが中心なのかを忘れない
　⑨心の動きに素直になる……無理したかかわりは互いに傷つく
　⑩スーパービジョンを受ける……まず自分の安定を保つ
　これらの点は，カウンセリングをおこなうもの（カウンセラーなど）の「自戒の10章」とも考えられるし，他者援助の「あり方」を示しているとも言える。
　カウンセリングは，二人の人間（カウンセラーとクライエント）の「関係」として展開されるから，一方の人間（カウンセラー）にこれらの10点が体得され，それが自然に表出されていくならば，他方の人間（クライエント）にとっては，それ自体が援助的な働きとなる。
　この「関係」は，カウンセリング場面だけでなく，人と人とがかかわる多くの場に応用することができる。家庭，教育，福祉，医療，看護，経営，管理，司法，矯正などわれわれの生活の広い領域において活かされよう。
　カウンセリングを究めその専門性を体得していくには長い年月を必要とするが，専門家にならずとも，その基礎を学び，自己の生活や仕事に活かすことは

可能である。そして，その必要性は，今日，それぞれの個人やその社会生活のなかに多く求められている，と言うことができる。

補．「共感」について―カール・ロジャーズの話

　ここで，「共感」について少し話してみたいと思います。「共感」ということは，非常に大切なことですので，そのことについて私がどのように考えているかを述べたいと思います。
　最初にクライエントに会って，かれの言うことの内面に入って，そのドアの内側で何を言おうとしているのかを聴くことは，容易なことではありません。
　しかし，聴くことを一生懸命続けていると，次第に相手の内側に入っていくことができ，相手がどう変わっていくか，相手の世界のなかでどのように感じられているかがこちら側に感じられるようになってきます。
　そこで，私が相手に対して伝えることばのなかに，"あなたの世界のなかでは，このようになっているのでしょうか"という言い方が出てくることがあります。それは，「感情の反射」と書かれていることを思い出すかもしれませんが，そうではなく，相手の世界のなかでどう見ているか，ということをこちらが受けとろうとしているのです。
　かれの世界のなかで，どう見えているか，どう感じられているか，ということを受けとろうとする。そして，それをこちらが感じとっていくにしたがって，私のもっている価値観は，拡げられていきます。
　「かれ」と言いましたが，これは，「かれ」と「かの女」の両者を含みます。ここでは「かれ」ということばだけを使っておきます。
　私がかれのなかにおり，楽にいられるようになるにしたがって，かれも自分の世界のなかで，自分で探せるようになります。
　そこで，かれが自分の世界のなかで何を探しているか，というところにいながら聴くようにしていると，かれが表現したことばよりも深い何かを表わしている，というように感じることができてきます。そのところを私は"こうなのでしょうか"とレスポンスするのです。
　それは，やがて，あたかもかれのために，彼の世界のなかのことを表現して

いるように聞こえるようになるかもしれません。私がかれの世界のなかにうまく入っていくことができるようになると，かれ自身で自分の世界の端から端までよく見えないところをより見えるように，見ようとし始めるでしょう。

ここには，かれの世界のなかと私のなかとの間に何か「つながり」が見られてきます。そして，この「つながり」のなかで共有できているようになります。

この「つながり」の通路のなかを行ったり来たりすることを，私はしています。そして，必要に応じて，私は自分の世界にもどることもできます。私は，そうしようと思えば，自分の世界にもどれることを知っていますから，少なくともクライエントの内面を聴いているときには，かれの世界のなかにおります。

かれと非常に密接に結びついているときには，いま話していることとまったく関係のないことを言っているように見えることもあります。いままでのこととほとんど関係のないことを言っているようであっても，それがクライエントにとっては非常に意味のあることがあります。私は，私の直観（intuition）が非常に効果的である，と思っています。

私の頭よりも，私のエッセンスの方がはるかに役に立つと思います。私のエッセンスが相手のエッセンスと触れているような気がします。私が合理的でないことを言っても，それがクライエントにとって非常に意味のあることにもなります。"まさに自分はそう感じている"と相手が言うことがあります。このような意味での共感的な感受性（sensitivity）が，セラピィのもっとも中心的なことなのです。それが治療のあらゆる条件をカバーしていると思えるのです。

このように相手に向けられる感受性は，かれへの関心とケアしようという気持ちがあるところから生まれるのです。そのような共感的な感受性がもてるということは，私が「自分自身である」（real feeling on me）からなのです。

私が自分自身で一致しているということ，相手に対して関心をもっているということ，共感的に理解するということは，別々のことではなく，一つのことになるのです。このような形でクライエントに向かい，かれとともにいることができるならば，そこでは治療が展開することになるのです。

「きく」という場合に，ただ聞いていればいいんだというように考えると，非常に重要なことを抜かしてしまっているのではないか，という疑いをもたざるを得ません。私が言うのは，普通の意味で言われている「聞く」ということよりも，はるかに深い意味の「聴く」なのです。そこで必要とされていることは，私のすべてであり，私のすべてを相手に傾けることなのです。

感受性豊かな同伴者（sensitive companion）になること，心をもって聴くということ，まさにそのとおりです。非常にデリケートであり，非常にセンシティヴであり，非常に重要なことで，簡単なことでないことを強調しておきたいと思います。

これから20〜30分間，実際にそれをおこなうことになりますが，そこで深いところに入っていけるだろうと思います。それには，努めて練習をする必要があると思います。もし，それがうまくいった場合には，クライエントになった人もカウンセラーになった人も，生涯忘れられないような関係が生じてくるでしょう。そのような経験になると思います。

第4章
自己表現を大切にする
カウンセリング

1. そのときの自己が言動に表れる

　カウンセリング面接のなかでその相手（クライエント＝来談者）と接していると，かれ（あるいは，かの女）はさまざまな自己表現をしているのを実感する。

　来室して面接室に入り，面談に至るまでにもそのひとの自己表現が見られる。弱々しく躊躇しながら歩み，遠慮気味に椅子に座る。そして，ややうつむき加減の姿勢でじっと何かを見つめ，何となく不安気な様相をからだ全体に漂わせている。

　これは，あるクライエントの面接開始時の素描であるが，ここには，かれの自己表現が如実に示されている。「躊躇しながら歩み」「遠慮気味に座る」，そして「うつむき加減の姿勢」「不安気な様相」などを，一般的には自己表現とはみないことが多いであろうが，これらは，そのクライエントがそのときの自己を表している，とみることができる。

　自己表現という場合，われわれは，そのひとが自分自身の考えや意見などをはっきりと他者に示すことというように捉えがちであるが，それのみに限られない。その時その場で，そのひとは，明確でないさまざまな自己表現をしているのである。

　カウンセリングでは，このような明確には示していないがそのひと自身の表している言動を含めてかれの自己表現と捉え，かれのそれらの言動を見逃さずに，しかも，それをそのまま受け容れていくことが求められている。

2．色づけなしの受け止め

　子どもであっても，成人であっても，一人ひとりの自己表現は，さまざまである。そして，それは，同一人であっても，その時その場によって異なっている。

　子どもの場合には，概してその表現の違いが大きいことは，よく知られている。例えば，「泣いた烏がもう笑った」という幼い頃の揶揄は，このことを暗示している。

　そして，その時その場での表現の違いが大きいということは，そのひと自身の自己表現が率直である，と認識されるであろう。子どもは，自分自身の周囲にいるものの反応をそれほど気にしないことが多いから，それだけ，自分自身のなかで生起し動くもの（感じること，思うこと，考えることなど）をそのまま表出する。

　しかし，それゆえに，自己中心的である，とか，わがままである，と評され，そして，かれをとりまく人々からは，困ったこと，許されないことと捉えられ，その表出は抑えられることが多い。

　一般に，笑うことは肯定的に，泣くことは否定的に捉えられる傾向があり，否定的なことは，抑えられる。笑うことも，泣くこともその子ども自身の内面からの率直な表現である，という捉え方は，あまりなされない。しかし，否定的にみるか，あるいは，肯定的にみるか，という捉え方とは別に，泣き・笑いは，その子ども（ひと）自身の内面の動きがそのまま表出した状態であって，それは，そのひとの率直な自己表現のひとつである，とみられよう。

　カウンセリングでは，肯定・否定という評価的な捉え方とは別に，その人自身が感じ，考え，思う，というような内面から表出された言動をかれの率直な自己表現として捉え，それについて評価を交えずそのまま受容していくことが肝要とされる。

　このことは，しかし，それらの言動に対して評価的に捉えることができない，あるいは，なされない，と言うのではない。評価的な判断は可能であり必要でもあり，また，評価的な把握は存在するが，しかし，このような評価から離れて（左右されずに）かれ自身が表現したままを色づけせずに受け止めていくの

である。この点，誤解のないようあえて付言しておく。

3．感情をことばにして

　その時，その場によって異なるそのひとの自己表現には，さらに，かれの内面の浅い部分からの流出，深い部分からの湧出，その中間からの表出など，さまざまなあらわれ方がある。
　すでに触れたように，カウンセリング面接開始時にもクライエントは，すでにその場での自己を表しているが，多くの場合，その時には未だかれの深い部分から湧出する自己を表すようにはならないようである。

　　「私ね，七月の夏休み前にね，（ええ）教師として自信なくしたんですよね。（はあ），……あの，子どもの，その，変化する姿をみて，（ええ）非常に，あ，安易に考えてはいけないなあって，思ったんですよ。……」

　これは，あるクライエントとのカウンセリング面接の初めの発言の一部であるが，ここには，かの女がこの面接のなかでその内面に深く潜んでいる何かに結びつく一端が示されており，それをことばにして表している様相がうかがえる。たとえて言えば，巻いた糸玉の一本を引き始めたところである。
　これもこのクライエントの自己表現のひとつであるが，しかし，かの女の内面の動きの表層部分をことばにして表しているにすぎない。それは，このクライエントの内面の浅い部分からの流出である，とみられよう。
　面接を続けていくなかで，このクライエントは，つぎのように述べている。

　　「……教師のひと言っていうのが（うん）すごく適切であっただろうかっていう，その自分自身が，こう，悔いたわけですね，自分自身のひと言が……。苦しかった。……安らぎを求める意味で来たんだと思うんだけど，それなら，それに応えるような（うん）対応の仕方を本当にこれからも考えていかなければと，……いまもまた，そういうふうに（ええ）強く感じています。」

　この逐語から知られるように，このクライエントは，その内面に潜んでいた自己の感情（悔い，苦しさ）とそれに導かれた考え（対応の仕方）を自分自身

のことばにして表している。これは，かの女の内面のやや深い部分からの湧出である，とみることができる。

　カウンセリング面接が適切になされていくと，クライエントは，その内面の浅い部分から次第に深い部分へ向かって自分自身を表していく。感情表現は，そのひとつのあらわれである。「悔しい」「苦しい」など，そのときに自分自身の内面で感じているそのままをことばにして表すようになる。そして，その感情が受け容れられるにつれて，自分自身の内面で何か（積極的なもの）を見出すようになる。このクライエントにも，この一端が見うけられる。

　カウンセリングでは，その相手の内面のどのような部分（浅いレベル，深いレベルなど）からの自己表現かを感じとり，その表現の中身に合致するよう応えていくことが不可欠的に求められる。そして，このことがカウンセリングの成否を決定づける，と考えられる。

4．内面の開放としての表現

　これまで触れてきたように，カウンセリングの観点からは，自己表現ということをある枠内に限定して捉える，というようにしないし，また，できないことが知られるであろう。そのひとがことばにし，表情に表し，からだで示すそのすべてがそのひとの自己表現である，と捉えるのである。

　この意味で，そのひとがそこに存在するということそれ自体そのひとの自己表現である，ということになる。生（生命）ある限り，そこには自己表現がある，ということに帰着するのであるが，カウンセリングは，そこにひとりの人間がいる（子どもがいる，生徒がいる，ではない）という観かたがあってはじめて成り立つ，というところからも，このことは推量できるであろう。

　人間の生のほとばしり，生命力の息吹きがそのひとの自己表現であり，それは，そのひと固有のものである。バラはバラの花を咲かせ，スイセンはその花を咲かせる。形や色はさまざまであるが，そこにはそれぞれの自己表現がある，と言い得よう。その固有さの点で変わりはない。

　この固有な自己表現は，その生が生み出す自然である。その生が自ら然らしむるところにその自己表現がある，と考えられる。そして，この生や自然は，

それ自体に価値があり尊重されるべき存在である。それぞれの自己表現も，同様に捉えられるであろう。

カウンセリングでは，すでによく知られているように，自己一致（congruence），積極的尊重（positive regard），共感的理解（empathic understanding）がその基本的条件であるとされており，カウンセラーの側にこの三つの条件が少しでも多く満たされていれば，その相手との関係のなかに変化が生じ，この変化を通してクライエントはおのずと解決や成長に向かうようになる，と言われているが，これは，視点を変えてみると，その人の固有なそれぞれの自己表現に対応していくあり方（態度）や方法・技法（技術ではない）を指し示している，とみられる。

カウンセリング面接のなかでは，主にことばを交わして進行するが，そこでクライエントが話しているのは，ただ単にことばを発しているのではない。話すは放すに通じる，と言われるように，かれはかれの内面を開放しているのであり，同時に，ことばによって自己表現をしているのである。

不安や悩みなどを話すことを通して，その内面を放し（開放し），そうすることによって，その不安や悩みを自分のこだわりからひき離すことができるようにもなる。これがなされるのは，その相手として誰か（人間）がおり，その放し（話し）を批判や無視することなく，まず，そのまま受け容れられる場合である。

批判や無視，あるいは，励ましなどが返ってくると，この不安や悩みなどに揺らされている内面は収まりがつきにくい。しかし，そのまま受け容れられると，不思議なほど収まりがつくようになる。

ここには，不安や悩みなどにかかわる自己表現への対応の一端が示されている。「そのまま受け容れる」ということがそれであるが，これは，さきに示したカウンセリングの三条件がその相手としての誰かのなかに体得され（あり方・態度として培われ）ているところから生じるのである。

5. カウンセラーに求められる「感」の豊かさ

そのひとの表現が感情表現となって示されるとき，それは，かれ自身に密着

しており，その内面がそのままことばや表情などに表されることが多い。それは心の声，心の叫び，あるいは，心の底からの訴えと呼ばれる様相を呈するようにもなる。

　嬉しさ，楽しさ，あるいは，悲しさ，淋しさなどの感情表現には，それらをもたらす原因や理由がそれぞれあるであろうが，その表現に含まれている感情そのものがそのひとにとって重要なのである。「悲しい！」とことばにしたとき，そのことばに表した悲しい気持ちがそのひとのその時のすべてなのである。

　このようなとき，往々にしてその原因や理由を探ろうとすることがあるが，それは，そのひとの自己表現を大切にすることにならない。その感情そのものをしっかり受け止め，受け容れ，そして，受け容れていることを伝えるところにその自己表現を尊重する事実が生まれる。これがなされるには，「感」の豊かさ（感性のふくらみ，豊かな感情など）が不可欠に求められる。

第5章

対話とカウンセリング
——カウンセラーの役割

1.「対話」とカウンセリングとのかかわり

　この標題に関して，最初に，誤解をおそれず結論的なことを述べるならば，カウンセラーの役割は，対話が豊かになるようその人（相手）を援助すること，である。

　特集「子どもとの対話——いま何が問題か」に応えて，これに対する答えを，これも誤解をおそれずに敢えて結論的に言えば，子どもの周囲にいるその人（就中，教師）がいま問題である，と考えられる。それは，その人自身対話ができないでいることである。子どもの自主性が育つようにするには，自主性の育っている教師でなければ不可能であるのと同様に，対話のできる教師がいなければ，子どもの対話能力も発展しない。

　この論脈で捉えると，「対話が豊かになるようにその人を援助すること」は，極めて重要な課題となる。

　教師自身対話することができないでいる，という指摘をしたが，それは，教師にすべて責任があるとは考えられない。教師養成その他の場において対話ができるトレーニングの機会が極めて少ないこと，対話の重要性を教育界において必ずしも認識していないこと，対話をする機会に接したりそれをつくっていく余裕のないこと，など阻害要因は多い。

　われわれの生活のなかでも，「会話」はけっこうやっているが，「対話」となると極めて希であるか，ほとんど見られない。会話も十分になされているか，と言えば，これも甚だ心許ないとも考えられるが，一応なされているとみられ

よう。若い人の間でよく使われている「ウッソー」ということばが折り込まれる会話も、会話として成り立っていると考えれば、であるが……。

「会話」は、人と正面から向かい合うことがなくても可能であるが、「対話」は、これなしには成り立たない。向かい合うというのは、物理的に身体をそちらに向けることの意味ではない。自分の気持ち（内面）を含めたからだ全体を相手に向けることであり、それに基づいてその相手と対峙し、また、対決する姿勢のうえに対話は成り立つ、と言ってよいであろう。

また、「対話」は、「会話」の延長線上にあるのではない。会話が上手になれば、対話ができるようになる、とは言えない。表面的に似たような結果が出てきても、会話が対話になるとは言えない。相手と対峙し対決する姿勢、それは決して相手を打ち負かす意味ではなく、相手に対し正面に顔を向け、逃げの態度をもたない姿勢と言えるが、この姿勢があるとき、「会話」の路線は、「対話」のそれへと切り替わってくる。和気あいあいの会話は、どれだけ楽しくても、対話にはなり難い。しかし、ほんとうの対話のすすむなかからは、楽しさや嬉しさがおのずと湧き出てくる。

「会話」は、技術的にうまく展開させることができる。話術にたけていると、会話の展開はうまくなされるであろう。このように、会話の上達は「技術」を中心に考えることができる。しかし、「対話」ができ、また、それが豊かになるには、「技術的」なことに集中するだけでは不十分であり、また、不可能である、と言えよう。

「対話が豊かになるようなその人への援助」は、その人が技術的に会話や対話が上手にできるように指導したり教えたりすることとは違って、その人自身の姿勢や態度が変化・変容し、「対話」に向かい、豊かな「対話」がつくれるように働きかけることである。これには、かれ自身の一部が変わるのではなく、その基本的な部分の変化・変容が求められる。

この変化・変容が可能となる道は、二つ考えられる。そのひとつは、カウンセラーとの「対話」を経験することであり、他のひとつは、カウンセリングを学ぶことである。前者は、カウンセリングを受けることと同じ意味になるが、後述するように、カウンセリング体験は、「対話」の凝縮経験そのものと言うことができるから、この経験が「対話」の豊かさを生むことにつながるであろ

う。「人は経験したことしかできない」と言われるが、経験がないとそのことに向かうことができ難いし、そのことの発展は望めない。このことの逆の事態がカウンセリングを受ける経験から生じてくる。

後者に関しては、カウンセリングを体験的に学ぶことがよりいっそう望まれる。知的・概念的な学習も人の変化をもたらしはするが、その人自身の体験的学習が、かれの基本的部分（姿勢・態度）の変化・変容を導く。これをカウンセリングに結びつけておこなうとき、「対話」の豊かさへの芽が生じてくる。

2. カウンセリングの体験学習から活かされるもの

カウンセラーとの「対話」経験（カウンセリングを受ける経験）については、その人（教師）がこの経験を求めようとするか否かにかかわることであるので、ここでは、その必要性を再度指摘するに留めておきたい。

カウンセリングの学習に関しては、それがカウンセラーになること（カウンセラー養成）につながることは当然であるが、それだけではない。この学習は、われわれ自身に対して教育や生き方など種々の面で新しい芽を開かせてくれる。教師に関して言えば、授業場面の改善、生活指導方法の質的転換、子どもとの対人関係の深まりなどが、カウンセリング学習の結果として導き出されてくる。「対話」の意味がわかるようになり、「対話」ができるようになり、「対話」が豊かに展開するようになるのは、カウンセリング学習から活かされてくる一面である。

しかし、このようになる（成る）には、カウンセリングの「体験的」学習が不可欠と言える。知的・概念的な学習では、カウンセリングを知ることはできても、「対話」が豊かになるまでには至らない。カウンセリングを「体験的」に学習していくなかで、「知る」ことを超えて初めて「成る」に近づいていくのである。

カウンセリングの「体験的」学習には、今日では多くの手法・方法が考えられ実施されているが、エンカウンター・グループ（encounter group）への参加がもっとも有効であろう。エンカウンター・グループは、その名のとおり、出会いのグループである。基本的には10名程度でグループを構成してすすめる

のであるが，その進展のなかでそれぞれの構成メンバーは，相互に他の人との内面的な深いかかわり合いを経験するようになっていく。この経験の過程は，決して平坦ではないが，他からの強制や介入がほとんど見られないなかで，自然に展開する。

このような他人とのかかわり合いを経験するプロセスのなかから，それまで自分自身でも気づかなかった自己の一面を見出すようになる。それは，新しい自分への気づきとも言える。その気づきは，「自己の力」(personal power) の発見に結びつくことさえある。このなかには，新たな「自己との出会い」が含まれている。エンカウンター（出会い）ということは，人との出会いを通して潜在的な真の自分と出会う，という意味にもなるのである。

エンカウンター・グループへの参加経験からは，「自己との出会い」や「自己の力」の発見と関連して，これまでの自分の「対話」観の誤りに気づき，また，修正しようという気持ちが湧き出てくるとともに，自己の「対話」能力の存在にも触れることができる。自分自身で「対話」することができにくい自分であると捉えていたことから，自分にも「対話」する力があると認識することへの変化が起こるであろう。それは，「成る」ことへの基盤と考えられる。ここには，体験学習のひとつの姿が見られる。

また，このグループ・プロセスでは，メンバーが相互に自然に（あるいは，必然的に）「対話」を展開するようになるから，それに参加していることが「対話」を実践することにもなる。したがって，ここでは，「対話」の学習を直接経験する，と言うことができる。

カウンセリングの「体験的」学習で体得する中身として，さらに，ロジャーズ (Rogers, C.R.) の言う三つの条件〔真実さ・自己一致 (congruence)，ケアリング・無条件の肯定的配慮 (unconditional positive regard)，深く感受性豊かな評価しない理解・共感的理解 (empathic understanding)〕をあげることができる。この三つは，カウンセラーがカウンセラーであることを自他ともに認め得る基本的な態度条件であるが，これがカウンセリング場面で体現されるとき，カウンセラーとその相手（クライエント）との相互的な関係のなかで，その相手は，自分の問題の解決や治療ばかりでなく，かれ自身の成長がなされていくのである。

この3条件は，視点を変えてみれば，「対話」の基本条件とみることができる。人と正面から向かい合うことが「対話」を成立させる，と先きに述べたが，それにはこの3条件が含まれていると言ってよい。例えば，共感的理解は，相手の内的世界に生起する感情の動きをそのまま受け容れ，そして，伝えていくことであるが，それは，相手に対する積極的な働きかけの意味を含んでいる。この共感的理解なしには，真の「対話」は成立しないであろう。
　この3条件の体得には「体験的」学習を欠かすことができないが，この学習をすすめることは，同時に「対話」ができるようになることへの学習と結びつく。カウンセリングは，「対話」の連続する流れとして理解することができるが，それの基本を「体験的」に学んでいくことは，その人自身が「対話」に関してそう「成る」自分に変化・変容していくことにつながる，と言えよう。

3.「対話」の豊かさへの援助

　「対話が豊かになるようにその人（教師）を援助すること」に関して，カウンセリングとのかかわりにおいて，さらに別の視点からひとつ指摘しておきたい。カウンセリングは，それ自体に内在する機能として「治療」だけにとどまらず「成長」への働きをもっているが，これを教育や学習の問題にまで敷衍して捉えていくとき，教師に対してつぎのような問いかけが生まれてくる。
　(1) 成長を続け，学習している人の内側の世界に，私は入ることができるでしょうか。私は，批判的な態度にならないで，この世界を理解することができるようになるでしょうか。
　(2) 私自身，このような若い人々との関係のなかで，真の人間となり，ともに学ぶことができるような，心を開いた，自由に表現し合えるような相互関係をつくることに賭けることができるでしょうか。
　(3) 私は，個人一人ひとりの興味を見つけ出し，それぞれが好きなように，その興味を追求していくことを認めることができるでしょうか。
　(4) 私は，若い人々が自分でもっとも大切にしているもの—自分と自分自身をとりまく世界について大きく眼を開き，粘り強く，激しく，好奇心をもやすこと—を持続することに援助できるでしょうか。

(5) 人間や経験や書物といったあらゆる種類の資料——それは彼らの好奇心を刺激したり，関心を高めたりするものですが——に，若い人々が触れられるようにする場合，私は，創造的になり得るでしょうか。

(6) 創造的な学習や活動の前触れとも言うべき，奇妙な，まとまりのない考えや激しい行動や表現を，私は，受容し育つようにすることができるでしょうか。

(7) 若い人々が統合された人間——感情が知性に，知性が感情にいきわたり，そして，その表現が全人の表現となるように，私は援助することができるでしょうか。(注)

この問いかけは,「もし私が教師だったら，自分に対しつぎのような質問をするであろう」とロジャーズが述べてわれわれに投げかけたことばであるが，この7つの問いのほとんどすべてに「イエス」と答えることができるならば，その人は，真の学習の促進者となることができ，また同時に，「対話」を豊かにすることができるようになる，とみられよう。

このことへの援助が，いま教師に必要とされているのではなかろうか。

(注) カール・R・ロジャーズ　金沢カウンセリング・グループ訳　畠瀬稔監修　エジュケーション　関西カウセリング・センター　1980　pp.89-90

〈参考文献〉
村山正治編　エンカウンター・グループ　福村出版　1977
Rogers, C.R. "The Necessary and Sufficient Conditions of Therapeutic Personality Change" Journal of Counseling Psychology 21　1957　pp.95-103
人間関係研究会ワークショップ・プログラム（年1回発行）

第6章

心理臨床面接における「傾聴」の実践的意味

1. はじめに

　個人への心理的援助は，今日，さまざまな形態をとってなされているが，その主要なひとつに心理臨床面接，すなわち，カウンセリングがあげられており，そこでは何よりも「傾聴」が重要視されているのは周知のことである。心理臨床面接に際して，どのようなアプローチ（例えば，クライエント・センタードに限らず，精神分析的，あるいは，認知行動主義的，また，その他の場合）に基づいてなされようとも，その相手（クライエント）の内的世界への傾聴は，欠かすことのできない要素のひとつである，と考えられる。

　「傾聴」は，その形態上の視点からは受動的な行為である，とみられがちであるが，このようにみるのみでは不十分である。また，「傾聴」を「聞く」という受動的な行動（例えば，話し声が聞こえてくる，など）として捉えるのみでも不十分である。「傾聴」の内実には，このような受動的な性格とは区別される能動性や積極性が含まれており，これが発現されてはじめて「傾聴」と認められるのである。すなわち，集中して耳を傾ける，というように，「聴く」という能動的・積極的な行為それ自体が「傾聴」になるのである。「傾聴とは，①感じとる，②注意をむける，③共感する，④記憶する，という心のはたらきをともなった積極的な精神活動」[1]という指摘は，示唆的であると言えよう。

　心理臨床面接では，この「傾聴」をとくにどのような点に向けてなすか，が重要なポイントとなる。クライエントは，その面接においてその個人の内面の動きにともなってさまざまな様相を示しながら「はなす」（話す＝放す，また，

沈黙という様式で放す）ことを意図的，非意図的あるいは無意図的になしていくが，それらは，大別して①事実や状況の説明，②気持ち（考えや感情など）の表明，の二つに分けられる。実際の面接でクライエントは，①から始めることもあれば，突然"悔しい"と言って②から始まることもあり，その心理的状況によって一様ではないが，①は，②の導入であることが多い。そして，クライエントは，②を放したいし，受けとって欲しい，のである。このことから，「傾聴」は，①についてもなされる必要があるが，とくに②に向けてなされるのが不可欠，また，肝要である，と考えられる。

　そして，その「傾聴」は，クライエントのこの説明や表明を受け容れるにとどまらず，その受け容れを伝え返していく（レスポンスする，response）ということがなされて初めて「傾聴」に価する，と言える。①であっても，また，②であっても，それらをカウンセラーが聴き容れていても，何ら反応をクライエントに向けて示していなければ，それは「傾聴」とはみなせない。この点からも，「傾聴」は，能動的・積極的な対人的行為である，と考えられる。さらに加言すれば，それがそのときどきに自然になされて初めて「傾聴」になるのであって，努力してそうしているときには，「傾聴」になっていない，と言えよう。このような「傾聴」には，その相手をひとりのかけがえのない存在として尊重し，その存在そのものに関心を寄せるという姿勢，すなわち，その相手への無条件の積極的関心（unconditional positive regard）がそれを成立させる前提的必要条件になる，と言える。これは，ロジャーズ（Rogers, C.R.）の提唱したカウンセリングを成功に導く3条件のひとつであるが，「傾聴」という行為は，この態度条件から湧出されたその場の現象化である，と考えられる。そして，この「傾聴」が継続してなされるなかで，瞬時瞬時に共感（empathy）が生じるのである。

　心理臨床面接においてこのような「傾聴」がより的確・適切になされるならば，そこからその相手への問題解決的・成長促進的な援助が導き出される，と想定される。以下に，「傾聴」に関するこの実践的意味をカウンセリング面接の一事例をもとに確かめてみたい。

2. カウンセリング面接の事例

　ここでは，カウンセリングの一面接事例の展開過程そのもの（紙数の関係でその部分的抜粋）を提示し，ここから「傾聴」の事実，その実践的意味を探求する素材に供したい。

　この事例は，約50分のカウンセリング面接であるが，クライエント（40代女子）の了解を得てテープ録音し，その後，逐語化した。また，研究などのために公表することの了解も得ている。そして，この事例の素材供用への可否などを確かめる目的も含めて，「プロセス・スケール」（process scale）[2]によって評定したが，その結果は，面接終了時約6.3（7つのストランドの平均）という評定値を得ており，この事例は成功的である，と判断される。（以下，Mはカウンセラー，Yはクライエントの発言を示す）

M1：えー，そうするといま，2時17分（うん）近くになるのかな（はい），で，ほぼ，3時ぐらいまで（うん）だいたい目やすにしておきましょうか。（はい）……その時間，えーYさん，どんなことを言葉にしていくのか，あるいは，言葉にしないまま，……どういうふうにしようかということで言葉が出ないままっていうか，沈黙っていうかね，そういう時間があってもいいし（うん），えーまあ，どんなことなのか僕もわかりませんけど，いまYさんがね，これからするということに対して僕も，一緒にっていうのかな，そのことにこう，向かいながらやっていこうかと思っています（はい）ので，どんなことからでも始めてみてください。……＜間＞……
Y1：と，いま，あのー，私中学校に勤務しておりまして
M2：中学校に，勤務している。（はい）
Y2：で，あのー，保健室に毎日登校している子が，（はい）あの，中学3年生の女の子がひとりいるんです。
M3：中学3年生の女の子，（ええ，はい，そうです）がひとりいる。（はい）
Y3：それであの，保健室登校を始めたきっかけは（うん）あの，欠席が長く続いたもんですから，（うん）「欠席するんだったらば，（うん）保健室に，来ない」って（うん）声をかけたところが，（うん）
M4：欠席をするんなら，（はい）保健室に来ない（ええ）というように声をかけた。（はい）うん，そしたら，
Y4：そしたら，あの，保健室に来るようになったんです。（うんうん）

M5：保健室に来るようになった。（はい）うん
Y5：それは，あのー，中学2年生の1月のなかば頃だったんです。（うーん）
M6：1月のなかば頃（はい）うんうん
　　　　　～〈中略〉～
Y44：……それから，あと，自分にも（はい）私も，やっぱりあの，……ひとりの人間＜笑＞（はい）ですから（はい）感情の起伏っていうんですか，（うんうん）心の状態が（はい）とてもいろいろ，こう，波がありまして（うんうんうん）うん（うん）あの，やっぱりこの子にもっと熱心に（うん）かかわってあげようっていう気持ちが強いときと，（うん）あーもうどうしようもないから＜笑＞このまま時間が過ぎていけばいいや，というような，（うーん）気持ちの揺れ（うーん）みたいなものが，
M45：どうしようもないから（はい）うん，このままいって，しか，しかたがないのかなという（うーん）気持ちの揺れ（うーん）うん
Y45：が，いままでその，その子が保健室登校始めてから，（はい）いままで，（うんうん）ずいぶん自分の気持ちのその揺れがあったんじゃーないのかな，（うん）その子に一貫したかかわり，（うん）かたを，（はい）してこなかったんじゃないかなっ（うーん）て反省もしてるんです。（うんうーん）
M46：自分が一貫した，かかわりかたをしていた，いなかったん（ええ）じゃないかなというように（はい）反省している。（はい）
Y46：何故かっていいますと，それはやはり，あの，例えば3年生の学年の職員とか，（はい）担任の先生が，「なんであの子は教室に来られないんだろうね」とか，（うーん）「もうそろそろ教室に来てもいいんじゃなぁい」（うーん）っていうような言葉を聞いたときに，（はい）うんやっぱり，教室に行った方がいいのかな，とか（うん）まあそういう気持ちがたくさん（うんうん）あって，（はいはい）いやあの子はあの，そうじゃあなくて，（うん）保健室に登校していることだけでも，（うん）あの子にとってはそれがベストなんだよ，というような（うん）弁護ができない。（うん）
M47：弁護ができない。
Y47：自分，（うん）がちょっと，＜笑＞あの，（うーん）半年以上も（はい）一緒にいてね，（はいはい）うーんあの子と，無駄な時間をこう，過ごしているんじゃあないかな，（うーん）ていう感じ（うーん）がしているんです。
M48：無駄な時間を過ごしているんじゃないかな，（はい）というような感じがしている。（ええ）うん

～〈中略〉～

Y82：その子といままで（うん）何か月が過ごしてきて，（はいはいはい）その子をそう捉えて（うん）いますので，（うーん）「あー大丈夫なのかなぁ」って（うーん）いまあの，（はい）思いかけたんですけれども，（うーん）

M83：「大丈夫なのかなぁ」というように（ええ）思いかけたけれども，うーん，

Y83：であの，夏休みにはいったときに，（はい）〈間〉「私の家で食事をしましょ」って（うん）ことで，（うーん）その子と，（はい）その子と，いつもあの，その子に，（はい）声をかけて，きに，来てくれる友だちがたったひとりいるんです。（うーん）その子はちょっと能力の低い子なんですが，（はい）相手の心なんかぜんぜん関係なく，自分の（うん）言いたいことを言ってしまう，（うん）だから，その子の，気持ちなんか，あんまり考えないで，（うん）パッパ，パッパいろんなことを（はいはい）言う子なので，（うん）とうとうその子もその，あのー，その友だちだけには，（うーん）いろんなことを話すようになったんですね。（うーん）

M84：話すようになった。（はい）うーん

Y84：でそのふたりを呼んで，（はい）「じゃあ夏休みだし，（はい）うーん先生の旦那さんもいないからね，（うん）ちょっとおいでよ，（うん）先生がご馳走してあげるよ」なんて（うーん）感じで，（はい）「ハンバーグなんてあのファーストフードで沢山あるけど（はい）これ先生が手作りの，（うん）100％牛肉のハンバーグなんだよ」（うーん）なんていう感じで，（はい）お昼を食べたんです，（はい）一緒に。（はい）そうしましたら，あの，保健室では，いつもあの硬直した感じの表情（うーん）で，（はい）緊張の1日なんですよね。（はいはい）ところが，自宅へ来たら違ったんです，（うーん）表情が。（うーん）

M85：自宅に来たら違った。

Y85：もうニコニコ，ニコニコして，（うん，ニコニコして），表情もほころんで，（はい）でその子とふたりで，あの，応接間にピアノがあるんですが，（うん）「先生ピアノ弾いてもいい」って言ったんです。（うーん）あらこれはふつうの会話の言葉だなって（うーん）

M86：はあはあ，これはふつうの会話の言葉だなあって（ええ）うーん

Y86：保健室でそういう言葉，発したことがないんです。（うーん）「先生ピアノ弾いてもいい」って，（うーん）言ったので，あっその前からもうこの子はずいぶん表情がいつも保健室にいるときとずいぶん違うなぁ，（はいはい）でその後でそういう言葉を発したので，（うーん）「うーんいいよ」なんていう感じで（はい）受け答えしていたんですが，（はい）「あっこの子はまだ喋れるんだ」って（うーん）

そのとき実感したんですね。（うーん）
M87：「この子は喋れるんだ」（ええ）とそのとき実感した。
　　　　　　～〈中略〉～
Y120：……お爺ちゃんっていう方も昔堅気の方で，（はい）視野が狭いですから，（はい）自分のこう孫がどういう状況にあるかっていうのをよく知らなくて，（うーん）かなりレベルの高い高校に入れようなんていうような，（うーん）考えをもっている方なのでね，（うーん）その子に対して，（はい）現実っていうものを教えてあげる人がいない。（うんうんうん）
M121：現実を教えてあげる人がいない。（ええ）うん
Y121：それを教えてあげる，（うん）また女の子なので，（はい）躾的な面（うん）も教えてあげるのが，（うん）私の役割かな（うんうんうん）
M122：教えてあげるのが，私の役割かな
Y122：って思うんです。（うんうんうん，と思う。）それでいいんじゃないかなって，気がするんですよね。（うーん）
M123：それでいいんじゃないかなっていう（うーん）気もする。
Y123：だからあの，（うん）お母さんに完全になりきることはできないんですけれども，（はい）例えばあの，その子給食の前にあの，ぜんぜん手なんか洗って食べないんですね。（うーん）で，「どうして手洗わないの」って言うと（うん）返事しないんです。（うーん）「ハンカチ持ってないの？」って言うと（うん）「ない」って（うん）こういうふうに言うんですね。（うん）あー，この子は食事の前に手を洗うっていうこともしないのかな（うーん）女の子なのに，（うーん）ハンカチも身につけてないんだなって（うーん）思ったんですね。（はい）……で例えばあの，女同士ですから，（はい）例えば生理のことなんかもっと触れてもいいと思うん（うーん）ですよね。（うん）「生理のときはどうなの」とか，（うん）「辛いの」とか，（うん）「今日そうなの」とか，（うん）触れてもいいんだけれども，（うん）それに触れられないっていうことは（うん）やはりあの，人間的関係がまだ，（うーん）完全にできて（うん）なくて，（うん）表面的な，（うん）関係しか＜笑＞あぁできていない（うん）んだな（うーん）って感じる部分もあるんですね。（うーん）
M124：表面的な（ええ）ところでしか
Y124：深まらない，だいぶ関係が，距離が縮まらない。（うーん）
M125：距離が縮まらない（うーん）というような気もしている。（はい）うーん
Y125：だからもっとその，女の子としての，（はい）躾的なことか，（はい）世

間一般の常識的なことだか，（うん）そういうことをこれからたくさん（うん）語りかけていこうかな，（うんうんうん）

M126：語りかけていこうかな（うん）うん

Y126：勉強なんか，うーん，どっちでも，（うーん）生きていけるだろうっていうふうに（うーん）私はあの，（はい）基本的に考えているんですね。（はいはい，うん）新聞が読めたり，（うん）お買いものに行って（うん）お釣り銭が（うん）間違いなくって，（うん）スーパーに行ける，（うん）程度のレベルであれば，（はいはい）あの，どこの（うん）あの，卒業しても（うん）生きてゆけるから，（うん）方程式が解けなくても，（うん）あの，化学実験の＜笑＞（うん）式が書けなくてもね，（はい）そんなことは関係ないだろうっていうふうに（うん）私いつも思ってるので，（うんはい）この子にはそういうことは要求しないようにしよう。（うんうん）

M127：この子にはそういうことは要求しないように（ええ）しよう。うん
……〈間〉……

Y127：じゃあやっぱりあの，その，（うん）生きていくための力みたいなものを，（うん）私のできる範囲で，（うん）あと残された（うん）7ヶ月間与えていけばいいのかな，（うーん）なんて〈笑〉あの，いま話しているうちにだんだんそういう（うーん）考えが，（うーん）あの，いま起きて

M128：自分は自分自身なりのできる範囲で，やれれば（ええ）いいのかなぁ，という（ええ）ようにいま話しているあいだ

Y128：いまここで，（はい）あの，話していくうちに（はい）あの，そういうふうに考えるようになったんですね。（うんうん）

〜〈中略〉〜

Y137：あー，じゃあ学校にもね，こういうふうにあの，じっくり聴いてくれる人がひとり（うーん）いたらば，（うーん）私はもっとなんか，早く，（うんうん）自分の考えが整理できてね，（うん）その子にもっといい（はい）かかわりができたんじゃないかなって（うん）いままたふっとそんなことに気がつきました。（うんうん）

M138：いまふとそんなふうに気がついた。（ええ）うん

〜〈中略〉〜

Y141：ところがいまこうやってあの，先生とこう，（はい）順を追っていろんな話をして，（うん）きた過程で，（はい）やはりその，お母さんのことに触れていかないと，（うん）一歩人間関係が（うん）縮まらないんじゃないか，なっていうこ

とに，いまは自分自身が，（うん）なんか納得して（うん）思うようになったんですよね。（うーん）

M142：自分自身が，納得して（ええ）思えるようになった。（はい）うん

Y142：で，その，あの，納得したものですから，（はい）あ，そういえば，あの4月の事例研究会のときに，（うん）あの先生が，「もっと（うん）お母さんのことを訊いてもいいんだよ」って（うん）アドバイスしてくれたなって（うん）いうことを，（うん）ふっと思い出したんです。（うんうん）

M143：いま思い出した。（ええ）

Y143：それでいまお話ししたんですけれども，（はいはい）思い出して。（うん）で，あのとき私はあの，反発感をもったな，（うーん）ていうことも，（うーん）思い出したんですね。（うーん）

M144：そのときに反発感を（ええ）覚えたなっていうことも（ええ）思い出した。

Y144：「そんなことできないわよ，ちょっと怖い」っていう感じが（うーん）すごくあったもんです（はい）から，（はい）もうその先生のせっかくのアドバイスも，もう，それっきりあの（はい）忘れてしまってたんですね。（うん）ところがいまあの，こうやって，話をしてみると，（はい），やっぱりそれが必要なんだっていうこと（うん）が，なんか自分自身が（うん）納得してしまった（うん）感じが（うん）します。（うん）

M145：自分自身が（ええ）納得して（はい）しまった感じがする。（ええ）

Y145：それでですね，あの，（うん）なんか問題が，私があの子と，あの子にどうしてあげたらいいかっていうことが（うん）なんかふたつに絞られたような気が（はい）いまするんですね。（うん）

M146：ふたつに絞られた（うん）気がする。うん

Y146：でひとつはやっぱり，あの，お母さんのこととか，（はい）家庭のことにもっと（はい）触れ（うーん）ることによって，あの，その子と私の関係を（はい）もっと縮めていこう（うん）っていうこと（うん）と，（うん）

M147：縮めていこうっていうこと（うん）と，うん

Y147：それからやっぱり教室復帰は，（うん）私は期待しない。（はい）学級担任が，（うん）「教室に行かない？」って誘うのは別に私は（うん，はい），抵抗はしませんが（うん）私自身は，がっ，あの，教室復帰することは期待しないで，（はい）まあ，一応卒業証書は頂けますので，（はい）進路のことも，あの担任とかと，（はい）それなりに（うん）あの，進めていますから，（うん）その子にまあ，あの，の，女の子としての（はい）躾みたいなものとか，（うんうん）現実はこうなんだ

> よ，(うん) 現実は，あまりよく知らない，(うん) 子なので，(うん) 現実はこうなんだよっていうことを，(うーん) もっと教えてあげる。(うん)
> M148：現実はこうなんだよ，(うん) ということを教えてあげる。(うん)
> Y148：それを中心に (うーん) これからあの子と (うん) つきあっていけばいいんじゃないかなって (うんうん)
> M149：それを中心に
> Y149：なんか整理が (うん) ついたような (うん) 気がするんです。(うん)
> M150：整理がついたような気がする。(うん)
> ……〈間〉……
> Y150：ただ，でもやっぱり不安が残りますよね。(はあはあ)
> M151：ま，不安は残る。
> Y151：それが間違っていないかどうか (うん) それを確認したいっていう 〈笑〉 気持ちも (うーん) すごく強くありますよね。(うーん)
> M152：確認したいっていう気持ちもね，強くある。(ええ) ……〈間〉……ところで丁度時間がね，3時5分ぐらいになったんで，(あぁ)
> Y152：私がこれだけ話をしたんですね。(うーん)
> M153：じゃあこの辺で，いったん止めて (はい) いいですか。(はいはい)，じゃぁ，まぁ，一応，まぁこの面接の (はい) 時間としてはそこまでに (はい) してまぁ止めておいて，(はい) 区切りにしましょう。(はい)

3. 「傾聴」の意味の考察

　以上の逐語記録は，この事例の「プロセス・スケール」による評定実施に際してとりあげた八つのセグメント（面接開始から終了までの約50分を3分単位で均等に抽出した八つの区分）のなかから，1セグメントおきに五つ（第1，3，5，7および8）をピック・アップし，それをほぼそのまま示した面接内容である。この事例は，既述のように，成功的に終了したと判断されるが，このことを逐語記録の流れ（プロセス）に沿ってこの評定とは別の観点から，まず捉えておきたい。
　心理臨床面接においてクライエントへの問題解決的・成長促進的な援助がなされている，という指標のひとつには，かれがその面接（カウンセリング）の

なかで否定的な状況から肯定的なそれへと変容していく，という点があげられる。クライエントは，当然のこととして，心理的に否定的な状況（悩む，不安である，困っているなど）があって来談するから，面接の当初（面接開始からのしばらくの時間）には，その「否定」を言葉にする（放す）ことが多い。そして，この「否定」が自己の内面から放すことができ，それがその相手（カウンセラー）に受け止め，受け容れられたと感じられていくと，クライエントの内面には，次第にかれ自身の肯定的な状況が自然に（自ずと）生じ，それが言葉にもなってくる。ここに至るには，その個人によって，また，クライエントとカウンセラーとの関係によって屈折などもあり一様ではないが，成功的な場合には，このような「否定」から「肯定」への流れが必然的にみられる。このような流れ，すなわち，変容があったとき，そこに問題解決的・成長促進的な援助がなされた，と言えるのである。

この事例は，中学校での保健室登校生徒への対応不安を主訴としている，とみられるが，クライエント（以下，Ｙと記す）は，その生徒に関する事実や状況の説明から始めている（$Y_1 \sim Y_5$）。

その後，その説明をより詳細にことばにするとともに，その生徒への対応に関して不十分であったことを表明するようになる。それは，「心の状態が……波がありまして，……この子にもっと熱心にかかわってあげようっていう気持ちが強いときと，……もうどうしようもないから〈笑〉このまま時間が過ぎていけばいけばいいや，というような気持ちの揺れみたいなものが」（Y_{44}），「……あったんじゃないのかな，その子に一貫したかかわり方をしてこなかったんじゃないかなって反省もしているんです。」（Y_{45}）と示されている。

さらに，つぎのような表明も続けられる。「保健室に登校していることだけでも，あの子にとっては，それがベストなんだよ，というような弁護ができない。」（Y_{46}），「半年以上も一緒にいてね，あの子と無駄な時間をこう，過ごしているんじゃあないかな，ていう感じがしているんです。」（Y_{47}）

その後，このような否定的な心理的状況と関連した事実や状況の説明も加えながら，少しずつ肯定的な表明が見え始めてくる。それは，例えば，「……その子に対して，現実っていうものを教えてあげる人がいない。」（Y_{120}）「それを教えてあげる，また，女の子なので，躾的な面も教えてあげるのが，私の役

割かな」(Y_{121}),「って思うんです。それでいいんじゃないかなって,気がするんですよね。」(Y_{122}),「……それに触れられないっていうことはやはりあの,人間関係がまだ完全にできてなくて,表面的な関係しか＜笑＞あぁできていないんだなって感じる部分もあるんですね。」(Y_{123}),「だからもっとその,女の子としての躾的なこととか,世間一般の常識的なこととか,そういうことをこれからたくさん語りかけていこうかな,」(Y_{125})などに見られる。

このように,少しずつ,かすかにでも肯定的な表明がなされ始めると,その後には,確かな肯定が突然のように生じてくる。それは,つぎのような表明にみられる。「……生きていくための力みたいなものを,私のできる範囲で,あと残された7か月間与えていけばいいのかな＜笑＞なんてあの,話しているうちにだんだんそういう考えが,あの,いま起きて」(Y_{127}),「いまここで,あの,話していくうちにあの,そういうふうに考えるようになったんですね。」(Y_{128}),「ところがいまこうやってあの,先生とこう,順を追って話をして,きた過程で,やはりその,お母さんのことに触れていかないと,一歩人間関係が縮まらないんじゃないか,なっていうことに,いまは自分自身が,なんか納得して思うようになったんですよね。」(Y_{141})。

そして,その後は,この確かな肯定をさらに確かめ,自分自身にそう思わせるような表明がなされ,さらに,その生徒への今後の対応が明確にことばにもなっていく。「……ところがいまあの,こうやって話してみると,やっぱりそれが必要なんだっていうことが,なんか自分自身が納得してしまった感じがします。」(Y_{144}),「それでですね,あの,なんか問題が,私があの子と,あの子にどうしてあげたらいいかっていうことがなんかふたつに絞られたような気がいますんですね。」(Y_{145})と述べ,①その生徒との関係を縮めること,②教室復帰をとくに求めず,躾や現実認識を教えること,を明確にことばにし,「なんか整理がついたような気がするんです。」(Y_{149})と表明している。

以上のように,この事例には,このクライエントの「否定」から「肯定」への内面的な流れ(変容)が明白にみられる,ということが知られる。

つぎに,問題解決的・成長促進的な援助として捉えられる指標の他のひとつに,クライエントが自ら(自己自身で)問題解決や成長への手がかりを得る,ということがあげられる。クライエントは,否定的な事態のなかでは,他者に

助けを求め依存的になるのが常であろう。このようなとき，そのクライエントに直接手を差しのべ，助けてあげよう，という対応がなされる場合もある。そのようにして得られた解決への手がかりや解答は，クライエントが自己自身で見出したそれではないので，かれ自身の内面に根づくことにはなり難い。当然のことながら，それは，一時的な安心とはなっても，実際には活かされにくい，と言える。

　それに対して，自ら得た手がかりは，自己自身の内側に根づく傾向が強い。一般に，苦労して得たことほどその人自身に身につく，と考えられるが，それは，また，実際に活かされる度合いも高い。カウンセリングの場合も同様である，と言えよう。この事例では，Yはとくに否定的な状況から肯定的なそれへと変容する時点で問題への手がかりを自ら得る，という動きを示している。

　それは，逐語記録のつぎのようなYのことばから知ることができる。「……表面的な関係しか<笑>あぁできていないんだなって感じる部分もあるんですね。」(Y_{123})，「……この子にはそういうことは要求しないようにしよう。」(Y_{126})，「……生きていくための力みたいなものを，私のできる範囲で，あと残された7ヶ月間与えていけばいいのかな<笑>……」(Y_{127})，「いまここで，あの，話していくうちにあの，そういうふうに考えるようになったんですね。」(Y_{128})，「……学校にもね，こういうふうにあの，じっくり聴いてくれる人がひとりいたらね，私はもっとなんか，早く，自分の考えが整理できてね，その子にもっといいかかわりができたんじゃないかっていままたふっとそんなことに気がつきました。」(Y_{137})，「……やはりその，お母さんのことに触れていかないと，一歩人間関係が縮まらないんじゃないか，なっていうことに，いまは自分自身がなんか納得して思うようになったんですよね。」(Y_{141})，「……やっぱりそれが必要なんだっていうことが，なんか自分自身が納得してしまった感じがします。」(Y_{144})，「……お母さんのこととか，家庭のことにもっと触れることによって，あの，その子と私の関係をもっと縮めていこうっていうことと，」(Y_{146})，「……あの，教室復帰することは期待しないで，……女の子としての躾みたいなものとか，現実はこうなんだよ，……っていうことを，もっと教えてあげる。」(Y_{147})，「それを中心にこれからあの子とつきあっていけばいいんじゃないかなって」(Y_{148})，「なんか整理がついたような気がするんです。」

(Y₁₄₉)
　以上,「プロセス・スケール」による評定とは別に, 逐語記録に沿ってこの事例が成功的であることを確かめてきた。そこで, つぎに, このような結果をもたらした要因の主要なひとつと考えられるカウンセラー(以下, Mと記す)の対応について検討しておく。そこから, 心理臨床面接における「傾聴」の意味が事例という実践を通して捉えられるであろう。
　この事例の逐語記録からクライエントに対するカウンセラーの対応を分析的に捉えてみると, ①場面構成的な発言, ②Yの事実や状況の説明への発言, ③Yの気持ち(考えや感情など)の表明への発言, ④「はい」,「ええ」,「うん」などのいわゆる簡単受容という発言, の四つに分けられる。ここに示した逐語記録(五つのセグメント)以外のカウンセラーの対応(発言)をみても, この四つ以外は見あたらない。すなわち, この四つ以外に分類される支持, 同意, 是認, 説得, 激励, 情報提供, 提示・提案, 否認, 批評, 忠告, 再保証, 質問などの対応は, この事例ではみられないし, 分析的な対応もなされていない。
　この事例でのカウンセラーMの発言数は, ④を除いて155あるが, そのうち, ①は2, ②は50, ③は103であり, それらはそれぞれ全発言の約0.1%, 約32.2%, 約66.5%に相当する。このように, この事例でのMの対応は, その70%近くがYの気持ちに向けてなされている, と言える。そして, このことがこの事例を成功的に導いている, と考えられる。換言すれば, この面接が成功的に推移したのは, ③が70%近くなされていることに由来する, と言えよう。
　③は, 既述のように, クライエントの気持ちの表明に対して応えるカウンセラーの対応行為であるが, それは, クライエントの内面の流れに沿って, 瞬時瞬時に生じるかれの考えや感情を受けとり, それをそのまま伝え返していく, という積極的・能動的な行為そのものである。クライエントの気持ちに触れるレスポンス(オーム返しや技術的なくり返しではない)がなされたとき, そこに「傾聴」が生じるのである。そして, その「傾聴」が1回のカウンセリング面接のなかで70%近くなされるならば, それがクライエントへの問題解決的・成長促進的援助に結びつく, と考えられる。
　そこで, この事例の逐語記録からその例をつぎに示しておこう。

〈例1〉
Y45 ……その子に一貫したかかわり，(うん)かたを，(はい)してこなかったんじゃないかなっ(うーん)て反省もしているんです。(うんうーん)
M46 自分が一貫した，かかわりかたをしていた，いなかったん(ええ)じゃないかなというように(はい)反省している。(はい)
Y46 何故かっていいますと，……

〈例2〉
Y121 ……躾的な面(うん)も教えてあげるのが，(うん)私の役割かな(うんうん)
M122 教えてあげるのが，私の役割かな
Y122 って思うんです。(うんうんうん，と思う。)それでいいんじゃないかなって，気がするんですよね。(うーん)

〈例3〉
Y141 ……いまは自分自身が，(うん)なんか納得して(うん)思うようになったんですよね。(うーん)
M142 自分自身が，納得して(ええ)思えるようになった。(はい)うん
Y142 で，その，あの，納得したものですから，(はい)…….

〈例4〉
Y144 ……なんか自分自身が(うん)納得してしまった(うん)感じが(うん)します。(うん)
M145 自分自身が(ええ)納得して(はい)しまった感じがする。(ええ)
Y145 それでですね，あの，(うん)……

〈例5〉
Y147 ……現実はこうなんだよっていうことを，(うーん)もっと教えてあげる。(うん)
M148 現実はこうなんだよ，(うん)ということを教えてあげる。(うん)
Y148 それを中心に(うーん)これからあの子と(うん)つきあっていけばいいんじゃないかなって(うんうん)

　これらの例から，Mがレスポンス(傾聴の反応)を示した後，Yの内面ではさらに一歩踏み出す様相がうかがえる。Y46, Y122, Y142, Y145, Y148などがそれであるが，「傾聴」は，このようにクライエントの内面の動きを自己の求める方

向（問題解決など）に促進する働きをもつ，ということが知られる。このことは，この事例に限らず，他の場合もあてはまる，と考えられる。臨床面接における「傾聴」の援助的意味をここに見出すことができる，と言えよう。

4．おわりに

　河合隼雄は，「傾聴」に関して，「根本は，相撲と同じことです。相撲の根本が『押せば押せ，引かば押せ』というのと同じように，カウンセリングというのは，（クライエントが）『しゃべっても聞いていなさい，黙っていても聞いていなさい』で，ともかく聞いていたらいいんだというぐらいの気持ちではじめたほうがいいのじゃないでしょうか。」「本当に心からその人のことに関心をもって聞き続けることができたら，大体みんなよくなっていかれると思います。」「関心をもって聞いておったら，だんだん変わってきて，変わってくる中に光が見えてくる……」「私と話をしているうちに，どうしたらいいのだろうと自分で考えるようになってくるのです。」「自分で考えると，思いがけないことがいろいろ出てくるものでして，その人自身が私に言おうと思っていないようなことが，カウンセリングの中で出てくる場合が非常に多い。」[3] と述べているが，これらは，心理臨床面接における「傾聴」の意味やその意義を端的に示している，と言える。

　既述のように，この事例は，「傾聴」が導きだした成功的結果のひとつであるが，心理臨床面接において，クライエントの瞬時瞬時に変化する内面の流れに沿い，適切かつ的確な「傾聴」がなされるならば，クライエントは，おのずと問題解決的，また，自己成長的な歩みを求めるようになる，ということがここから知られるであろう。これは，上述した河合のことば，「本当に心からその人のことに関心をもって聞き続けることができたら，大体よくなっていかれると思います」や「関心をもって聞いておったら，だんだん変わってきて，変わってくる中に光が見えてくる……」と符合する。

　すでに知られているように，ロジャーズは，カウンセリングにおいてカウンセラーに求められる必須条件として「自己一致（純粋性）」，「無条件の積極的関心」，「共感的理解」の三つをあげているが，これら3条件は，臨床心理面

接における具体的な実践行為としては「傾聴」という形をとって表出される，と考えられ，また，これらの条件は，「傾聴」行為に収斂される，と言えよう。例えば，共感（empathy）は，その相手の内的世界に耳を傾け，その動き（流れ）に沿って歩むなかで，かれの内面で生じる瞬時瞬時の感情の動きを受けとり，それを伝えていくことである，と言えるが，これは「傾聴」がなされるなかではじめて生起するのである。すなわち，「傾聴」なしには共感はあり得ないのであり，その共感がクライエントの自己探求を促進するひとつの働きとなるのである。「共感的理解」というカウンセラーの態度条件は，このように，共感を生む「傾聴」行為と結びついている，と考えられる。

　"「傾聴」は，カウンセリング（心理臨床）の始まりであり，また，その核心でもある"と言われるが，ここに提示した事例は，心理臨床面接における「傾聴」の意味を事実に即して捉えるのに役立つとともに，その考察でも触れたように，「傾聴」の意味をこの事例から確かめることができる，と言えよう。

〈引用文献〉
1) 西光義敞　暮らしの中のカウンセリング　有斐閣　1999　p.120
2) Walker, A.M., Rablen, R.A. & Rogers, C.R. "Development of A Scale to Measure Process Changes in Psychotherapy" Journal of Clinical Psychology　1960　pp.79-85（伊東 博編訳　サイコセラピィの過程　ロージャズ全集第4巻　岩崎学術出版社　1966　pp.233-243）
3) 河合隼雄　カウンセリングを語る（上）　創元社　1985　pp.47-91

〈参考文献〉
伊東 博　カウンセリング[第四版]　誠信書房　1995
伊藤義美・増田 實・野島一彦編著　パーソンセンタード・アプローチ　ナカニシヤ出版　1999
東山紘久　プロカウンセラーの聞く技術　創元社　2000
増田 實　「自己表現を大切にするカウンセリング」児童心理No.614　金子書房　1993
増田 實編著　健康カウンセリング　日本文化科学社　1994
増田 實　カウンセリング面接過程の分析的検討　その1～4　日本心理臨床学会第17～20回大会発表論文集　1998-2001
Rogers, C.R. "The Necessary and Sufficient Conditions of Therapeutic Personality Change" Journal of Counseling Psychology 21　1957　pp.95-103（伊東 博編訳　サイコセラピィの過程　ロージャズ全集第4巻　岩崎学術出版社　1966　pp.117-140）
Rogers, C.R. "A Process Conception of Psychotherapy"　American Psychologist13　1958

pp.142-149（伊東 博編訳　サイコセラピィの過程　ロージャズ全集第4巻　岩崎学術出版社　1966　pp.141-184）

Rogers, C.R. & Rablen, R.A. "A Scale of Process in Psychotherapy" Psychiatric Institute Bulletin（Unpublished Manual）University of Wisconsin　1958（伊東 博編訳　サイコセラピィの過程　ロージャズ全集第4巻　岩崎学術出版社　1966　pp.187-231）

Rogers, C.R. "The Process Equation of Psychotherapy" American Journal of Psychotherapy15　1961　pp.27-45（伊東 博編訳　サイコセラピィの過程　ロージャズ全集第4巻　岩崎学術出版社　1966　pp.247-279）

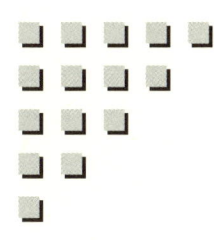

第2部　生活指導／生徒指導

第1章
人間的成長の援助と生活指導

　生活指導は，単なる「生活」の指導ではない。子ども（児童・生徒）の生活行動を「指導する技術」を意味するだけでもない。これらも生活指導の一部に含められるが，その基本的・本質的な意味は，かれらそれぞれの人間としての成長や自己実現を願い，それに向けてなされる教師の直接的な援助活動そのものである。
　子どもには，その子なりの成長する力が生来的に備わっている。それは，その人間の潜在的な可能性の「実現傾向」であるが，これをかれらの成長過程でできるかぎり発現できるよう援助することが望まれる。しかし，現実には，さまざまな事態に遭遇し，子どもの「実現傾向」は，阻止され，ゆがめられて，停滞することも多い。この状態からの脱皮への援助も欠かせない。
　また，子どもの「自己実現」は，かれら自身の学習活動をも促進する。生活指導が適切になされるか否かが他の教育活動の成否にもかかわるので，生活指導に関する誤りない認識が求められる。
　この章では，個々の子どものもつ「実現傾向」が開花できるよう援助し，かれらの人間的な成長を促進する教師の「あり方」（態度・構え）を明らかにするとともに，生活指導の基本的な課題と学校における生活指導の具体的な展開に関する基本的な方向を示唆していく。

1．教師と生活指導

(1) 教師の教育活動
　学校は，組織的教育機関として設置されており，今日ではそれに対する法的

規程が諸々の面で設けられている。それとともに，学校で教育活動をすすめる教師にも，同じように法的規定が加えられている。これらの法的な規程・規定については他に委ねるが，教師の教育活動は，学校や教師に関する法的な規定に基づいて，また，それに制約されておこなわれなければない現状である。この傾向は，1945（昭和20）年以後の状況をみた場合，次第に強められてきている，と言える。しかし，他方，法的に規制されない部分も広く残されている。それは，教育それ自体が法によって規定され得ない人間の精神的自由に属することがらであるからである。否，むしろ，この自由のなかでこそ教育が成り立つ，と言えよう。

学校での教師の教育活動は，このような規制・制約と自由・自主の狭間のなかで展開される。そして，生活指導（生徒指導）もこの狭間に深いかかわりをもっている，と考えられる。

学習指導要領による規定

教師の教育活動を定めている法的な規定のひとつに，学習指導要領がある。学習指導要領では，各教科，道徳（高等学校の場合には除かれる），特別活動および総合的な学習の四領域が学校での教育課程として定められているが，これは，とりも直さず，教師の教育活動の中身を示している，と言える。学習指導要領は法的に規定されているから，教師は，これに基づいてその教育活動をすすめていかなければならない。教科の授業を担当し，それを通して教育活動を展開することは勿論のこと，道徳の時間，特別活動で示されている諸々の内容の指導そのものなどが教師の仕事になるのである。教科の授業は，それぞれの教師にとって，自分自身の専門的分野に属し，学校教育の中心部分であるとの認識がなされているから，教師の当然の仕事と考えられる。しかし，学習指導要領のなかに示されている道徳や特別活動での指導などは，時間数も少なく，また，専門認識も薄いのが通例であるので，学校教育の周辺部分としての捉え方がなされる傾向が強い。そして，学校での生活指導が，道徳や特別活動と結びつけて考えられ，それらと同一視されることさえある。

学校での教師の教育活動は，このように法的規定による学習指導要領から導かれてくるが，この四領域には，中心部分や周辺部分という区分は考えられていないはずである。また，その領域それぞれの重要度の違いも示されていない。

したがって，教師の仕事としてのこの四領域は，差異のない扱いとして捉える必要があろう。これらの領域が，そのままそれぞれの教師の教育活動の中身になるのである。そして，この中身の展開を考えるとき，生活指導という教育活動について，改めて問い直す必要が生じてくると言えよう。

四領域と生活指導との関連

学習指導要領では，生活指導を各教科，道徳，特別活動などのように明示していないから，それは，教師の教育活動（仕事）には含まれない，と考えられるかもしれない。しかし，これは当を得ない。それは，法的な規定が教育活動の国家的必要事項を示しているにすぎなく，その事項以外（あるいは以上）の中身が教育活動には存在するからである。そして，この中身が，教育それ自体にとって極めて重要な意味・機能をもっている，とさえ言えるのである。生活指導は，このような法的必要事項以外の教育の中身として位置づけられていると言えよう。そのことは，逆に生活指導が人間の精神的な自由と深くかかわっている，と理解することができる。そして，この生活指導は，学習指導要領の四領域とともに，欠くことのできない教師の教育活動のひとつになっていくのである。

生活指導は，教科の学習指導と対比的に捉えられることが多い。これは，学習指導要領で示されている各教科と生活指導を対比して捉えることを導き，各教科以外の他の二領域（道徳，特別活動）と生活指導が同義的な教育活動であるとの見かたを生む。教科の指導では教材を媒介にしてすすめ，教科以外の教育活動では教材を使用しないで指導する，と考えられる傾向が強いので，教材を媒介にしない生活指導が，各教科以外の二領域と同義的に捉えられるようになる，とみられる。

しかし，生活指導と学習指導要領の四領域との関連は，これとは別の捉えかたをする方が適切であろう。すなわち，生活指導は，基本的に四領域とは異なる教育機能であり，この生活指導という教育機能は，これらの領域のいずれにおいても作用し，それぞれの領域の指導と相互補完的に児童・生徒の成長へ向けて働きかけていく，と理解するのである。

(2) 生活指導の必要性

　教科の学習指導がうまく（効果的に）展開している場合を想定してみると，そこには，教師がその教科の知識・技術あるいは指導方法（技術）を巧みに駆使してすすめていることのみが，その要因ではないことが知られる。教師のこの巧みさ以外に，教師の児童・生徒に対する態度・構え（例えば，熱意，生徒理解など），かれらの相互関係や教師とかれらとの関係，クラスの雰囲気など多くのことがその要因となっており，それらが教科学習の効果的展開の基盤となっているのである。

　これらのことは，実は，生活指導の中身に相当する，と考えられる。そして，この中身の適否が教科の学習展開を左右する，と言える。生活指導は，独自の機能を有しながら，このように学習指導と分離し対立した機能として存在しているのではなく，授業のなかに学習指導があり，同時に，生活指導が含まれているのであって，この両者の機能がともに働いている，と見られよう。この意味で，生活指導は，教科の授業においても欠かすことができない教育機能なのである。

　生活指導は，授業とのかかわり以外にも，学校での諸々の教育活動において求められる。それは，学校での教育活動が児童・生徒の「人格の完成」を目指してすすめられる，という観点から推量できよう。教育基本法で明示されているように，教育の目的は「人格の完成」にあり，学校での教育活動は，授業であっても他の活動であっても，すべて子どもの「人格の完成」に収斂されるよう展開するのが本来的である。そして，この「人格の完成」への直接的な働きかけが，生活指導に強く委ねられている，とみることができる。

　生活指導においてのみ児童・生徒の「人格の完成」がなされるのではないのは当然であるが，「人格の完成」には生活指導を欠かすことはできない。生活指導では，教師と生徒が直接ふれあうことを通してその教育活動を展開するから，かれらの「人格の完成」活動をすすめるうえで，生活指導の果たす役割は大きい，と言えよう。

2. 生活指導の人間観

(1) 人間存在への視点

　教育をすすめるにあたって，子ども（児童・生徒）はどのような存在なのか，という観かたを確実に教師の内面に据えておくことは，不可欠である。この観かたは，子どもに限らず広く人間一般に推しひろめ，人間はどのような存在なのか，という人間観の問題として捉えることに結びつく。そして，この人間観いかんが，教育のあり方・内実を決定的にする主要な要因のひとつになる。

三つの視点——人間観の拠りどころ
　生活指導と呼ばれる教育活動に深く関連する人間観—人間存在への視点—としては，オールポート（Allport, G.W. 1897-1967）の所論が参考になる。かれは，この点について，反応する存在（a reactive being），深層で反応する存在（a reactive being in depth），生成過程にある存在（a being in process of becoming）の三つをあげている（Mosher, R.L.and others ed. "Guidance-An Examination" 1965　これは『現代カウンセリング論』として訳出されている。岩崎学術出版社 1966）。

　反応する存在および深層で反応する存在とみる人間観には，人間の基本的なあり方として「反応」（reaction）を基幹に据えている，という点で共通部分がある。人間を反応する存在と観る捉え方には，人間の生体としてのメカニズム（mechanism）に視点が置かれており，その固体外からの刺戟によってこのメカニズムのうちに動きが生じ，その刺戟に応えて結果を生む，ということが強調されている。この捉え方からは，「操作主義」（operationism あるいは manipulationism）や「刺戟・反応理論」（stimulus-response theory），「因果関係論」などが想起されよう。

　人間には，確かに生体としてのメカニズムがあり，刺戟に対してある一定の反応が示される。外部からの操作によって，ある結果をもたらすよう期待されることも多い。ある行為（結果）は，ある理由（原因）から導かれる，と考えられることも確かである。

　しかし，人間は，必ずしもこのような反応に基づいて動くとは言えない。人間としての生体メカニズムを具有しながら，その内部から湧き出る生命力が発

動し，その時その場で異なった動き（inner and outer movement―思考，感情・感覚，言語など）が惹起する。たとえ同じ刺戟を受けても，同一の反応を示すとは限らないのである。ここには，人間の内面の自発的・自律的な動きとその人間全体の変化（成長）が常にみられる，ということが暗示される。そして，ここから，人間が生成過程にある存在である，という観かたが導かれる。

　この観かたには，ひとりの個人の存在を肯定的に捉え，その内部から湧き出る力（inner power）を認め，かれの現時点での体験（experiencing）に視点を合わせることが，その根底に息づいている。したがって，ここからは，「実存主義」（existentialism）「人間中心主義」（human-centered approach）「人格主義」（personalistics）への接近がうかがわれよう。

生活指導の基本となる人間観

　生活指導をすすめるにあたって基本的に求められる人間観は，生成過程にある存在として人間（児童・生徒）を捉えるところに立脚することが求められる。人間を生成過程の存在として観るとき，そこから，人間は「主体的」な存在である，という視点が成り立つ。

　われわれ人間は，元来，主体的である。われわれは，教えられることによって学ぶ，ということが確かにあるが，しかし，決して教えられて学ぶのではない。自ら学ぶ，のである。子どもは，教師によって教えられて学んでいるように見えるけれども，本質的には，教師による働きかけをひとつの契機としながら子どもが自ら学ぼうとして学んでいるのである。子どもには，この学ぼうとする傾向，すなわち，主体性が本来備わっている，と言えるのである。

　しかし，この主体性は，現実的には，他からの働きかけによって圧倒され，その芽の発育が阻害されて，「主体的」になれない状況を生むことも多い。

　生成過程にある存在という観かたから，さらに，人間は「独自的」な存在である，という視点が見出される。われわれは，一人ひとりその容貌が異なっていると同じように，思考や感情，受けとり方や感じ方，あるいは，生き方など，それぞれ違っており，この違いがあること自体のなかに，その個人の存在の証しがあるのである。主体性とともにこの独自性がその個人の存在を顕にしていると言えよう。

　しかし，子どもの思考や感情などの内面的な動きは，ときには振幅・起伏が

大きく，標準や平均からかけ離れているように見えるため，その独自性は，一般化・平均化されるよう働きかけられ，その特質がそのまま表出されなくなることも多く，「独自的」になり難い状況にある。

　また，生成過程にある存在という観かたは，人間が「創造的」な存在である，という捉え方を導く。われわれ人間には，その内側で精神的に自由な活動が生命力のひとつとして生起している。それは，思想や科学の新発見に結びつかなくても，それぞれの個人にとっては，すべて新しい発見につながる活動なのである。子どもの自由な活動からは創造が生まれる。この創造への芽としての創造性は，主体性，独自性とともに誰にでも備えられている。

　内面の自由な活動に制約が加えられたり，個々の活動が創造に結びつくという認識が得られないでいると，子どもの創造性は，その萌芽がなされず，「創造的」になり難くなる。

(2) 潜在的可能性の実現傾向

　生活指導では，一人ひとりの自己実現（self-realization, self-actualization）が目指されている。子どもは，それぞれ一個の生命体として生まれてきていることそれ自体のなかに，諸々の可能性（potentialities）が秘められている，と言えよう。その可能性は，将来どのように開いていくか予想し難いのであるが，そこにはさまざまな成長への芽が含められている。その意味で，潜在的なのである。

　このような潜在的可能性を秘めながら，子どもは，ひとつのパーソナリティ（personality）を形成している。そして，このパーソナリティに関しては，「自己」（self）をその中心概念に据えたロジャーズ（Rogers, C.R. 1902-1987）の理論が示唆的である。かれは，客観化，一般化を求めた科学的研究では等閑視されていた「自己」に焦点を合わせ，臨床的経験と実証的研究との裏づけをもって「自己理論」（self-theory）と呼ばれるパーソナリティ理論を構築している。

自己実現への内的機能——自己と自己概念

　パーソナリティは，環境，とくに他の人びととの相互交流によって，個人が認知（perception）する全体的な場から分化してあらわれる自己，すなわち，自分自身として認知し意識される自己——自己構造（self-structure）——を中心と

して，必ずしも認知されるとは限らない感覚的・内臓的体験を含みながら，認知する場に反応し，同時に，自己を実現し維持し促進しようとする基本的傾向（basic-tendency）と強い動き（striving）を具有している，と考えられる。これは，固定的な構造としてのパーソナリティではなく，統合と発展に向かいつつ，絶えず機能する「過程としてのパーソナリティ」の概念である。

このようなパーソナリティの把握から，「自己」に関して，さらに次のような指摘がなされている。

> われわれは，自己を実現し，維持し，促進しようとする基本的傾向をもっている。自己概念（その個人の内部的準拠枠《internal frame of refernce》—自分の思考や行動の基盤となる内的基準）は，環境との相互作用の結果として形成されるが，この際自己概念と一致した経験が，その個人の行動様式に採り入れやすい。自己概念と一致しない経験は，脅威として知覚され，その脅威に対して自己を維持するために防衛行動が起こり，自己概念は頑固な殻をつくる。

このように，人間は，自分自身のなかにその可能性の実現傾向をもちながら，自らの自己概念によって開くこともするし，また，閉じることもするのである。われわれは，環境との相互作用のなかで，自己概念に基づいて自分自身を見つめ，また，他の人や外界の事象を眺めている。その際，自己概念と一致しない経験に直面すると緊張が高まり，自己概念をより強固に守ろうとする。しかし，緊張が高まっても脅威が感じられないならば，自己概念は修正されて，その経験は採り容れられる。後者の場合には，自己への信頼が生まれ，前者の場合には，自信の喪失につながっていく。

個人の成長とその方向

潜在的可能性の実現傾向は，すべての人に備えられているのであるが，その実現がなされるか否かの鍵は，その個人の「自己概念」とそこで「経験する自己」との間にずれを感じていないか，あるいは，感じてはいても自己にとってほとんど脅威として知覚されていない状況にあるか，ということである。

自己概念と経験する自己との間にずれのない自分自身，すなわち，「真の自分自身」になるとき，そのパーソナリティは，内部から変化し，潜在的な可能性の実現傾向の芽が息吹き始め，その個人の内的充実がなされ，その成長が借りものではなく自分自身のものとして，しっかりとした足どりでなされてい

く。

そして、この成長の方向を、ロジャーズは、つぎのように述べている。

①自己指示に向かう（Toward self-direction）、②過程的な存在になることに向かう（Toward being process）、③複雑であることに向かう（Toward being complexity）、④経験に対して開かれるようになる（Toward openness to experience）、⑤他人を受容することに向かう（Toward acceptance of others）、⑥自己を信頼することに向かう（Toward trust of self）

この方向への内的な力は、すべての子どもに本来備わっていると考えられるが、生活指導では、人間に関するこのような捉え方が求められる。

3．成長への援助的態度・構え

(1) 生活指導の概念とその原則

生活指導は、子どもの人間としての総体に向けてなされる成長への援助的な教育活動である。教科の学習指導では、文化財としての教材を媒介にしてすすめることが一般的であるが、生活指導では、とくにそのような媒介物を用いないでおこなわれる。教師と児童・生徒が、人間対人間の関係を基盤にしながら、子どもたちの人間的な成長にとって援助的な働きとなるよう展開されるならば、それは生活指導になる、と言える。

しかし、生活指導を概念的に整理しようとすると、必ずしも一様ではない。それは、教育界以外の場でもそれぞれの意味・概念をこめてこのことばが使われていることからも知られよう。

生活指導の概念――管理的概念と援助的概念

生活指導が云々されるとき、その背後に含まれている意味・概念は、管理的であることが多い。ルールや規則、習慣や慣習への順応的指導の必要性が求められるなかで、その指導そのものに対する呼称として生活指導ということばが使われる傾向がある。しつけ（躾）即生活指導という捉え方、非行や問題行動への対処方策、集団生活のルールや校則の遵守指導など、これらを生活指導と考える場合、そこには管理的概念が支配的になっている。

われわれの社会生活には既存の価値観によって形成されている有形無形の文

化財があるから，これらの修得や順応が求められる。そして，そこからの逸脱は，多くの場合歓迎されない。この逸脱に対しては，管理が前面に出されてくる。管理がまったく不必要であるとは考えられないが，それは，一般に相手の外面的な行動に向けて外部から働きかけることを特徴とするから，その働きかけに呼応する反応に終始する傾向が強く，行動の変化に留まることが多い，と言えよう。しかし，管理による個人への内面化は，希薄である。

　教育としての生活指導では，児童・生徒の外面的な行動の変化に留まるだけではなく，かれらが外的事象を内面化し，それとともに自らの内面的成長が促されるよう働きかけることが求められる。ガイダンス（guidance）を生活指導と観る捉え方，生き方の探究としての生活指導，カウンセリング的生活指導観などには，児童・生徒の内面に触れ，その自発的な活力や生命力を呼び起こし，かれら自身の自己成長がなされることを求め，かれらとともに歩む姿勢が基本的に含まれている。ここには，生活指導が児童・生徒の援助として機能する意味，すなわち，援助的概念が色濃く映し出されている。

　われわれは，しつけ（躾）を管理的意味にとることが多いが，それを通して子どもの内面の自由な動きが促進されるよう展開することとしてしつけが認識されるならば，そこには援助的意味が付加されるであろう。比喩的に言えば，しつけ糸は，2枚の布が縫い合わされた後引き抜かれ，その2枚が1枚の大きな布のようなり，しかも，自由に動かせ美しくはためくため基礎となっている。それは，しつけのための糸に終わっていない。このように，より多くの成長や発展を望むなかでは，管理を超えた援助の概念が求められてくる。

　生活指導は，子どもの行動の変化に留まらず，その変化を生ましめる内面の変容にまで接近できる概念として把握されることが必要であろう。教育は，その相手の育つ力への援助そのものである。生活指導は，この考え方を基盤にして展開される具体的な教師の教育活動なのである。

生活指導の原則

　生活指導をどのように捉えていても，その原則としては，①特定の児童・生徒を対象とせず，すべての子どもに援助の目が向けられること，②児童・生徒の特定の側面に働きかけるのではなく，かれの人間としてもっているすべての側面に向けて統合的に援助すること，③個々の児童・生徒と表面的に接するに

留まらず，かれの内面と深く触れ合うこと，などがあげられる。
　この原則と関連して，生活指導は，一時的，一面的，特殊的，皮層的な活動に終わるのではないことが示唆される。また，学習（修学）指導，個人的適応指導，社会性・道徳性指導，進路指導または職業指導，保健指導，余暇指導などに分けてその指導内容が考えられるが，これらは，援助のための便宜的な区分にすぎない。この区分にとらわれず，児童・生徒という統合体としての人間に向けて，継続的・多面的・総合的・内面的な援助活動としてなされるのが生活指導である，と言えよう。

(2)「人間」関係の成立と創造

　教師と児童・生徒，また，児童・生徒相互の「人間」関係は，生活指導の展開において極めて重要である。この関係は，子どもたちの人間的成長の基盤でもあり，その成長が，また，望ましい人間関係をつくっていく。人間的成長と「人間」関係は，相互補完的な関連をもっているので，「人間」関係を改善し，また，それを創造していくことにとくに意を払う必要がある。

「教師」—「児童・生徒」関係から「人間」関係へ

　教師と児童・生徒とのかかわりが「教師」と「児童・生徒」で結ばれるような状況のなかでは，「人間」関係は生じ難い。教師と児童・生徒の「人間」関係は，教師が「教師」でなくなるとき，おのずと生じてくる。教師でありながら「教師」という衣を脱ぎ捨てていくことができるようなると，児童・生徒との関係は変化していく。教師の衣を脱ぎ捨てていっても，子どもの側からは依然として「教師」であると見えるから，まったく「教師」でなくなることはあり得ない。しかし，この衣を脱いでいくなかから，「人間」関係は生まれ始めるのである。
　「教師」と「児童・生徒」との関係は，権力—支配—服従の関係を生みやすい。この関係では，上位に位置する者の価値や考え方が絶対視されやすいから，下位の者の自由な内面活動は制約され，子どもは，権力やその支配に怖れを感じて萎縮し，その人間的な成長は十分期待され得ない。
　また，権威—尊敬—心服の関係も「教師」と「児童・生徒」の関係から生じてくる。権威には畏敬の心情がともない，それへの同一化を求める内面の動き

が起こる。すばらしい業績や人格への同一化などが、その例である。これは、一面望まれることであるが、他面において子どもの内面活動が畏れへの方向に固定され、他を排除する傾向を生じさせていく。この関係のなかからは、真の人間的成長は望み難い、と言えよう。

　教師が「教師」でなくなり、その呼応関係のなかで、児童・生徒が「児童・生徒」でなくなるとき、そこに生まれる関係は、権力や権威への怖れ・畏れの色彩を薄め「人間」関係に近づいていく。それは、他のものへ寄りかかるのではなく、自己自身を支えとして他との「つながり」をもつ関係である。換言すれば、自己の内部から湧き出る感情とそれに結びつく思考を支えにして他の人とつながる関係である。これは、「出会い」の関係と呼ぶことができる。

「出会い」の関係と自由で安全な風土

　教師も児童・生徒も、ともに生きている生身の人間である。人間は、生きる道程において、喜びや悲しみ、自信や不安、苦悩などを経験し、そのただ中に生きている。これは、その人自身の内部に湧き出る感情の体験（experiencing）でもある。学校で、また、クラスのなかで、教師と児童・生徒が、また、児童・生徒相互にこの体験をそのまま伝え合うことがあるならば、それは、「出会い」の関係になる。

　この関係では、一方が指導し他方が指導されるというような構造の分化は見られない。両者は、相互に人間として対等であり、その個人の自然な表現がふれあいとなっていく。この関係が醸し出す雰囲気は、教師にとっても、子どもたちにとっても、自由で安全なものとなる。この雰囲気、すなわち、「自由で安全な風土」（free and safety climate）のなかでこそ、子どもたちの人間的な成長は期待できるのである。

　一人ひとりにとって居心地のよさが感じられ、暖かさが漂うなかからは、急激ではないが、静かに湧き出る内側からの自発的・自律的な心の動きや協力関係がつくられていく。人間は、「関係」のなかで成長する。その「関係」は、自己の内部にどのように映るかによって決定される。肯定的に映り、その「関係」のなかで自己の存在が認められているとき、その個人は、自分自身をより豊かに成長させていく、と考えられる。

(3) 人間的成長への態度条件

児童・生徒の人間的成長には，教師の「あり方」(what to be) が深いかかわりをもつ。それは，教師の「技術」(technique) ではない。教師がいかに技術的にうまく「操作」(manipulation) を加えても，「人間」関係は成立しないであろうし，また，児童・生徒の人間的成長も実現し難い。

「技術」や「操作」は，その対象がこちら側の意図どおりに動かせる存在である場合には，その効果が期待できる。しかし，児童・生徒は，それぞれ一人の人間であり，こちら側（教師）の意図のままに動かせる存在ではない。たとえ意図どおりに動いたように見えても，それは，表面的・皮相的になされた結果である。「技術」や「操作」は，人間に対して適用してみても，その個人の深い部分に直接迫ることは困難である。

三つの態度条件

児童・生徒個人の深い部分，すなわち，真の人間関係や人間的成長に触れていくには，教師の「技術」や「操作」よりも，かれ自身の「あり方」が重要である。この「あり方」は，児童・生徒に向ける教師の構えであるが，かれの人間観を含む実践的な「態度」を意味している。そして，この「態度」は，人間関係や児童・生徒の人間的成長に関する基本的な条件とも考えられ，教師に求められる不可欠の条件である，といえる。

「①真実さ (realness)，②ケアリング (caring)，および，③深く感受性豊かな評価しない理解 (deeply sensitive nonjudgmental understanding) を体験しかつ，伝え合いつつあるような関係 (relationship) のなかでは，どのような個人の成長する潜在力 (growthful potential) も開放される傾向がある」（ミーダー，B.D. およびロジャーズ，C.R.）と言われるが，この三つは，児童・生徒の人間的成長への態度条件とみることができる。これは，教師が知識としてもつことによってなされるのではなく，教師自身がそう成るという態度としての条件であるが，訓練により時間をかけて修得するほかはない。

ありのまま，積極的関心，共感的理解

「真実さ」は，自分自身がありのままの自己に近づいていくことであり，換言すれば，自己一致 (congruence) の状態になることを意味する。個人が自己の内部から自然に湧き出てくる感情や考えにそのまましたがって自分自身をあ

らわしていくところにその個人の人間性が示される。教師が自己の人間性を顕にしていくなかで，子どもは，それに呼応しあって，ありのままの自己に近づき，かれの「自己概念」と「経験する自己」のずれをせばめていく。このことは，子どもの人間的成長への礎石になる，と言える。

「ケアリング」は，相手を自分とは別個の独自な存在（人間）であると認めながら，かれの感情や考え，行動を顧慮し，積極的な関心をもつことである。個人にはそれぞれ違いがあるが，その違いを自分とは異質のもの，望ましくないもの，嫌いなものとして排除し否定するのではなく，違いを違いとして認め，それを肯定的に受け容れるところにこの関心（心が関わる）が生じてくる。教師に固定的な価値観やこだわりがあり，それに囚われていているなかでは，積極的な関心は生じ難い。教師自身の内面の自由な動きと柔軟さが，この態度を生む。そして，これが子どもの教師に対する人間的な近づきや子ども自身の自己開示を導く，と考えられる。

「深く感受性豊かな評価しない理解」は，換言すれば，共感的理解である。個人には，それぞれ，その時その場の「私的な世界」(private world) がその内側でつくられ動いているが，それをそのまま受けとり，その相手に伝えていく——これがこの理解である。それぞれの個人の「内部的準拠枠」に沿って受容し反応するところに，この理解がある。この理解がなされるには，相手の内的世界に心を傾けて聴く (listen) ことが不可欠である。教師が子どもの言動に対し評価を加えずに聴くことを続けていくと，「わかってくれている」という気持ちが起こり，安心感のなかから教師への信頼とともに，自己自身への信頼（自信）も培われていく。

4．子ども成長過程に沿う生活指導の方法

(1) 方法上の基本的観点

生活指導は，すでに触れたように，学校でのあらゆる機会におこなわれる。教科の学習指導では，授業という特定の時間が設定されているが，生活指導には，それがない。それだけに，学校でのすべての場と時が，生活指導の守備範囲となってくる。生活指導と学習指導は，教育方法の二つに区別されるが，実

際の教育活動では必ずしも明白に区別し難い。例えば、授業のなかでこの二つが同時進行することも多い。したがって、教師はすべて、学習指導とともに生活指導にかかわりをもつのである。

方法と技術の峻別

このような生活指導を具体的に展開するにあたって基本的に考慮しておくべきことのひとつに、「方法」（method）と「技術」（technique）の峻別がある。生活指導のように直接人間に触れる教育活動では、方法と技術を区別して認識しておくことが必要であろう。技術は、その基本的特性として、人間ともの（物）との間で成立する。すなわち、ものに向けてなされるとき技術が要求されるのである。教育活動の具体的展開において、技術が求められることもある。例えば、板書の書き方、教材の選び方、答案の処理など、教育活動の内容に応じて、教師は、技術を駆使する必要に迫られよう。

このような技術は、しかし、教師としての人間全体を表出することなしにも駆使され得るのである。人間としてのすべてが開陳されなくても、言い換えると、個人の人間本性から離れても、それは使用可能になる。この意味で、教育技術は、教師という人間のある一部にすぎない、と言えよう。

これに加えて、技術には、その相手を対象化し、操作するという側面が含まれている。すでに述べてきたように、人間は、本質的には操作されて動く存在ではないから、教育技術は、教師という人間と児童・生徒という人間が直接ふれあう生活指導では、極力控えていくことが望まれる。

これに対して、方法は、技術を含むその個人の人間性全体を開陳して接していく過程そのもののなかに見出される。教師がかれ自身の内側に秘められているすべてを発動し、その相手に立ち向かうとき、そこにかれ自身の教育方法がおのずと生まれてくる。

教師自身のもち合わせている知識や技術、考え方や感じ方、感覚や感情、かれの可能性などがその場その時に余すところなく相手に表出されている状態のなかに、その方法は存在する。その個人の人間性全体の開陳がなされるなかから生まれる方法には、相手を対象化し操作する要素は、希薄になるであろう。教師と生徒がこのような方法で結ばれているところに、教師という人間と児童・生徒という人間との「関係」が生まれ、それは、二人の人間が相互に自己

を開いていく土壌となるのである。

理解－客観的理解と共感的理解

第二の基本的に考慮すべき観点として，「理解」ということへの認識があげられる。生活指導を具体的にすすめていくに際して，個々の児童・生徒への理解は，とくに不可欠である。

子どもは一般的にどのような成長過程をとるか，という理解のしかたがあるが，これは，個々の子どもを理解する場合の一面の手がかりにはなるが，それ自体では一人ひとりの子どもの理解には結びつかない。一般的な子どもの成長過程についての知識を得ておくことは，教育活動をすすめていく場合の基礎となるから当然求められるが，しかし，この一般的な理解（客観的理解）に基づく個々の子どもの把握は，それが理解のための基準や標準としての認識を導きやすい。このことを見逃してしまうと，一人ひとりの子どもをこの基準や標準からの逸脱や遅速として捉えてしまうという危険性を生む。個々の子どもが一般的な成長過程と比較してどの程度であるか，という理解は，子どもの（真の）理解には結びつかない。

また，個々の子どもの成育歴，家庭的背景，友人関係，性格や行動の傾向などを知る，という理解のしかたがある。この理解は，一人ひとりの子どもに目を向け，個々の事実を間違いなく捉えようとするから，前者の理解よりも個別的な理解に近づいていく。しかし，このような理解では，子どもを客観的に眺めて見る傾向が強く，また，それに基づいて子どもの個々の人間像を想定するようになる。そして，この像には，理解する側の解釈が多く含まれている。ひとたび人の像をつくりあげると，その像を通してその人を見ようとしてしまいがちであるから，解釈による誤解に気づかず誤解してしまうという危険性がある。これは，子ども理解の視点を固定化し，子どもにラベルを貼る結果を導き，変化していく子どもの真の姿を捉え難くする，という欠落を生む。

このような理解のしかたは，子どもについての寄せ集め的な理解になり，「いま」のかれを理解することにはなり難い。それには，別の理解のしかたが必要になる。それは，「いま・ここで」（here and now）のかれの「心の動き」（inner movement）をそのまま受け容れる理解のしかたである。

これは，前述の共感的理解である。子ども理解の視点を変え，かれの内側で

動く思考や感情の流れを過程そのものとして捉え，かれの内側の声をそのまま聴き，そして，受容することである。理解は，これを基幹にしてすすめられることが望まれる。

(2) 集団的方法と個別的方法

　生活指導を具体的に展開していくには，集団的な形態をとる方法と個別的な形態の方法を適宜折りまぜてすすめていくことが望まれる。いずれの方法ですすめるにせよ，一人ひとりの児童・生徒に焦点が向けられること，問題が生じたときに始めるのではなく，授業が継続してすすめられると同じように継続的に実施すること，結果を急いで求めないこと，などを心に留めておく必要があろう。

集団的な形態の方法

　集団場面は，児童・生徒にとって，その集団の一員として共通目標達成のための役割を分担して協力し，また，異なった考え方や感じ方，経験の違いなどに接して自分にないものを採り容れるなど，他の成員との相互作用のなかで自己成長がなされるひとつの機会となる。集団的な方法は，このような集団のもつ積極的な意義を基盤にして展開される。

　集団的な形態の方法には，それをすすめる重心が，主として①教師の側に置かれる場合，②児童・生徒の側に置かれる場合，が考えられる。また，このそれぞれには，主に③知的側面に訴えてすすめる場合，④知的側面以外にも訴えてすすめる場合，が想定できる。

　①と③の組み合わせの典型は，講義的な方法（講義法）である。知識や情報の一括伝達には便利であるが，一方的な伝達に終わる傾向が強く，相手への浸透度は希薄である。伝達内容やその方法によっては，児童・生徒の行動や表現を管理する結果をも導く。

　①と④の両者を含む方法には，教師のリードですすめられる自由討議（free talking），バズ学習（buzz learning），パネル・ディスカッション（panel discussion）などがある。教師のリードがありながらも，これらの方法では，子どもたちは，さまざまな角度から考えるようにもなり，また，それを通して他の子どもとも広く深く触れ合うことができる。児童・生徒の相互学習を推しす

すめるのに適している。

②と③，あるいは，④が組み合わされた方法には，集団的な自主学習，ロール・プレイ（role play　役割演技），感受性訓練（sensitivity training），Tグループ（training group），エンカウンター・グループ（encounter group　出会いグループ）などが考えられる。これらの方法では，子どもたち自身の内部から湧出する自発的・主体的な内面の動きが尊重され，教師による方向づけや誘導などは，極力控えられる。そして，子どもたちは，相互のかかわりのなかから，自己省察や自己開示を生むようになる。

自分自身に委ねられるなかでの子どもたちの相互交流は，かれら自身のより確かな自己成長を可能にする。個人の内面的成長は，とくに感情の自由な動きが許容され，それらの相互交流が感情体験をともなう深いレベルでなされるとき，よりいっそう促進される。教師が主導する方法は実施しやすいが，子どもに委ねる方法は，それがどのように展開するか予想し難いので，実際に活用するには教師の側に挑戦への勇気とそれの体験が求められる。しかし，敢えてこれに取り組むことが，教師に課されてよいと思われる。

個別的な形態の方法

教師と児童・生徒の関係が1対多である集団的な方法に対して，個別的な方法では，1対1の関係が基本となる。集団的方法も最終的には1対1の関係に回帰してこそその意味があると言えるが，個別的方法では，この関係での援助濃度は，よりいっそう強められる。

生活指導の個別的な形態をとる方法としては，個人的な接触がなされる多くの機会が想定されるが，そのなかのひとつにカウンセリング（counseling）があげられる。カウンセリングには，いくつかの理論や技法があり，教育相談のなかでも多く用いられているので，教育相談がカウンセリングであるかのように受けとられる。しかし，カウンセリングは，教育相談そのものではなく，そこには個人の成長と治療の両面にわたる援助的な働きが含まれている，と認識する必要がある。すなわち，治療を超えて，個人の成長に結びつく積極的な援助機能をもっているのである。

前述の三つの態度条件は，実は，生活指導の基本的な条件でもあったのである。カウンセリングとして実施しなくても，教師がこの態度条件を体現して児

童・生徒に接していくならば，そこでは生活指導の個別的方法を具体的に展開している，とみられるのである。

　カウンセリングでは，その相手（クライエント，児童・生徒）に助言や支持，忠告などを与えることもあるが，その本質は，むしろ教師と子どもが一人対一人の関係のなかでそれぞれの考えや感情を相互に「分かちもつ」（share）ことをしながら，子どもが自分自身に目を向け，そこから自己を探究し，自己の新しい局面を見出していくところにある。

　この過程を子どもとともに歩むのがカウンセリングである。それは，子どもの成長過程に沿う援助の働きとなるのである。

〈参考文献〉
井坂行男編著　人間形成―教育方法的観点から　明治図書　1977
井坂行男編著　現代の教育方法　第一法規出版　1976
伊東　博　新訂・カウンセリング　誠信書房　1966
村山正治　エンカウンター・グループ　福村出版　1977
山形大学教育学教室　生活指導の研究　協同出版　1970

第2章
生活指導の方法理論

1. 教育における生活指導の意味

　人間が人間の内面活動にかかわる行為を展開するとき，それをわれわれは，広く教育と呼んでいるのであるが，しかし，教育と同じことばで呼んでいながらも，そのあり方（教育実践）やその背後にみられる考え方（教育観・教育理論）は，さまざまである。そうした多様な教育観あるいは教育実践のなかにみられる主要な捉え方のひとつに，教育という人間行為が，「教育者が被教育者に対して」あるいは「成熟者が未成熟者に対して」"教え・育てる"ことであるという捉え方が根強く残っている。これは，ボルノー（Bollnow, O.F.）のことばを借りれば，"つくる教育"であり，また，伝統的な本質主義（essentialism）の教育観につながる"注入主義の教育"と相通じる考え方である。

　ここでは，一般に，人間は外部からの働きかけによって形成されるという観かたが強調されており，人間存在に対する考え方は，ペシミステック（pessimistic）である。したがって，この捉え方に基づく教育の実体は，子どもたちが記憶すること，取り入れること，つくられたレールに沿って進むことなど"教育を受ける"ということばによって代表されるような他動的・受動的な様相をとることが多い。これまでの，また，今日の学校教育の状況は，この傾向が支配的であると言えよう。

　他方，教育という人間行為にはこれとは別の捉え方がある。それは，二人の人間（それらは，教育者と被教育者，成熟者と未成熟と呼ばれることがあってもよいが，こうした対比関係は薄れていく）の間の"教え・育つ"関係が強調される考え方である。これは，ボルノーの言う"成長にゆだねる教育"あるい

は人間の内部に備わった成長を重視する"開発主義の教育"に一脈通じるのであるが，ここでは，子どもを含め，元来，人間には学習したい欲求が備わっており，ともどもに学ぶ意欲をもっている，というオプティミスティック（optimistic）な人間観が強くうち出されている。

教育は，もともと，一人の人間の"教え"る働きを契機として，もう一人の人間の"学習への欲求・学ぶ意欲"が触発されて，その内部の成長力が"育つ"ところに成立するとみられる。そして，このプロセスのなかで，かれの人間としての総体が成長・発達すると考えられる。この際"教え"る働きを示す者は，一般に教師や親など成熟者とみられることが多いが，かならずしもそうとは限らない。逆に，子どもがこの働きを示すこともあり，また，一個の人間自身の内部にこの働きが見られることも少なからずみられる。したがって，"育つ"のは，子どもばかりではなく，成熟者と言われる教師や親も含まれる。このように捉えるところでは，"教え・育つ"関係のなかで二人の人間がともどもに成長するのが教育である，と考えられる。

このような教育が豊かに展開する重要なモーメントは，人間に備わっている"学習への欲求・学ぶ意欲"が抵抗を感じずにおのずから湧き出るようにすることである。この点に関し，ブルーナー（Bruner, J.S.）は，教育の新しい今後の方向として，「学習をしたい欲求を起こす問題，いいかえれば，学習という営みを，どこまでも続けたい，また，どうしてもやりたいような営みたらしめるにはいかにしたらよいか」ということ，「"学習仲間" learning community という結合を回復し再建すること……お互に学びあい教え合う共同 cooperation，（学級の学習仲間の）相互扶助」ということを提言している。[1]

この提言にみられるひとつの重要な意味は，教育における"学ぶ"という機能の重視である。人間に本来備わっている"学習への欲求・学ぶ意欲"は，外部からの働きかけが強すぎたり多すぎたりすると枯渇状態になり，外部からの働きにしたがって動く習慣に圧倒されてしまう。この外部からの働きには，ある種の方向づけと抑止・抑圧する力が内在する。この内在する力が，人間のなかからおのずから湧き出る欲求や意欲にブレーキをかけ，かれのなかに動く"学ぶ"機能を円滑に活動させなくする。

人間の"学習する欲求・学ぶ意欲"が湧き出るところでは，そのなかに，主

体的・自発的・積極的な内面の動きが見られる。この点から，"学習する欲求・学ぶ意欲"と主体的・自発的・積極的な動きは，密接に結びついていると言える。しかし，現実には，こうした動きは，阻止されたり禁止されたりすることが多く，阻止・禁止がくり返されるなかで一定の行動パターンが定着し習慣化されて，そのような欲求や意欲が自己の内に秘められていることさえ認める（perceive）ことができなくなり，主体的・自発的・積極的な動きが見失われてしまう。

"学習する欲求・学ぶ意欲"や主体的・自発的・積極的な動きが個人の内面で自由に発動するとき，かれが潜在的に得ている可能性（potentiality）は，開花する方向に向かうであろう。知識や技術の獲得においても，思考や判断の能力を高めることにおいても，また，対人的態度の確立や感情の安定・豊かさ，自己への確信においても，その可能性は開かれていく。自己実現（self-realization, self-actualization）は，このプロセスのなかで展開されるのである。

生活指導では，個人の潜在的な可能性の現実化＝自己実現を強く考慮している。それは，ひとつの主要な目的と考えられている。そして，この自己実現は，学校教育の場に限ってみた場合，各教科の領域においても，また，その他の領域においても求められているのであり，同時に，達成され得るよう考慮されているのである。生活指導は，この意味で，教育＝人間形成における重要な部分を担っていると言えよう。

2．パーソナリティの概念とその成長

個人の潜在的な可能性の開花，自己実現の具体化を求めるときの手がかりになるひとつのことは，個人のパーソナリティ（personality）の把握であろう。それは，一般化され，抽象化され，客観化されたパーソナリティの把握ではなく，人間一人ひとりの生きた内面的な動きに接近できる方向で捉えられたパーソナリティの理解である。パーソナリティに関しては，オールポート（Allport, G.W.）やアイゼンク（Eysenck, H.J.），レヴィン（Lewin, K.），ユング（Jung, C.G.）など，多くの理論が唱えられているが，"自己"（self）をパーソナリティの中心概念に据えたロジャーズの（Rogers, C.R.）理論が興味をひくととも

に助けになる。

ロジャーズは，これまで一般化・客観化を求めた科学的アプローチでは等閑視していた"自己"に焦点をあわせ，豊富な臨床的経験と実証的研究の裏づけをもって"自己理論"(self theory)と呼ばれるパーソナリティ理論を構築した。パーソナリティは，環境，とくに他の人びととの相互交流によって，個人の全体的な認知（perception）の場から分化してあらわれた自己，すなわち，自分自身として認知し知覚される自己構造を中心として，かならずしも認知されるとは限らない感覚的・内臓的体験をも含みながら認識する場に反応するが，同時に，自己を実現し維持し促進しようとする基本的傾向（basic tendency）と強いその動き（striving）をもつ，と考えられる。

これは，固定的な構造としてのパーソナリティではなく，統合と発展に向かいつつ，たえず機能する過程としてのパーソナリティの概念であり，臨床的・教育的な場において起こる個人の変化（change）を説明する概念として適している，と考えられる。「自己は，われわれの意識のなかで，また，パーソナリティのなかで，さらに有機体のなかで，決定的な役割を演じる。……われわれの個人的実在および同一性 identity に関する唯一の確実な基準は，自己意識 sense of self のたかに存在する」[2] と言われるように，"自己理論"を中心とするパーソナリティの理解は，人間の可能性を開き自己実現の具体化を志向するとき重要な示唆を与えてくれる。

ロジャーズの"自己理論"は，九つの命題をもって説明されているが，それを要約して示すとつぎのようになる。

① 人間の行動は，知覚され，経験されたままの場に対する反応である。この知覚の場（perceptual field）は，その個人にとっては"現実"（reality）である。

② 有機体は，この現象的な場（phenomenal field）に対して，有機体全体として反応する。

③ 有機体は，自己を実現し，維持し，促進しようという基本的傾向をもっている。

④ 行動は，目標を追求する努力であり，情動（emotion）は，行動に付随しそれを促進する。

⑤行動を理解するもっとも有効な方法は，その個人の内部的準拠枠（internal frame of reference）—自己概念（self-conception），自己構造（self-structure）—にしたがって理解することである。
⑥自己概念は，環境との相互作用—経験，および，それにともなう価値評価—の結果として形成されるが，この際，自己概念と一致した経験がその個人の行動様式に採り容れられやすい。
⑦心理的不適応は，自己概念と一致しない行動を経験するときに起こり，心理的適応は，それらが比較的一致しているときに起こる。
⑧自己概念と一致しない経験は，脅威として知覚され，その脅威に対して自己を維持するために，防御行動が起こり，自己概念は頑固な殻をつくる。
⑨脅威がまったく知覚されない条件のもとでは，自己概念は，自らと一致しない経験をも同化し，自己概念は修正される。

ここに示されているように，人間は，自己およびその可能性をみずからの知覚（perception）によって開くこともするし，閉じることもする。われわれは，感覚的・内臓的な働きを含む自己概念から，環境との相互作用のなかで自分自身を眺め，また，他人や外界の事象を見つめている。その際，自己概念と一致しない経験に直面するとき緊張が高まり，そのときもっている自己概念をより強固に守ろうとするか，あるいは，緊張が高まっても脅威を感じないならばそのときの自己概念は修正されてその経験は採り容れられる。そして，後者の場合，自己への確信が生まれてくる。しかし，前者の場合には，自信を喪失することに結びつく。自己実現のひとつの鍵は，"自己概念"とそこで"経験する自己"との間にずれを感じないか，あるいは，感じてはいても自己にとって脅威をほとんど知覚されない状況になっているか，ということにあるように思われる。

ロジャーズは，この"自己理論"を治療的臨床場面において発展させ，治療を通じてのパーソナリティの成長という面からより明確にした。それは，"プロセス・スケール"（process scale）と呼ばれるクライエントの変化の過程を評定する尺度のなかにより具体的に示されているが，個人のパーソナリティ変容の全体的な過程についてつぎのように述べている。「クライエントが，セラピストをリアル（real）であり純粋（genuine）であると見，共感的であると見，

自分に対して無条件に配慮（regard）していると見ることができればできるほど，クライエントは，静止的，無感情的，固定的，非人間的な機能のしかた（static, unfeeling, fixed, impersonal type of functioning）から遠ざかり，それだけかれは，分化された人間的感情（differentiated personal feelings）を，弾力的に，変化に富み，受容的に経験していく（a fluid, changing acceptant experiencing）という特色をもった機能のしかたに向かって動いていくことができる。」3)

　これは，臨床的場面における治療関係でのパーソナリティの変化を捉えようとするところから見出された知見であるが，しかし，この叙述のなかに示される意味は，たんにクライエントの成長に限られるのではなく，広く人間の成長，個人のパーソナリティの変化として理解することができる。このことに関して，ロジャーズは，さらにパーソナリティ変容の方向を二つの点から具体的にあらわし，その成長の内容を示している。4) まず第一に，パーソナリティの成長は，①見せかけや仮面をつけることから離れ，②「……すべき」と考えることから遠ざかり，③他からの期待に沿うことから離れ，④他人を喜ばせるようにすることから遠ざかることのなかに見られる，と述べている。人間が"偽りの自己"から離れて"真の自己"に向かうとき，そこにパーソナリティの成長がみられるのである。"真の自己"とは，自分自身になりきることであり，自己概念と経験する自己との間にずれを感じない自分自身であって，これに近づいていくとき，自己の内に充実感や満足感が漂ってくる。

　このような成長のなかから，さらに，もうひとつの変化があらわれる。それは，つぎに示すような方向であり，そこには成長への積極的な意味が含まれている。

　①自己指示に向かう（Toward self-direction）
　②過程的な存在になることに向かう（Toward being process）
　③複雑であることに向かう（Toward being complexity）
　④経験に対して開かれるようになる（Toward openness to experience）
　⑤他人を受容することに向かう（Toward acceptance of others）
　⑥自己を信頼することに向かう（Toward trust of self）
　パーソナリティの成長は，自己自身が自由になり，その個人がおのずから湧

き出るところから発して真にそうありたいようなものになっていくときに見られるのであって、そうした成長がなされたパーソナリティには、ここにみられる方向への動きが内在している、と考えられる。そして、「子どもが、広い、素朴な、純粋な目で世界を見渡し、単純にそこにあるものを指し、観察し、そのことがらについて議論したりせず、もっと他のものであるよう要求したりしないように、自己実現をしている人は、かれ自身のなかにも他の人のなかにも、人間性を見出している。」[5] と言われるところからも理解される。これらの方向への動きは、その個人の自己実現に沿っている、と言えるであろう。

3. 生活指導実践上の"態度"

　生活指導がどのような場でなされても、また、どのような形態でなされても、終極的には、それは、子どもの人間としての総体に向けておこなわれる。生活指導が、子どもの「人格全体に対する統合的援助活動」であると言われたり、「すべての児童・生徒を対象とする」と言われたり、あるいは、個々の子どもの「個人差を深く考慮する」と言われたりするが、これら生活指導の原理的なことは、終極的には、そこに帰せられる。
　子どもの自己実現を求めながら、その人間としての総体に向けて生活指導がおこなわれるとき、われわれは、どのような点に深く配慮しなければならないであろうか。すでに触れてきたように、人間の成長が"真の自己"に近づき、おのずから肯定的な動きをとるようなっていくところにあると観られる点から、生活指導という対人間的実践活動においては、子どもを"操作的"に形づくるということは許されなくなる。
　もともと人間は、操作によって"教え・育てる"ことは不可能な存在であると考えられるが、子どもに知識や技術の獲得を求めることが中心的な課題とされていない生活指導においては、"操作的"に子どもに接することは、かえって、かれの成長を阻害するようになる。それは、"操作的"に接することが、子どもの"自己概念"に沿うことから離れ、操作する者の側の思考や評価に依拠することが多くなるからである。しかし、このことよりもさらに重要なことは、生活指導の実践が子どもという人間との直接的なふれあいのなかで成り立

つのであるから，かれと触れ合う人間（学校では主として教師がそうである）との関係が子どものパーソナリティの成長にとってとくに意味深くなるようにつくられることである。

　生活指導の実践において，子どもの行動が問題とされるとき，しばしばその行動の原因が追及される。観察し，調査し，さらに，検査してそれを究明しようとする。こうして明らかにされた原因が，子どもの行動に大きく影響を与えていることも事実であろう。しかし，このような子どもへのアプローチには，子どもを客観的に眺め技術的に捉えようとするのみで，"かれとの関係"が断ち切られている。子どもは，個々にそれぞれの特性や特徴を秘めているのは事実であるが，問題とされる行動が生じてきたり，また，その個性的能力が生かされたりするのは，かれと他の人（例えば，教師や親など）との関係がいかにあるか，ということが深くかかわっている。この関係が子どもにとって意味深いものとなるか否かは，かれと触れ合う人間の基本的な構え・態度に依拠するといえよう。

　人間は，子どもを含めて，反応しあう存在である。相手の言動によって，離れもするし近づくこともある。離れるときは，自己の内部において自己そのものを守ろうと防衛（defence）が働く。そして，この防衛は，自己を守るだけではなく，守ることによってその変化・成長をみずから抑えるように働く。逆に，近づく場合には，自己を開放し，変化・成長へと導いていく。この自己の開放・変化・成長，これは自己実現につながる要素であるが，それは，まず第一に，子どもに触れ合う者のうちに，共感的な態度が満ちているときにみられる，と考えられる。

　"共感"（empathy）あるいは"共感的理解"（empathic understanding）とは，相手の「私的な世界（private world）をあたかも自分自身のものであるかのように感じとり，しかも，この"あたかも……のように"（as if）という性質を失わないということであり，相手の怒りや恐怖や混乱のなかに巻きこまれないようにすること」[6]を指すが，これは，相手の内部的準拠枠に沿って理解し反応することである。人間は誰でも，自分自身のうちに枠組み（内部的準拠枠）をもっており，そこから他人や外界の事象を見ている。その枠組みは，思考，感情，意欲などさまざまな動きによって構成されている内的過程であって，

合理性と不合理性を含む複雑，微妙な独自性をもっている。そして，この枠組みは，他人や外界の事象を知覚（perceive）しながらその内的過程自体を変えているのである。したがって，このような枠組みを完全に理解することは不可能なことである。しかし，われわれは，相手のその枠組みにより多く沿うことは可能であり，そのことを通して理解に近づき，反応することは可能である。共感的な態度とは，こうした人間の内部的構えを指すのである。

　共感的理解において重要なことは，"聴く"ことである。それは，"聞く"ことでもなく，また，"訊く"ことでもない。それは，相手の枠組みに心を傾けて"聴く"ことであって，相手が表現しようとしている感情に触れることであり，応えることである。ジェンドリン（Gendlin, E.T.）は，これを"絶対傾聴"（absolute listening）と呼んでいるが，それは，「相手に自分の気持ちや意見を押しつけることではない。傾聴するだけの時間をつくり，相手がその瞬間に感じているままに相手に応えていくようにしなさい。自分自身のことがらや考えをそのなかに混ぜ込んではならず，相手が表明してないことを含めてもいけない」[7]と言うことである。この傾聴がなされるなかでは，評価も脅威も感じられないから，相手の内部的な動きは自由になり，また，その動きがそのまま受け容れられていると受けとめることができるようになる。そこでは，相手のうちに，傾聴者への信頼とともに自分自身への信頼が芽生えてくる。そして，「自分をわかってくれている」という安心感のなかで，自己概念の修正，成長への基盤が培われていくのである。

　第二の態度は，相手を積極的・肯定的に受容する構えである。これは，ロジャーズによって"無条件の肯定的配慮"（unconditional positive regard）と名づけられたそれに相当するが，相手を自分と区別された別個の人間であると認めながら，かれ自身のなかにある枠組みおよびそれに基づく思考，感情，行動，経験などを自分自身のものとして捉えるように積極的に顧慮することである。われわれは，自分に気に入らない行動や社会的に承認されない行動を否定するだけでなく，その人自身をも否定することが多い。もちろん，社会的に承認されない行動をそのまま肯定することはでき難いが，その行動に関連したかれ自身のうちに動く感情や考え（枠組みとその経験）まで否定することは，個人の成長を求める観点から遠くかけ離れてしまう。社会的に認められない行動を示

した者のうちに動く感情や考えには，肯定されるもの（例えば，自分はまずいことをした，楽しい気持ちだ）や否定されるもの（例えば，そんなに悪いことをしたとは思わない，思い出すと怖い）が含まれるが，このように動いている感情や考えそのもの，すなわち，かれ自身の内部的準拠枠での動きそれ自体は，むしろ積極的に受け容れられるよう望まれる。それは，是認や否認をともなわない，かれ自身の内面の動きへの積極的な顧慮である。

このような態度での触れ合いのなかでは，子どもは，その相手に対し近さを感じるようになるであろうし，それとともに，自分の行動や内面の動きに新しい目を開くようになるであろう。

さらに，第三の態度は，自分自身が"真の自己"に近づいていくことである。それは，"ありのままの自己"になっていくことを指すのであるが，個人が自己の内部から湧き出てくる感情や考えにそのままにしたがっていくところから，この態度がつくられていく。ロジャーズは，これを"一致"あるいは"自己一致"（congruency）または"純粋さ"（genuineness）と呼んでいるが，これまで述べてきたような"自己概念"と"経験する自己"との間にずれのある状態は，これと相反する態度に結びつく。

自分自身が"真の自己"に近づき，"ありのままの自己"になっていくとき，個人は，かれの人間性そのものを自然にあらわすようにたる。そこには，不安や悩み，欠点をもった弱い傷つきやすい自己が露呈するとともに，与えられた価値観から開放された生き生きとした自己があらわれる。そのなかでは，個人は，自分自身が生身の人間であることを感じるであろう。このような人間性は，誰にでも与えられているから，教師が"真の自己"，"ありのままの自己"にたったとき，子どもは，それに反応しあって，同じように"真の自己"，"ありのままの自己"に近づき，かれの"自己概念"と"経験する自己"のずれをせばめていくのである。そして，教師，子どもと子どもが，相互に人間的に深く触れ合うようにもなるのである。

このような態度は，知識のレベルで得られるのではない。実際に体験し，個人の人間としての総体が動くところで体得されるのである。そして，これまで触れてきたところから明らかなように，子どもの成長は，直接かれに求めるところからなされるのではなく，子どもに接する者（教師や親など）のうちにこ

れらの態度が体得されて，その態度がその人自身と結びついているところで示されて初めて子どもの真の成長，自己実現に寄与できるのである。学校においての生活指導では，とくに教師にこの態度が求められる。ここには，「子は，親の背を見て育つ」という格言（至言）が想起される。

4．生活指導の展開過程

　生活指導は，教育のすべての局面において展開される。学校においては，教科学習の授業のなかでも，学級活動のなかでも，また，所用があって職員室に子どもが訪ねてきた場合でも，あるいは，運動場での遊びのときでも，その機会は数多くある。そして，その形態には，さまざまなものが考えられる。集団的な形態をとることもあるし，個別的にすすめられることもある。学校以外の場においても，その機会や形態は，多種多様である。教師や親が子どもと接するあらゆる場において，種々の形態をとっておこなわれる。

　学校では，学級のなかで集団的な場を通して話し合い，討議しながら集団思考を高めるという展開もみられるし，また，教育相談という個別的な場のなかでカウンセリング的手法をもって展開されることもある。そこでは，教師は，前述の態度を少なくとも自分のものとして体得して接することが求められる。そして，子どもとの関係が人間的なふれあいになるよう展開され，また，一人ひとりの子どもの成長につながるよう展開されることが望まれるが，生活指導の具体的な実践がこのように展開されることは，容易ではない。しかし，こうした展開に導かれるであろうと期待されるその過程の核心的なすじ道には，つぎのようなことが考えられる。

　①子どもが自分自身に目を向ける機会をつくる。
　②そのなかで，自分のもつ問題に気づき，その問題に立ち向かう。
　③自分の問題に立ち向かうというきびしい状況に触れながら，子どもが自己と対決し，自分自身を深く探ることを続ける。
　④そして，自分の不安や欠点，嫌な面を明確にするとともに，自分自身のなかにいままで気づかなかった新しい面に気づくようになる。
　⑤子どものうちに，新しい自己がありのままあらわれ，その自己が支えにな

って，生き生きとした自分自身になっていく。

このプロセスのなかで重要なことは，"自己との対決"である。ここに至るまでには多くの困難と時間を要すると思われるが，他の人（教師や他の子ども）とのかかわりのなかで，受容的で安全な風土，共感的な雰囲気を子どもが感じ，否定的な感情がさらけ出されても脅威をもつことがないとき，"自己概念"は，その固さをゆるめ，修正の方向にむかっていく。この動きのなかで，自分自身のなかのどのような否定的な感情が働いているかということにも気づき，その否定的感情が自分自身を縛っていたことをもより明白に知覚して，自己をありのままに認めるようになっていく。そして，ここから，否定的な自己認識を改め肯定的な自己認識をもつように変わっていく。

生活指導の展開過程は一様ではないが，そのなかに少なくともこのようなプロセスが合まれるとき，子どもの自己実現が期待できると言えよう。

〈引用文献〉
1) ブルーナー　"「教育の過程」を再考する"　現代教育科学　明治図書　1974年1月　pp.75-80
2) Allport, G.W.　Pattern and Growth in Personality　Holt, Rinehart and Winston　1961　pp.110-111
3) Rogers, C.R.　"The Process Equation of Psychotherapy"　American Journal of Psychotherapy 15　1961　pp.27-45
4) Rogers, C.R.　On Becoming a Person　Houghton Mifflin　1961　pp.163-182
5) Maslow, A.H.　Motivation and Personality　Haper and Brothers　1954　p.207
6) Rogers,C.R.　"The Necessary and Sufficient Conditions of Therapeutic Personality Changes"　Journal of Consulting Psychology 21　1957　pp.50-103
7) Gendlin, E.T. & Hendricks, M.　Rap Manual　unpublished paper　1974

# 第3章

非行と生活指導

1. 非行の今日的課題

(1) 「非行」概念のあいまいさとそれにともなう危険性

　われわれは、「非行」というと、それでわかったような気になってしまう。そして、日常の多くの場面でこの「非行」ということばを多用している。

　しかし、どのような行為を指して「非行」と呼ぶか、となると、厳密には明確にできない部分が多くあるのである。

　「非行」は、一般に、法律（少年法）を一応の基準にして、刑罰法令に触れる行為とぐ犯行為を指すと考えられている。前者の行為には、窃盗・強盗・脅迫・暴行・傷害・強かん・わいせつ・殺人・放火・住居侵入・覚醒剤服用などがあり、後者の行為には、けんか・凶器所持・家出・怠学・家財持出し・婦女誘惑・いたずら・不純異性交友・盛り場はいかい・睡眠薬遊びなどが含まれている。

　これらの行為は、社会の期待にそむき、否定される要素を多分にもっているが、しかし、そのひとつひとつの行為を現実に把握しようとすると、必ずしも明白に決めがたい。例えば、「暴行」は、一方的に暴力をふるい、相手はなぐられたままの状態を指すのであろうか。実際には、なぐられたままでなく、相手も暴力をふるい返す、すなわち、「けんか」になることもあるであろう。また、「家出」や「怠学」は、一時的になされた行為からではそれと断定できないであろう。その行為の内容や質、その行為者の心理的・内面的な動きを理解することなしには決められない。「盛り場はいかい」なども、同様である。

　このようにみると、同じような行為でも、どこからが「非行」で、どこから

がそうでないかの境界は,はっきりしていない。このことは,「非行」の判断が,一つひとつの行為を外部から眺めている者の主観によってなされるという危険性を導く。

　われわれが,今日「非行」という実態をあいまいなままにしてそのことばを使っていることのうちには,この危険性を知らず知らずのうちに取り入れているのである。

　「非行」あるいは「非行少年」というラベルは,容易に貼れるし,識別に便利である。それだけに,いっそう危険である。このようにしてラベルを貼られた子どもは,容易に立ち直れない。また,その子に接する者のもつラベル意識（例えば「あいつは『非行少年』だという気持ち」）は,また容易に拭い切れないであろう。ここに,ひとりの人間の悲劇が始まる,とも考えられる。

(2)「非行」の増加とそれの回避へのおそれ

　「非行」は,年々増加の一途をたどっていると言う。そして,低年齢化し,集団化し,質的に悪化してきていると言われている。また,生活困窮家庭の者よりも中流家庭層の出身者に多くみられるようになり,有職者よりも中・高校生に多発する傾向があるのも最近の特徴である,と言われている。これらは,補導などによって明らかにされた実数からの見かたであるので,これに「潜在非行」を考え合わせると,その数や傾向は,より増大するであろう。

　「非行」は,一般に通常の行動から逸脱した行為として認識されており,社会的に容認されていないから,「非行」の行為そのものも,「非行」の増加傾向なども減少することが当然望まれている。非行防止の運動や種々の非行対策の実施などは,この考え方に基づいてすすめられていると言えよう。

　生徒ばかりでなく児童にも「非行」が現れる昨今では,小・中・高校が,ともに「非行」防止やその対策に腐心し,学校の教育活動正常化に努めてきている。学校における生徒指導や生活指導では,これらの点をひとつの主要な活動領域としていることが多い。生徒指導や生活指導が「非行」防止やその対策として捉えられるのは,この辺に由来する。

　学校でとくに「非行」が問題とされるとき,そこには,「非行」をひとつの煩わしいことがらとして受けとることがないであろうか。確かに,「非行」防

止やその対策は，「非行」の減少や教育活動の正常化に寄与することが大であると認められるが，しかし，それをすすめるなかで，学校や教師の間に「非行」を邪魔なもの・教育活動に障害となるものとして，煩わしく排除しようとする考えがないであろうか。

前述したような「非行」の増加，その他の傾向は，減少されなければならないが，現に自分たちの学校やクラスに起こっている「非行」については，それが増大することを警戒し，煩わしさのゆえにそれを排除しようとするならば，大きな誤りにつながっていく。

「非行」の排除が，その個人の排除につながることをおそれるのである。われわれは，往々にして，「ことがら」と「個人」とを結びつけがちである。ラベルを貼ること，これもそのひとつであろう。「罪を憎んで人を憎まず」の諺どおりになかなかなれないのである。

教育のなかで「非行」を考えるとき，「非行」は，排除されるのではなく，むしろ，教育のなかに包摂されるよう考慮する必要がある。この考え方を基盤にしながら「非行」に接近していくとき，ひとりの人間の「非行」への傾きは，みずから修正されていく，考えられる。

「非行」を目の前にし，煩わしく思い，それを避けようとすると，「非行」は，ますますそのバイアスを強めていくであろう。

2．非行への準備体制

(1)「非行」は，学校や家庭がつくる

学校や家庭は，子どもの成長にとってかけがえのない場所である。のびやかで，生き生きと，その子のもっている能力や可能性が豊かに開いていくのも，この場所からである。学校や家庭が子どもにとって居心地のよい場所であるとき，このように言えるのである。

ところが，学校や家庭は，いつでもこのような場ではあり得ない。小学校低学年のある時期を過ぎると，学校は，学業成績の結果によって子どもたちを判別する傾向が強まってくる。この傾向は，上級学校受験の厳しさがたとえ緩和されたとしてもなくならないであろう。

教師は，授業中生徒が窓の外を見ていようものなら，「できないくせに，よそ見ばかりしている!」と叱責を加える。それは，あるいは，叱責ではなく励ましであるかも知れない。しかし，いずれにしても，このようにことばにする背後には，学業成績重視の考え方が含まれ，そこから生徒を見ていることがうかがわれる。

　このことばを耳にする生徒の側の気持ちは，どのようであろうか。恐らく，自分の存在や能力を肯定されたという感じは，ほとんどもてないであろう。他の人から認められたいという欲求は，誰しももっている，とみられるが，指摘された生徒は，自己のうちでその教師によって否定されたと受けとり，教師から離れていく自分を感じるであろう。

　このようなことが，何度かくり返されていくうちに，生徒は，教室や学校での居心地が悪くなる。そして，この居心地の悪さは，学業成績の低下へと傾斜していく。

　教育を自己の仕事とする教師に課せられた重要な任務のひとつは，生徒のうちに潜んでいる力を切り開くよう援助的になることである。生徒が居心地の悪さを感じるのは，教師が非援助的であるからであるとも言える。

　教師から認められない，学校の居心地が悪い，そのように受けとるとき，生徒のある者は，自分が認められる場，自分にとって居心地のよい場所を他に求めるであろう。このようなとき，家庭に居心地のよさを感じていれば，そこで留まり，「非行」は一応とり止められる。

　しかし，このような場合，往々にして家庭も，学校と同じように，居心地のよくない場になっていることが多い。学校で受けた拒否的な気持ちの味わいを，子どもは家庭のなかにストレートにあらわすこともできず，また，その気持ちを十分に受けとめてくれる親は，まれである。

　子どもは，成長するにしたがい，親とのつながりの気持ちをもちながらも，親が自分の気持ちや内面の世界をそのまま受けとめてくれない，わかってくれない，と思う場面が多くなってくる。それに対し，親は，学校での成績やその他の面でのでき・不できなど外面的な行動への価値判断で子どもに対応しようとする。この両者のずれが，家庭内での子どもの居心地の悪さを増幅する。

　このように，学校でも家庭でも，自分の存在が認められないと受けとめ，そ

こが居心地のよいと感じられないとき，子どもは，自分で自分の気持ちが他に向いていくのを止めることができなくなっていく。これが行動化されたとき，「怠学」や「家出」，あるいは，「盛り場はいかい」と称される行動とみなされるような方向に移っていく。

「非行」のラベルは，この辺で貼られ，それとともに，子どもの学校や家庭への離反心理がよりいっそう強められていく，と言えよう。

(2) 「わかる授業」の少なさが非行のバイアスを強める

学校の授業には，ある一定の方向と内容がほぼ決められている。それは，生徒を既定の旅行目的地に運ぶためにつくられたレールに似ている。その目的地に間違いなく，しかも，早く到達することが生徒に期待されており，そのレールからはずれることは，教師から容認されない傾向がある。

このレールは，生徒の意志や希望，能力などとほど遠いところでつくられ，他のレールを選択する余地はほとんど残されていない。レールがそのような生徒の内面的活動に沿ってつくられていれば，それからはずれる生徒は，よりいっそう減少するであろう。レールが生徒にぴったりするというとき，そこには「わかる授業」がある，ということになる。

生徒が「わかる授業」を経験していくなかでは，授業が楽しいと映るようになり，充実感・満足感が体得されて，学校から離れていくことは少なくなるであろう。「好きこそものの上手なれ」のたとえどおり，授業のなかに楽しさが増し，そして，好きになれば，それに心が集中し，他に目を向けることは少なくなる。

すべての生徒に「わかる授業」をすすめることは，確かに容易ではない。それを困難にしている要因として，一授業単位のクラス生徒数の多さ，授業内容の不適切さ，興味ある授業展開の少なさなど，数多くのことが指摘されている。かつて，「新幹線授業」，「詰め込み教育」，「切り捨て授業」などのことばがしばしば使われていたが，これらの現象は，「わかる授業」からはほど遠い。

授業が生徒によくわかるようにするための方途をひとつに限ることはできないが，授業の内容を精選し，生徒の学ぶ量（生徒が学ぶべきと決められた量，と言った方が適切である）と質を適切化することは，「わかる授業」への考慮のひとつである。これには，学習指導要領が深く関与する。学習指導要領は，

現在，学校での授業内容を規定している。それは，ほぼ10年に一度改訂されているが，改訂のたびに学習内容が累積し，児童生徒の学ぶ量がぼう大になってきていた。このことの反省を含めて，昭和55年度以降は，学校教育でのゆとりを中心に授業内容の軽減が考慮されてきている。

　学習指導要領のこの改訂実施が，そのまますぐ非行の減少につながるとは思えないが，少なくとも「わかる授業」に近づくことが期待できよう。「わかる授業は」，学校教育本来のひとつの姿である。「わかる授業」ということばを持ち出すほど，現在の学校教育には歪みや歪曲がある，とみられる。そして，この歪みや歪曲が非行を生んでいる，といえる。したがって，「わかる授業」がなされるようになったとき，非行はそれに伴い消滅に向かい，また，それが非行防止の働きをなすようになる，と考えられる。

(3) 学校の「受験体制」は，生徒の非行準備体制である

　学校は，本来，上級の他の学校に進むための準備としてつくられたのではない。しかし，今日の学校をみると，とくに中学校・高等学校は，それぞれの上級学校への受験準備を色濃くあらわしている。中学校では有名（?）高校へ何名合格した，高等学校では社会的に評価の高い（?）大学へ何名合格した，ということが最大の関心事となっているかのようである。学校は，いまやこのような「受験体制」によって強く支配されている。

　地域によって多少の違いはあるが，高等学校進学者が90パーセント以上を示すなかでは，上級学校への進学が大きな関心を呼び，「受験体制」がより強固になっている。学校では上級学年に進むほど，この「受験体制」は明確になっていく。進学する生徒と進学しない生徒の区別をはっきりさせ，それぞれの授業内容も違ってくる。進学するものには，受験の準備内容を多く含ませ，そうでないものには，それをカットする。ここからは，学校の進学優先による差別が生じ，進学しない生徒は，学校や教師への不満とともに不信をもつようになる。

　この不満や不信は，ある場合には，授業を妨害したり，学校で決められたルールを破ったりするような行動となってあらわれるが，他方，何事に対しても投げやりな気持ちや自暴自棄の行動をとるように導く。「どうせ俺はダメなん

だ!」と思うようになるとき，それは非行への準備状態が形成された，と言えるのである。

　他方，進学する生徒の場合でも，非行への準備状態はつくられる。中学校では，できる限り進学希望者を高等学校に入れるようにするため，生徒自身の希望と離反した高校への進学を推しすすめることがある。これは，高校進学の安全策として考慮されていることではあるが，生徒にとっては，自己の意志や志望が活かされないばかりでなく，自分の能力に烙印を押された気持ちになる。ここから生じてくるのは，進学しない生徒の場合に似た学校や教師への不満や不信であり，また，投げやりや自暴自棄の行動である。

　進学する生徒の場合，さらに見逃せないのは，本人の意志より親の希望でイヤイヤながらすすもうとすることである。親は，子どもの将来や世間体を考え，本人があまり望まない進学であっても，それを無理強いすることがある。高校進学率が高くなった裏側には，親のこのようなあせりに似た思いがある。それが子どもの気持ちを圧倒してしまう。子どもは，しかたなしに親の希望にしたがうが，学校生活の楽しさ，面白さを味わうことはでき難い。これは，何かきっかけがあれば何時でも非行に走る準備状態である，と言えよう。

　このように，学校の「受験体制」は，それとの裏腹につねに非行の芽を育てあげている，ともみられる。「受験体制」は，他の人への暖かい心づかいや援助の手をさしのべるよう生徒に湧き立たせることはしない。むしろ，相手と競争し，他人を蹴落とす傾向を強調する。そこでは，相互に疎外感のみが残る，と考えられる。

(4) 家庭の「無力化」は非行を生む

　家庭は，愛情的な結合によってつくられた集団である，と言われる。確かに，われわれは，家庭のなかでの愛情を土壌にして，精神的な豊かさを培ってきている。それは，目には明白に見えないので，日常生活のなかで具体的にどのように一人ひとりの子どものうちに採り入れられているのか判別しがたい。しかし，苦しいとき，悲しいとき，それを親や兄弟（姉妹）に表現できなくても，その気持ちをもちながらじっと自分の居場所として留まっていられるのは家庭であって，これができるのは，家庭に愛情の土壌があるからであろう。

ここには，家庭のもつ無形の力，すなわち，愛情を漂よわせた，子どもを受け容れる雰囲気をもつ力が存在する。これは，子どもの行動をいますぐに発動させるような力にはならないが，子どもの内面的・精神的な安定や以後の活力を培ううえで，大きな助けとなる。教育というとき，それは，子どもに知識を与えたり，技術を身につけさせたり，あるいは，子どもの内に潜んでいる力を引き出したりする働きかけを意味することが多い。これらは，より具体的には，数や文字を覚えさせること，しつけをすることとなってあらわされる。こうした働きかけは，子どもの教育にとって不可欠な重要さをもっているが，他方，子どもを暖かく包み，かれの内面的な動きを見守りながらそれを積極的に受け容れる働きが必要である。これは，子どもへの強い働きかけにはならないかもしれないが，子どもにとって大きな支えとなる。

　家庭での子どもへの成長力となるのは，むしろこうした支えではないであろうか。この支えは，家庭以外の場ではなかなか見出し難い。それにもかかわらず，今日，家庭にはこの支えとなる力に欠けてきている。

　欠損家庭や経済的困窮家庭にかつては非行が多いと言われたが，現在では，ここにその特徴を見出すことができない。両親がそろい，経済的にも必ずしも貧しくなく，しかし，葛藤家庭である場合には，非行化の傾向は，いまもって多くなっている。親の不和，家族間の争い，それらをめぐる緊張の多い家庭では，親や家族自身が自分たちの問題の処理に汲々として，それ以外のことに目を向けることができにくい。このようななかでは，子どもへの愛情の支えが失なわれがちである。

　家庭の「無力化」は，この辺に見出される。家庭が子どもへの支えを失ない，子どもがそれを感じとるとき，かれは，家庭から次第に離れていく。これは，非行への準備状態ともなる。そこでは，いつでも非行が発生する。

3．こころの動きの複雑さ

(1)「非行少年」は悩みをもち，苦しんでいる

　一般に「非行少年」のイメージは，困ったもの，避けたいもの，悪いもの，というように否定的である。非行は，確かに肯定できる事態ではないし，起こ

らないよう望まれる。こうしたイメージは，「非行少年」ではない者から「非行少年」を客観的に眺めて出てくる想念であって，かれの内側から捉えられた表現ではない。

　非行や「非行少年」に関心を寄せ，かれらが立ちなおるよう手だてを加える場合には，このようなイメージは，何ら役に立たず，かえって有害である。重要なことは，かれら自身の内側から理解することである。

　「非行少年」は，自分がそのように見られることを何よりも恐れている。そして，そのように見られたときには激しい憤りを抱き，また，反発する。かれらは，自分自身でどのよう生きるかわからず，自分のしていること，考えていることが他の人からどのように思われているかがいつでも気がかりになっている。そして，自己の欲求を前にして，その内部が崩壊している場合が多い。

　こうしたことは，自分自身で気づいていないかもしれないが，非行は，このような悩みや苦しみのなかでなされているのである。

　ヒーリー（Healy, William）[注]は，「非行少年」とそうでない少年の比較研究のなかで，情動体験の重要性をとりあげ，「非行少年」がどのような情動障害に悩んでいたかを調べている。

①愛情関係で拒否されている，阻まれている，不安定である，理解されない，愛されていないか誰かに奪われている，という強い感情……46例
②つぎのような愛情関係以外の点で妨げられているという深刻な感情……28例
　　a 自己表現の正常な欲求，または，他の自己満足
　　b 幼児の頃に甘やかし損なわれたための異常な願望
　　c 思春期に特有な衝動または願望
③家庭，学校，交友，スポーツなどでの他人との関係における自己不適切または劣等の感情……46例
④家族間の不調和，親の良くない行動，統制としつけのうえでの過誤に対する強い不満……34例
⑤兄弟姉妹に対するつらい嫉妬心，ひどく継子扱いされているという感情……31例
⑥根深く抑圧された心的葛藤に基づく混乱した不幸感情……17例

⑦幼い頃の非行または非行に属しない行動に対する意識的，無意識的な罪の感じ……9例

これらは,「非行少年」の悩みなどの内容であるが,「非行少年」のグループでは,こうした悩みをもっていることがはっきりしている者が91パーセント以上あり,それに対し,非行のない少年のグループでは,22パーセントにすぎなかった,と述べている。

「非行少年」は,ふてぶてしい態度やごうまんな態度をとる。しかし,それは,むしろこのような自己の悩みや苦しみを覆い隠し,自分の弱さを他者に見られないように示す直接的な表現である,と言えよう。

注）ヒーリー・樋口幸吉訳　少年非行　みすず書房　1956

(2)「思春期」の心は揺れ動く

「思春期」は,子どもから成人に移り変わる時期で,外面的にも内面的にも諸々の変化が生じてくる。そして,その変化は,これまでに経験しなかっただけに,子どもの心は激しく揺れ動く。

身体的には,声がわりや体毛の発生,乳房の隆起,男性・女性に応じた体型の変化など第二次性徴が発現し,それにともなって,性に対する関心や性衝動が生じる。性への好奇心がよりいっそう強まると同時に差恥心が自覚されてくる。自我の目ざめとともに,冒険心や独立心が旺盛になり,親や権威に対して批判的・反抗的になっていく。感受性はより鋭くなってくるので,些細なことに対しても感情的に不安定になり,直情的な行動をとりやすくなる。こうした点から,この時期は,「疾風怒濤の時代」と呼ばれている。

「思春期」のこのような変化は,個（人格）の確立への準備でもあるが,しかし,子どもと成人の中間にあって,ある場合には子どもとして扱われ,他の場合にはおとなと見られて混乱し,不安足な状態が続く。子ども扱いには反発し,おとなであると見られたい気持ちから背のびをする。喫煙や化粧,髪型を変えてみるなどの行動は,このあらわれでもある。

また,この時期には,成長の個人差がより著しくなる。身体的な変化や独立心,批判や反抗の度合いは,一人ひとりの子どもによって大きな違いがあらわれてくる。自分が他の人より劣って見えたり,逆に,他より優れていると思っ

て超然としたりする。その結果，クラスの仲間などから離れて孤立し，ひとりだけの世界に閉じ込もったり，また，同じように劣っている者同志と集団をつくったりする。

「思春期」の感情の高揚・沈滞もまた著しい。喜びや嬉しさ，淋しさや悲しみ，感動など，感情の振幅が大きくなる。しかし，それをそのままあらわすのには，恥じらいなどの気持ちから躊躇するので，自己のうちに留めてしまうことがある。とくに淋しさや悲しみなどの否定的な感情は心の底に沈滞してしまう。それは，いつか，形を変えて暴発することさえある。

「思春期」のこのような心の動揺と非行に関して，クレッチマー(Kretschmer, E.) は，「精神＝身体的成熟の非同時性」を問題にしている。近年，子どもの身体的発達は，とくに著しい。身長にしても女子の初潮年齢にしても，20数年前の同年齢の子どもに比べて大きくなり早くなってきている。これに対し，知能，情緒，社会性などを含めた精神的な面の発達は，そう大きな変化はみられない。情緒，社会性の発達は，むしろ親の庇護傾向が強まり，かえって遅れてきているとさえ言われている。

こうした精神的な発達と身体的な発達との間には不均衡が生じ，発達のうえでの非同時性ないし不調和が起こってきている。とくに発達のおくれがあると，発達のおくれた部分が発達のすすんだ部分によって要求される課題の解決に当面した場合，その子どもの内部で葛藤や緊張状態を誘発し，そのために情動の不安定が起こって，それが非行の原因になる，と考えられる。

非行は，とくに「思春期」に多い。それは，「思春期」の激しい心の動揺と深く結びついていると，考えられる。したがって，非行は，「思春期」を過ぎると消えてしまうことも多い。非行は一過性である，と言われるのも故なしとしないのである。

(3) 非行少年の「価値観」は歪んでいない

盗みや家出，暴力や暴走族などの非行行為を見ている者にとっては，それらが自分たちの行動とかけ離れ，通常ではなかなかそのようなことをおこなうことができないので，非行に走る者には自分たちと違った考え方かあるのではないか，と思われることが多い。

われわれは，一般に，既成の文化や制度，慣習や習俗に基づいて自分の「価値観」をつくってきている。そして，その「価値観」を尺度にして諸々の行為を推しはかっている。非行は，この尺度から大きくはずれ，また，対立する場合が多いから，非行に走るものの「価値観」は，歪んでいるとみられる。非行にかかわることを避け，それを遠くから眺める限りにおいては，このように観ることは，当然の成り行きである。

　しかし，非行少年に近づき，かれに接してその「価値観」に触れていくと，この観かたは，修正しなければならなくなる。非行少年と呼ばれるものに身近かに接してかれらの話を聞くと，盗みや暴力などの非行行為に対しての考え方は，われわれと同じように否定的に捉えており，自分のしていることは，肯定できることではない，と考えている。

　暴走族と呼ばれているある少年との比較的長い会話のなかで，かれは，「騒音をたてて集団で走ることは，他の人にとってはたいへん迷惑だろう。自分がそれを見たら嫌な気持ちになるし，騒がしい音を聞いたら止めてもらいたくなる。バイク（単車）で倒れたら大怪我をするか死ぬだけだ。仲間で死んだ者もいる。自分も暴走族のひとりだが，できれば止めたいと思っている。」と述べている。

　かれらは，決して暴走族を肯定的には観ておらず，その「価値観」は，歪んでいないのである。問題は，「わかってはいるけど止められない」ところにある，と言えそうである。

　非行は，その子どもの「価値観」の歪みに基づくのではない。「価値観」の歪みは，たとえあったとしても，それは非行少年にのみにみられるのではなく，非行のない者にもあるのである。非行少年を「価値観」の違いがあると予断して接することは，大きな誤りであろう。むしろ，その予断が非行をよりいっそう増大させるのである。

(4) 非行の「原型」を捉える

　非行は，ひとりの子どもの行動やパーソナリティ全体の一事象であって，それは，氷山の一角にもたとえられる。氷山の水面上に見える部分は，「顕型」であり，かくれた見えない部分は，「原型」（あるいは「元型」）である。「顕型」

と「原型」は，元来，一個の全体としてつながっているので，細かな配慮を加えていれば，その「原型」は，捉えられやすい。

例えば，ひとりの少年が非行グループに入っていく経過は，ほぼ決まっている，と言われる。初めは，遊び仲間の暇つぶしで，学校の帰路や怠学時に盛り場などをうろついているのであるが，そのうち，同じような仲間に会い話しかけられ，つきあうようになる。いっしょにゲームをしたり喫茶店などに入ったりしておごってもらうのである。それによって，その結びつきがいっそう強くなる。ときには，たかられ，けんかを売られ，その仲裁を得ることによってより，いっそう接近する。恐喝や暴行を受けたあとで，その仲間とともにつぎに自分が加害者になるのである。このようにして，初めはたんなる遊び友だちの集まりから，いつのまにか非行グループにつながっていく。

これは，「顕型」の一例であるが，これには，深くて大きい「原型」がある。すでに触れたように，学校の居心地が悪い，教師から認められないと思う気持ちは，暇つぶしや盛り場をうろつくことを容易に導くであろう。また，そのような気持ちのなかには，自分自身に対して信頼がもてない，自信のなさがある。おごってもらう，喧嘩の仲裁を受けるなどは，そのあらわれのひとつである。非行は，グループ化することが多いが，そこには，自信のもてない少年たちが相互に低い次元で助け合う姿が見られる。やくざが肩で風を切り短刀を身に秘めているのは，自分の弱さ，自信のなさをそうすることによって補っていると言われるが，非行グループにも，これに似た部分がある。

非行少年の特性のひとつに，欲求不満に対するこらえ性（耐性）がないことがあげられる。これも「原型」の一部である。わずかな障害にあっても，すぐ逃げ腰になり，些細なことでも興奮しやすく，攻撃的になる。不安，恐怖などが心のうちに生じると，落ちつかなくなり，誘惑の手にのりやすい。全般に抵抗力が弱いので，競争や外部からの刺激に耐えることがむずかしく，そのうえ，成功や失敗に対する反応が過敏である。ちょっとうまくいくと，有頂天になり，失敗すると，極度に落胆してしまう。こうした心の動きが，非行グループへの加入過程では深いかかわりをもっている。

さらに，非行少年には，満足や愛情に欠ける心理的体験が多いので，それらの要求に際限がなく，高望みをする傾向が強い。物事が自分の思いどおり運ば

ないという気持ちから，逆に劣等感や不適当感が強められていく。また，自尊心が強いため，傷つけられやすい。

非行少年は，一般に，他人に対する要求は強いのに対し，自分自身は閉鎖的であり，とくに自己の内面や行動については隠したがる，と言われる。かれらは，自分の「原型」に触れられるのが怖いのである。その怖さは，無意識的に自己を包み込んでいる。自分を守るために，そのまわりに堀をつくり城壁を固めて自分を閉ざしていく。そのようにして，自己自身の固い殻がつくられるようになる。

非行は，その「顕型」を問題にしても一向に修復されない。その「原型」に目を向け，それへの対応をすすめていくなかで徐々にその行為は解消されていく，と考えられる。

4．子どもに接する教師や親の態度

(1) 教師も親も「ともに」苦しむ

非行の予防や矯正にとって，何よりも求められることは，その子とわかりあうことである。それは，教師や親がこちら側から，かれを知ろうとしてわかることではない。その子が，自分のなかで「わかってくれた」と思えるようになることを考えてかかわるのである。それが，わかりあうことに近づく重要な鍵になる。

非行に限らず，子ども（否，成人を含めて）が人間として全体的により望ましく成長し発達するためには，このようにわかりあうことがどのような場でも不可欠的に求められる。

非行少年は，自覚していないかもしれないが，苦しみのなかで生きている。その苦しみに気づかず遠くから眺めているところからは，わかりあいは生まれてこない。「どうせ俺の気持ちなんかわかってもらえない」と思っているとき，かれは，やはりその相手に対し距離をおいて見ているのである。教師や親が，その苦しみに気づき，接近してともに歩むようになるとき，かれは，「わかってくれそうだ」と思うようになる。

非行そのものは肯定されないが，非行少年を肯定的に観ることができるよう

になるとき，教師や親は，かれとともに歩めるようになれるのではないだろうか。教師や親は，この肯定的にみる観かたになかなかなれないでいる。この点では，問題はむしろ教師や親にある，と言えるかもしれない。

この観かたがなされるとき，教師や親は，より自然にかれに近づくことができるようにもなる。そして，同時に，非行少年の苦しみに触れることも可能になる。そうするなかで，かれの苦しみが自分たち（教師や親）の苦しみでもある，と受けとれるようになるならば，かれは，「わかってくれている」と感じるようになるであろう。

このように，教師や親が非行少年と「ともに」苦しめるとき，わかりあいは生まれてくる。わかりあいができたとき，お互にわかってもらえたと思うときには，誰でも相互により接近していくであろうし，また，他のことに対してもより肯定的に振る舞えるようになるであろう。

非行少年との話し合いは，一般になかなか成り立たないと思われているが，決してそうではない。教師や親のかれに対する観かた・構え・態度いかんでは，容易に成り立つようになる。「あいつとは，話し合いも成り立たないし，話しても無駄だ」と思っているときには，その相手も同じように考えている，と考えられる。教師や親は，自らその態度を子どもとのわかりあいに向けて改めることが是非求められる。

(2) 「受容」と「共感」の態度をもつ

われわれが相手の立場にたって考える，相手を受け容れるということは，それ以前に自分が受け容れられた経験がないとそれは容易になされ得ない。非行少年には，一般にこの経験が少ない。相手を受け容れる──「受容」というのは，かれの存在をそのまま許容していることである。言い換えれば，相手を肯定的に価値ある存在とみなしている気持ち，ということである。

教師や親が，子どもという人間の存在を「受容」しているという気持ち（態度）をもってかれに接しているとき，子どもは，そのことを感じとり，自分の人間として存在している価値をみずから認め，それを採り入れる方向へと変化し始めていく。子どもを含め，われわれは，相手から自分という存在が受け容れられているという体験を通して，自分自身を否定する気持ち（自己否定的態

度）から自己肯定し，価値あるものと認める気持ち（自己肯定的態度）へと変化していき，さらに自己「受容」に到達する，と考えられる。

　非行は，これまで触れてきたように，自己否定的態度のひとつの表現であり，自己を「受容」できないでいる心の状態である。相手の「受容」的な態度に接するなかから，自己の内部が肯定的に変化していき，それが自分のなかで確立するようになったとき，非行から脱し切れる，と言えるのである。

　「受容」は，また，相手が「理解されている」，「わかってもらえている」と感じるとき成りたつのである。子どもがこのように受けとれるように，教師や親が相手を理解するならば，両者の関係は自ずから変化し，その心理的距離は短くなっていく。このような理解は，「共感」あるいは「共感的理解」と呼ばれている。

　「共感」は，相手の内的世界をあたかも自分自身のものであるかのように感じとっている態度を意味する。それは，相手を客観的に眺め，診断的に，あるいは，評価的に理解することとは対照的である。診断的・評価的な理解のなかからは，相手が「自分を理解されている」という気持ちは起こってこない。それに対し，自己の内部に生起しているいま・ここでの感情や考えがそのまま相手に受け容れられ，感じとられているという体験のなかでは，スッキリした満足感や開放感が味わえるようになる。

　「共感」は，ある特別の技術ではなく，「受容」と結びついたひとつの態度である。技術的に「共感」しているポーズをとっても，それは，「共感」にはならない。そのポーズは，相手にもわかってしまうであろう。「共感」は，その人の身についた基本的な構えであり姿勢である。そして，それは，相手の内面に動くさまざまな感情や考えに積極的に耳を傾けることを通してなされる。

　相手との関係において，われわれは，しばしば話をきいている。そのとき，話そのものを聞いていることが多いのではないだろうか。非行少年との会話では，かれが何をしたか，どのような事件が起こったかなどの話を聞いて，かれの状況を知ろうとする。それは，ときには，かれがさらに隠していることはないか，と訊くことにつながることさえある。しかし，このようにするときには，聞いてはいるが，聴いてはいないのである。

　聞くということは，どちらかというと受動的である。バックグラウンド・ミ

ュージックが聞こえてくるように聞いているのは，この聞くである。ここでは，音楽に対して強く身を向けていないし，それをわかろうとはしていない。聞き流しになることが多い。これに対して，聴くということには，能動的・積極的な意味あいがある。相手の話そのものにも，話をしている相手そのものにも身を向けて対峙していなければ，聴くことはむずかしい。聴くということは，こちら側の姿勢がその場での相手全体に対して向かっているところでなされるのである。

　こちらが聴いているとき，その相手は，次第に気を向けてくる。それは，聴くことを通して，その相手がいま・ここでの自分の感情や考えをそのまま感じられていると受けとめるようになるからである。そこには，「共感」が生じる。これによって，相手は，こちら側の考えや感情に縛られることのない解放感が味わえるとともに，そうなることに力づけられて，より深く，また，より広く自己を探究し，他との関係を見なおしていくようになるのである。このような観かたがなされ継続されるようになるとき，非行は，おのずから消えていく。

　「受容」や「共感」は，カウンセリングの基本である。非行の予防や矯正に，今日では，カウンセリングがひとつの有効な方策として採り入れられている。それは，たんに非行という行為そのものを問題にするのではなく，非行をおこなう人間そのものに関心を寄せ，その人間の内部に深く触れて，かれ自身がみずから非行を乗り越えるようになることに関して援助的になる観点が含まれており，それが重要である，と認められてきているからである。

5．生活指導の基本的観点

(1)「生活」の指導を越えて

　生活指導は，そのことばどおり「生活」の指導と考えられることが多い。生活指導＝「生活」の指導，である。この考え方は，誤りではないが，それだけでは不十分である。

　「生活」の指導と考えられているとき，そこでの指導は，生活者としての子ども自身に向けられるよりも，むしろ，子どもの「生活」そのものに向けられる。指導の対象は，その子どもの内面よりも，その子どもの行動・言動に傾斜

することが多い。

　子どもの生活行動は，かれが種々の点で未成熟であるから，親や教師からみて不備・不足の部分が数多くある，と捉えられる。個人の生活においても，集団的場面においても，子どもが修得せねばならない生活行動は，確かに多く残されている。

　しつけを厳しくする，規則や約束ごとを定めて規律正しさを求める，などということは，これらを通して子どもたちの「生活」の指導をすすめる一般的なしかたと考えられている。「生活」には，多かれ少なかれ当為（Sollen）が含まれているから，当為に沿わない生活行動は，排除されるか，改められることになる。非行は，その典型とみられるであろう。

　しかし，非行は排除されても，その子どもは排除されてはならない。非行の排除が，その子どもの排除につながっては，教育に結びつかなくなる。同様のことは，子どもたちの不十分な生活行動に関しても言えるのである。

　子どもの生活行動の指導は，かれらが成人からみて満足であると考えられるような「生活」をなし得ないことから，その必要性があることは当然である。例えば，しつけは子どもの教育において欠くことはできない。また，集団生活をしていくうえで規則や約束ごとを順守することは必要である。社会生活は秩序によって保たれているから，その秩序を修得することも子どもたちには当然求められる。

　生活指導では，このように子どもの「生活」の指導をすすめていくことは必要である。古い時代から訓育が考えられていたのも，この考え方と軌を一にすると思われる。しかし，今日，生活指導をすすめるにあたっては，さらに別の観点が求められる。

　しつけ（躾）に例をとりあげてみよう。しつけには，礼儀作法を教え慣らすという意味と，2枚の布をあらく縫い合わすことの意味があるが，いずれの意味においても乱雑な状態ではなくキチッとした姿にまとめていく状況が想起される。それは，しつけが躾という字によってあらわされることによっても理解できる。「身を美しくする」ということである。

　しかし，この「美しさ」は，キチッとしているから美しいだけではない。キチッとすることによって，そこから自由な動きがとれるようになるから美しい

のである。2枚の布がしつけ糸によって縫い合わされることによって，その2枚の布は大きくなり，そして，自由に動かすことができる。この拡大された自由な動きには，美しさが倍加される。

　しつけは，たんにキチッとしただけでは，美しさの一面しか生じてこない。そこから生じる「自由さ」がさらに加わって初めて，美しさの両面が出てくるのである。

　この「自由さ」(あるいは自由な動き) は，子どもの生活行動を規制したり型にはめたりするような「生活」の指導だけからは，なかなか生まれてこない。かれらの外面的な行動・行為に向けた指導のみでは，キチッとはするが，内面の自由な動きをともなう美しさは求め難くなる。

　人間の内面が自由に動くところから導かれる豊かさには，その人間の美しさが見えてくる。この美しさを求めるには，その人自身の内面に働きかけが向けられる必要があろう。

　そこで，子どもの「生活」そのものに向けられる指導だけではなく，子ども自身に向けられる指導 (これは，むしろ，援助と言った方が適切である) がより多く求められる。生活指導は，このことに力点を置いて考えられる必要がある。生活指導は，「生活」の指導の意味も含まれてはいるが，それを超えて，子どもの内面生活・内的活動の成長への援助と捉えることがより適切であり，より多く求められる必要があろう。

(2) 個人の「実現傾向」を信じる

　生活指導では，教師と子どもとの間に教材などをとくに介在させずに，教師という人間と子どもと呼ばれる人間が直接的に触れ合うことを通して，その活動が展開されていく。

　この直接的な触れ合いのなされるなかでは，技術的な手法よりも，子どもに接していく際の人間観が基本的に重要になる。子どもはどのような存在なのか，という人間観が生活指導のあり方・方向を決定づけることにもなる。

　子ども (人間) は，本来，他から動かされて動く存在ではない。ひとつの生命体として自発的・自動的な存在である。かれは，自ら求め，自ら動的に活動する。

しつけの例に関してみれば，子どもはしつけられているように見えるが，実は，自ら求めている動的な活動に沿っているとき，しつけを自己のうちに受け入れているのである。決して，しつけられてしつけが定着しているのではない。しつけられているときには，それは一時的な獲得行為に終わるであろう。

　人間には，一つひとつのことについて，自己の内部から求め，承認し，受け入れていくという自律的・内発的な力が備わっている。この力に沿っているとき，ひとつの行為は，その人間にとって永続的な行為となっていく。そして，この力のあらわれ方，色どりは，状況により，また，一人ひとりによって異なっているが，例外なく誰にでも備わっている。

　さらに，自律的・内発的な力の発動するその現実は，その個人の主体的な姿である。そして，その現実は，それぞれの個人の異なる独自的な様相を示して表現されている。

　今日，子どもたちの主体性の欠如，個性の喪失がしばしば指摘されるが，それは，かれらに自己の主体性や個性（これは独自性と言い換えてもよい）が無くなったのではなく，主体性，独自性をあらわしにくくなってきている状況におかれているので，無いように見えているにすぎない，と考えられる。

　主体性，独自性がそのまま表出されにくい状況をつくり出している理由のひとつには，子どもたちをとりまく親や教師の側に子どもたちの主体性や独自性を認める人間観が希薄であることがあげられよう。

　自律性・内発性・自発性・主体性・独自性などは，個人の潜在的な発達可能性（potentialities）としてそれぞれに生得に具備されている。そして，その可能性は，自己のうちで実現しようとしている。「われわれは，自己を実現し，維持し，促進しようという基本的傾向をもっている」（ロジャーズ，C.R.）ということばは，注目に値する。これを，個人の「実現傾向」と呼ぶが，これへの信頼が，生活指導の基盤になる，と考えられる。

(3) 成長への「援助」に向けて

　教師は，子どもに対して管理的に接することが多い。知識や技術，ルールや規則，習慣・慣習を子どもたちに修得させようとすると，そこには管理的な働きが必然的に生じてくるから，教師が管理的にならざるを得ないのも由なしと

しない。この点，親も同様である。

　しかし，管理が強調され，管理によってその大部分が覆われてしまうと，教育は，その本来の機能を失ない，歪みが生じてくる。

　子どもには，一つの生命体として存在している限り，さまざまな成長への芽が宿されているが，管理が強調されると，管理される方向への芽は育つが，他の面は開かれにくくなる。否，抑圧されることさえある。

　教育において，管理は必要であるが，教育が管理的色彩を強めることは望ましいことではない。教育は，むしろ，「援助」的であるべきである。管理的になることは比較的容易であるが，「援助」的になるのは，極めて困難であり，むずかしい。非行を管理することは，非行から立ち直るよう働きかけることより容易である。「援助」ということは，実は困難な仕事なのである。しかし，困難であるからこそすすめていくのが，教育なのである。

　生活指導では，この困難な「援助」を子どもの人間としての総体に向けてなされる。それは，子ども一人ひとりの自己実現（self-realization, self-actualization）への「援助」であり，教師と子どもが人間対人間の関係を基盤にして展開されるのである。

　生活指導は，子どもの自己実現へ向けての成長の「援助」である，と言ってよい。したがって，この「援助」は，ある特定の子どもだけを対象とせず，すべての子どもに向けてなされなければならない。

　学校では，しばしば，教師の側から見て問題をもっていると思われる子どもを対象にして生活指導が考えられる傾向があるが，子どもは，自己実現という点において，誰でも問題をもっているのであるから，対象を限定することはできない。教師の判断によって特定の子どもを対象化することは，その子どもの自己実現をかえって妨げる結果を導くことになる。

　さらに，この「援助」は，子どものもつ特定の側面に働きかけるのではなく，かれの人間としてもっているすべての側面に統合的に向けられる必要がある。

　子どもの自己実現は，かれの知的な機能によってのみなされるのではない。かれは，人間として，知的な側面以外に，情緒的，社会的，身体的諸側面の働きを内在させており，それらの働きが内部から発動して成長していく。これらの働きが相互に関連し合いながら，均衡よく統合されて発動されていくとき，

かれの自己実現は，次第にかれ自身のものとなっていく。そこで，かれへの「援助」は，かれのもつ諸側面，個々の諸点に注目しながら，統合的になされることが求められる。

このような「援助」は，教師が子どもと表面的・皮相的に接するのでは成し得ない。子どもの内面と深くふれあうことによってはじめて成されるのである。それは，子どもの内的世界への接近である。それは，かれがどのように考え，どう感じているか—これへの深い接近と言うことができよう。自己の内面に生起する成功感や充実感，あるいは，満足感は，それ自体がその人にとって援助的な働きをもつ，と考えられる。子どもが，このような感じをもてるように働きかけるとともに，かれのその感じを受け入れることを通して，かれに触れていく。このように接近するとき，子どもは，「わかってもらえた」と受けとるとともに，教師への内面的な近づきが生じてくる。さらに，この内面的な近づきにともなって，かれ自身の内面に，自然に湧き出る肯定的・積極的な動きを生じさせるようになる。これが，自己を成長させる働きになるのである。

この過程は，教師と子どもが相互に深くふれあうなかでのみ見られる，と言い得よう。

6．生活指導の方法

(1) 人間「関係」を創る

教科学習の基盤にもなり，生活指導の核心部分にもなることとして，人間「関係」を創ることがあげられる。

人間「関係」は，教師と子ども，子どもと子どもとの関係を超えた人間としての相互「関係」である。これは，教師が教師としての衣を厚く着ているところではなかなかつくり難い。子どもの側からみて，教師がいかに衣を脱いでいっても，教師は教師として認識されるであろう。したがって，すべての衣を脱ぐことができたとしても，衣なしの「関係」は生まれてこない。

しかし，この衣を薄くしないで人間としての相互「関係」をつくることはできない。教師としての衣を脱ぐことが子どもの教師への尊敬の念（気持ち）を失うという恐れがあるようでは，この「関係」は生まれてこない。

教師と子どもの関係を，権力―支配―服従の関係，あるいは，権威―尊敬―心服の関係にとどめておこうとする志向が強いところでは，この恐れは多く残されるであろう。この関係を否定するのではないが，これにすがりつくところでは，人間としての相互「関係」は見出し難い。
　むしろ衣を脱ぎ，それが薄くなるところでつくられる人間「関係」のなかから，自然に権威―尊敬―心服の関係が生じるのではないだろうか。
　人間「関係」は，その関係をつくろうとしてつくれるのではない。その関係を操作してつくっても，それは真のその「関係」とは言えない。
　操作には，技術がともなっているが，人との「関係」に技術を駆使してうまくつくっていっても，それは皮相的な関係に終わってしまう。例えば，和気あいあいの仲よしグループの関係には，平和であるが何かに欠けるとを感じるであろう。ここには，うまくやろうという操作が含まれているからである。技術は不必要ではないが，技術に基づく関係は，人間「関係」にはなり難い。
　また，技術は，その人の一部でしかない。人間のもつその一部分をもち出して関係がつくられても，それは人間「関係」にはならない。もの（物）を操作する場合（物対人間の関係）には，確かに技術が効果的に働く。この考え方を教師と子どもとの関係にあてはめてみているときには，子どもを物的な存在として捉えているか，自分の思うように動かせるという誤った観かたをしている，と言えよう。そこでの教師と子どもの人間としての相互「関係」は，希薄である。そして，衣を着た教師と子どもの関係が浮き出てくるであろう。
　人間「関係」は，基本的に，技術によっては創れない。人間のもつある一部分をあらわすのではなく，その人のもつすべてがあらわされるとき，そこには自然に人間相互の「関係」が生まれてくる。それは，技術を含めた教師という人間の人間性全体の開陳がベースになる。
　教師が自己のもつ人間性全体をそのまま表出することを通して子どもと接するならば，そこには，おのずと人間「関係」が創られてくる。自己のありのままをそのまま表現することは，かなり困難である。それは，不十分，不完全，不満足な姿を露呈することにもなるからでもあるが，その足りない姿を見ることから，子どもはかえって人間を感じることにもなる。
　自己の人間性全体の開陳は，その否定的な面の表出のみではない。肯定的な

側面の表出も併せていなければ,すべての開陳にはならない。淋しさ,悲しさ,そして,喜びも楽しさも,そのまま伝えられることである。それらを伝えることによって,そこには,自然に「関係」が創られてくる。

これは,自己の内面から湧き出る感情とそれに結びつく考え(思考)を支えにして,他の人間とつながっていく関係である。「出会い」の関係ということばがこれには相応しいが,教師と子どもとの人間「関係」には,これが求められる。

(2) 「いま・ここで」の理解をもつ

教師と子どもの人間「関係」を創り,それをより豊かにしていくためには,相互に理解し合うことが必要である。教師が子どもを,子どもが教師を,というように相互に理解し合うことが望まれるのであるが,この相互理解は,まず教師の方から始めなければ成り立ち難い。

子どもに教師を理解するように求めても,子どもには相手を理解する力がまだ十分培われていないから,むずかしい。子どもに求めるのではなく,教師の側から子どもを理解していくのである。そのようにしていくと,理解されるという経験のなかから,子どもは,少しずつ理解することを学んでいくのである。ここから相互に理解し合うことがなされていく。

しかし,この理解は,客観的な理解ではなし得ない。調査やテストによって子どもを理解するしかたがこの例であるが,これは,教師が子どもと距離をおき,離れたところから一方的にかれの行動や性格などを分析することを通して,客観的に把握しようとするのである。

このような客観的な捉え方は,教師が子どもを理解しょうとするとき,しばしば用いられる。調査やテストは,科学的な手段を講じてつくられているから,教師の片寄った捉え方を防いだり修正したりしてくれるから,それが有用であることは確かである。また,この理解のしかたでは,対象を固定的に捉えようとするところに特徴があるから,子どものその時点での傾向や程度(度合い)を明白に見ることができる。したがって,これらは,教師の側にとって極めて便利である。

しかし,この便利さは,子どものある局面(部分)のみを見て,そこからか

れのすべてを推測して捉える，という危険な一面を生じさせる。例えば，「ラベルを貼る」というのは，この典型であろう。これは，教師も，われわれも，しばしば知らず知らず日常的におこなっていることであるが，子どもに「ラベル」を貼って理解することは，教師の側にはたいへん便利である。「ラベル」を通して捉えれば済むからである。しかし，これは，子どもにとっては極めて迷惑であるとともに，いまの的確な理解とはならないことが多い。

　子ども（人間）は，それぞれの個人によって固有な傾向や特質をもちながら，その場その時でその内面は変化しているのである。人間の心の動きは，流動的である。子どもの心の動きの振幅は，さらに大きい。

　このような心の動きを，そのまま受けとっていくことが，理解という場合より重要である。それは，教師が子どもに接近し，その内面の動きに沿いながら「いま・ここで」(here and now) かれが何を考えどう感じているか，をそのまま受け入れる理解のしかたである。これには，理解する側に「ラベル」なしの柔軟な広角的視野の構えが求められる。そして，それは，理解する側がテストなどを媒介とせず，身をもってすすめる，という点でその人自身（主観）がそのすべてを開陳してなされるのである。

　「いま・ここで」のこの主観的な理解を教師がしていくことにより，子どもは，理解される経験を経ながら理解する学習を重ねるとともに，相互に理解し合うようになっていく。それは，一方的な捉え方ではなく，相互交流的である。そこには，共感，内面的な分かちあい（sharing）が生まれるであろう。

(3)「集団的」方法と「個別的」方法

　生活指導の方法には，「集団的」な形態ですすめる場合と「個別的」な形態ですすめる場合とがあるが，それらは，時と場所，状況に応じて適切な考慮のもとにすすめることが望まれる。

　子どもたちは，学校で学級その他の集団の一員としてその共通目標を達成するために役割を分担して協力しあったり，異なった考え方や感じ方，経験の違いなどに接して自分にないものを採りいれ，また，他の成員との相互的なかかわりのなかで成長する機会を得ている。このような集団のもつ積極的な意義を基盤にしながら「集団的」な方法は展開される。

「集団的」な方法には，それをすすめる中心が主に，①教師の側に置かれる場合，②子ども（児童・生徒）の側に置かれる場合，が考えられる。さらに，このそれぞれには，主に，③子どもの知的な側面に働きかけるもの，④感情など知的側面以外にも働きかけるもの，が考えられる。①と③の組み合わされた典型は，講義的な方法であり，①と④の要素をもつ方法には，教師のリードですすめられる自由討議（free talking），バズ学習（buzz learning），パネルディスカッション（panel discussion）などがある。

講義的な方法は，教師にとって手慣れているのでしばしば用いられるが，これは一方的に相手に伝達するのみに終わることが多く，また，管理的になる傾向が強いので，子どもの内的成長への援助になる度合いは少ない。生活指導の「集団的」な方法としては，むしろ，教師が促進的にすすめる小集団的な方法（例えば，バズ学習）の方がより効果的である。

②と③，あるいは，④が組み合わされた方法には，集団的な自主学習，ロール・プレイ（役割演技），感受性訓練（sensitivity training），エンカウンター・グループ（encounter group），あるいは，T（トレーニング）グループなどが考えられる。

これらの方法では，教師はそこにいるが，子どもたち自身の内面から湧き出てくる主体的な動き（内発的な力）が尊重され，それに委ねられる。教師のリードは，極力控えられる。したがって，教師には，かれらの成長を信じて待つことが求められてくる。

そうすることによって，子どもたちは，他の人との交流のなかで自己洞察的に気づきや確認，自己修正をしながら，自己自身を成長させていく。子どもの内面的・全体的な成長は，他の子どもとの相互交流のなかでこそ可能になる。それは，一定の枠組みのなかにはめ込むような教師の側の管理的な発想に基づくすすめ方ではなく，子ども自身の自由な感情の動きが認められる安全な風土のなかでこそ可能なのである。

このような方法は，講義的な方法に慣れている教師には容易になし得ない。しかし，教師は，みずからがこれらの方法を体験的に学習する必要がある。教師の体験的な学習がこれらの方法をすすめる力にもなるからである。

「個別的」な方法は，カウンセリング（counseling）に代表される。カウン

セリングは，問題の治療に多く適用されるが，治療としての機能のみでなく，個人の成長にとって援助的になる機能を多分に含んでいる。しばしば教育相談などの「相談」と同義的に捉えられるが，決して同義ではない。カウンセリングには，一人ひとりの成長と治療の両面にわたって援助的な働きとなる幅広い機能が含まれているのである。

カウンセリングは，基本的に一人対一人の関係のなかですすめられるが，教師の側に，つぎのような確信がもたれていれば，それがいつどこでおこなわれていても「個別的」な援助方法になるといえよう。それは，すなわち，「①真実さ（realness），②ケアリング（caring），③深く感受性豊かな評価しない理解（deeply sensitive nonjudgemental understanding）を体験し，かつ，伝え合いつつあるような関係のなかでは，どのような個人の成長する潜在力（growthful potential）も開放される傾向がある」（ミーダー, B.D.およびロジャーズ, C.R.）という確信である。

生活指導を具体的に展開するとき，その場その時，その内容により，さまざまな形態がとられる。例えば，廊下での立ち話しの形で，また，授業の際に個人的に接する形で，あるいは，カウンセリングを実際にするという形でなされる。いずれの場合においても，この確信は，子どもの問題を解消するとともにかれ自身の成長にとって援助的になる，と言えよう。

カウンセリングには，理論の違いによっていくつかの立場があるが，その基盤になる部分では教育に深く結びついている。教師（あるいは将来教師となる者）には，カウンセリングを実際におこなうまでに至らなくても，カウンセリング的な態度を修得することが望まれる。

第4章
「荒れる」学校状況とその克服への視点
――カウンセリングによる「共感」的関係の創造

1. 問題状況への視座

(1)「荒れる」学校状況の捉え方

　今日，学校内の「荒れ」は，確かに存在する。この「荒れ」がどのような状態であり，何に由来するかの検討は，別に委ねることにしても，「荒れ」が学校のなかに見られるのは確かである。『「荒れる」学校状況』ということを，ここでは「荒れ」が学校のなかに存在している状況と理解しておきたい。

　『「荒れる」学校状況』は，「荒れる学校」状況とも解せられよう。昨今，「荒れる学校」も時折耳にする。しかし，学校がすべてそうであるとは思えないし，「荒れる学校」と一括して言うほど荒れていない部分も多くもっている。また，ここでは，ある特定の「荒れる学校」状況についての講述を展開することでもないから，このような理解は差し控えたい。

　学校内の「荒れ」は，何よりもまず，子どもの「荒れ」から考えられることが多い。子どもの「荒れ」は学校の「荒れ」として捉えられるほどである。

　子どもの「荒れ」は，校内暴力によって代表されていると言ってよい。これは，新聞その他のマス・コミ報道によって誇大化されることすらあるが，子どもの内面の顕現化，表出化である。教師への暴力，弱いものいじめ，校内施設・設備の破壊などさまざまな形をとってあらわされてくる。

　学校内の「荒れ」の焦点は，ここに強く向けられている。学校の荒廃状況をこの点に求めることが多い。しかし，学校内の「荒れ」は，これだけにとどまらない。子どもたちのなかには，登校拒否や不登校も見られている。これらは，

校内暴力のような他への損傷などアクティヴな要素は少ないが,「荒れ」のひとつとして数えられるであろう。校内暴力が強く表出化された「荒れ」であるのに対して,登校拒否は,半ば表出化された消極的な「荒れ」であると考えられる。

さらに,非表出化の「荒れ」として,自閉があげられよう。自閉は,自己の内面を自己の内に閉ざしている姿とみられるから,学校の「荒れ」として捉えられないであろうが,顕在化されない荒廃であると言える。

子どもの「荒れ」を表出化,半表出化,非表出化の三つの視点から捉えてみたが,これらは,それぞれ学校とのかかわりのなかで起きている。校内暴力は,見える「荒れ」であり,自閉は,見えない「荒れ」であるとも言えよう。そして,これらは,学校のなかに確実に存在しているのである。

つぎに,学校内の「荒れ」は,子どもの「荒れ」から考えられるだけではないことに注目する必要がある。それは,教師の「荒れ」である。この表現は強すぎるきらいはあるが,学校のなかにこれも存在する。教師の対生徒への暴力が取沙汰されるのは,この表われである。

教師の暴力は,生徒の暴力と同様,表出化され目に見える「荒れ」であるが,目に見えない非表出化,あるいは,半表出化の「荒れ」も少なからず見られるのである。生徒に対する無視や偏見,無言の圧力,あるいは,差別的な観かたなどは,この種の「荒れ」とみることができよう。

学校内の「荒れ」をこのように見てくると,「荒れる」学校状況は,いまに始ったことではないし,その状況へのとり組みは,古くて新しい課題である,と言うことができる。

そうでありながら,『「荒れる」学校状況』ということば(ややジャーナリスティックなきらいはあるが)が使われても,それに対してあまり違和感をもたずに受け止められるのは,現在の学校状況のなかに,そのことばに相応する何か特異なことが存在しているからである,と思える。

(2)「荒れる」学校とその克服の方向

今日の学校,就中,中学校の状況は,この特異な面を露呈している。それは,受験体制というマジョリティ(majority)と非受験のマイノリティ(minority)

との対立・葛藤として捉えることができる。

　この対立・葛藤は，中学校に限られることではなく，小学校や高等学校に無いわけではない。しかし，現在の学校全般の教育大勢からみた場合，中学校においてもっとも顕著である。中学校における上級学校（主として高等学校）受験の様相は，異常であると言ってよい。

　中学校の教育目標や内容は，そのひとつとして「中学校学習指導要領」によって示されているが，そこには高等学校受験についてはまったく触れられていないにもかかわらず，中学校における教育の進行状況は，受験一辺倒であると言っても言い過ぎではない。成績，点数，偏差値がこれに拍車をかけている。

　教師の目は，中学校において概してこのマジョリティに向けられており，このマジョリティから離れては，中学校教師としての存立さえ危うくなる感がある。したがって，中学校における非受験のマイノリティは，当然のこととして軽んじられている。

　中学校での受験体制は，今日，学校の外からも所与のこととして設定されているという認識が支配的である点から見ても，マジョリティ傾斜の傾向は，一般的である，と言えよう。このマジョリティ傾斜は，学校の「荒れ」への促進剤的な働きにもなっている。すでに述べてきたように，学校内の「荒れ」はこれまでにも存在していたし，いつでもあるとみられるが，この「荒れ」をよりいっそう際立たせ，強めていく働きが，このマジョリティ傾斜のなかに含まれている，と考えられている。

　マジョリティへの傾斜は，当然の流れとしてマイノリティ軽視へと導かれる。日常の学校生活でもマイノリティに所属するとみられている生徒は，その存在さえ学校内で十分認められていないことが多い。ときには，除外視されることすらある。この生徒たちは，学校で，教室内で，自分の居場所を確かなものとしてもてないでいる，と言えよう。

　かつてデューイ（Dewey, John）は，学校を「純化され理想化された環境」（purified and idealized environment）であり，「単純化され組織だてられた環境」（simplified and organized environment）であり，「より広い，同質的な，よりよく調和のとれた環境」（wider, homogeneous and better balanced environment）である（Democracy and Education 1917 pp.26-27）と述べていたが，今日の中

学校はこのような環境から程遠い様相を呈している。マイノリティ所属の生徒は，自己のなかでうまく整理できないでいるであろうが，デューイの言うこのような学校を求めているのではなかろうか。

「荒れる」中学校の多くは，この軽視され除外視されているマイノリティから生起していると言うことができよう。そうであるならば，その克服のひとつの方向は，マイノリティ軽視からの脱却から始める必要がある。

2．教師の「観」の形成

(1) 人間観，教育観の再構成

非受験のマイノリティ軽視からの脱却は，教師の「観」（人間観など）にかかわる問題である。教育を推しすすめ，また，子どもに接するとき，「観」なしにおこなうことはあり得ない。しかし，不十分な「観」のままですすめることは，かえって危険である。マイノリティ軽視は，この不十分な「観」のなかで起こっているように思われる。教師の「観」の不十分さが，「荒れ」に結びつくとも言えるのである。

「荒れる」学校状況への対処のしかたとして，技術的にすすめられることも多い。また，技術的な処理をせざるを得ないことがあるかも知れない。これは，例えば暴力に対して力でうまく押さえつける，ということである。しかし，これは決して「荒れ」への克服にはなり難い。教育や生徒に関する技術的な方策は，必要とされることもあるが，これによってマイノリティ軽視脱却をすすめることはかえって歪みをもたらすであろう。

生徒を画一化された所与の学校状況のなかで，いかに操作的（manipulative）に処理するかという技術（how to do）を中心とするのではなく，かれをどのような存在として観るか，ということを教師が自己に向けて問いなおし，教師自身の自己修正から出発することがいま求められている，と言えよう。これは，教師自身の教育や生徒についての「what to be」に関することである。

まず第一に教師に求められることは，生徒を一個の独立した人間として観ることである。生徒でありながら一人の人間として認めるのである。これは，当然のことであり，また平凡なことでもあるが，ここに立ちもどることができる

ことが望まれる。
　これは，教育に関して原点に立ちもどることを意味する。生徒を生徒として観るか，生徒であってもひとりの人間として観るかには，大きな違いがある。生徒を生徒として観るなかでは，教師は，自分でも気づかないところで生徒を自分の思うように操作できると考えてしまう。そこでは生徒の意志，感情など，かれの内面に生起し動いているものを無視しがちである。それでは「子どもが見える教師」（金沢嘉市　ほんとうの教育者はと問われて　朝日新聞社，1973年，41頁）にはならない，と言えよう。
　子どもの内面に生起し動いているものは，なかなか見えないが，行動化された外面はよく見えるのである。しかし，この外面さえ見すごしてしまうことがある。さらに，その外面を否定的・拒否的に見て，意図的に除外することもある。これは，「子どもが見える教師」からは程遠い。
　教育をすすめるとき，目に写らないものが見えるようになることは，極めて重要である。そうなることは容易ではないが，可能であり，また，教師に求められることである，と思う。その相手を生徒として観ている限り，見えるようになる端緒さえ見つからないのではなかろうか。
　生徒を人間として観るということは，教師の自己内での変化がそこに生じることであるが，その変化がさらに自己に向けてなされると，見えるようになる土台がつくられてくる。それは，自分を見ることから始まるのであるが，そうして自分が見えるようになると，いままで目に写らなかったものが見えるようになってくる。
　「子どもが見える教師」は，「自分が見える教師」にほかならない。自分が見えることがあって初めて，他の人間が見えるのである。この意味で，「自分が見える教師」が前提的に求められるであろう。これは，生徒を生徒としてだけではなく，人間として観ることができるなかで起こってくる，と言えるのである。

(2) カウンセリング的「観」の形成
　その相手をひとりの独立した人間として観る捉え方のひとつに，カウンセリングがある。カウンセリングは，個人の治療と結びつけて捉えられることが多

いが，決してそれのみではない。個人の成長と治療の両面にわたる援助的な働きがそのなかに含まれている。そして，個人をひとりの独立した人間と観るみかたを厳しいほどもっているところで成り立っている。この厳しさのないカウンセリングは，実はカウンセリングとは言えないのである。

　オールポート（Allport, Gordon W.）は，人間存在に関して，反応する存在（a reactive being），深層で反応する存在（a reactive being in depth），生成過程にある存在（a being in process of becoming）の三つに分けて捉え，個人の「生成過程にある存在」としての観かたを強調している（R.L. Mosher, R.F. Carle and C.D. Kehas ed. Guidance : An Examination 1995）。

　人間は，生体としての反応メカニズムを具有しながら，その内部から湧き出る生命力が発動し，その時その場で異なった動き（inner and outer movement——思考，感情，言語など）が惹起する。以前と同じ動きをくり返し，また，新しい動きをとりながら，その個人の内面を豊かにしていく。たとえ同じ刺戟を受けても同一の反応を示すことはないのである。

　この観かたでは，ひとりの個人の存在を肯定的に捉え，その内部から湧き出る力（inner power）を認め，その個人の現時点での経験や体験（experience）に深く関心を寄せている。これは，カウンセリングを支える基盤的な人間観を提示しており，カウンセリングをすすめるにあたっては，これへの厳しい捉え方が強く求められている，と言える。

　この観かたに沿う捉え方として，ロジャーズ（Rogers, Carl R.）のパーソナリティ理論があげられる（Client－Centered Therapy 1951）。有機体（人間）は，「自己を実現し，維持し，促進しようという基本的傾向（basic tendency）と強い動き（striving）」を誰しももっている，とかれ自身の臨床的体験からの英知として述べている。

　この「基本的傾向と強い動き」が人間に具有されていることへの示唆は，ここでは大きな参考になる。それは，われわれに人間への肯定的な把握をより強く導いているからである。人間には否定的な部分も確かに存在するであろう。それに目を向ければ，否定的な捉え方（「観」）がつくられてくる。しかし，この示唆は，人間を基本的に肯定できる，という「観」をわれわれに開示しているのである。言い換えれば，われわれは，個人の「実現傾向」への信頼（とい

う「観」)をもつことが誤りではないし，また，それを求めている，と言うことができよう。

マイノリティ軽視のなかには，このような「観」が不十分なのではなかろうか。マイノリティに所属するとみられる生徒であっても，かれらは，それぞれひとりの独立したひとりの人間である。そして，かれらも，間違いなく個人の「実現傾向」を備えている。しかし，このことへの信頼が薄い，あるいは，ほとんど無いところに「荒れ」を生んできているように思われる。

個人の「実現傾向」への信頼をもつことは，その相手に対し甘い対応をすることを意味するのではない。どのような対応となって表わされるかはその時その場で異なってくるが，それへの信頼には厳しさが含まれている。否，むしろ，個人の「実現傾向」への信頼という「観」をもつことについて厳しい姿勢が要求されるのである。

3. 生徒との「人間関係」の創造

(1)「人間関係」への志向

個人の「実現傾向」への信頼という「観」は，それを知的・概念的に理解しただけでは「観」としては成り立ち難い。体験的に実感としてその人の内部から生じてきたときに初めて「観」として形成される。この意味で，「感」の開放・啓発が「観」の形成につながるとことを指摘しておきたい（このことは，本稿では省略する。しかし，教師の「感」の開放・啓発は，ひとつの重要なテーマである）。

「実現傾向」への信頼は，生徒への援助的アプローチを導く。生徒の人間として備えている力（inner power），潜在的可能性（potentiality）を開花するために何が援助的であるか，という模索を教師がするように導くであろう。これは，教師の「観」の新たな形成に基づく当然の帰結である，とも言える。

しかし，学校では多くの場合，管理的アプローチによって対処している。殊に非受験のマイノリティに対しては，このアプローチによる傾向が強い。これは，生徒に対し管理的に対処することの方が容易であり，また，かれらに対する評価的な観かたがすでに安易にその背後につくられているからである。禁止，

罰，あるいは，軽視などには評価が含まれており，この評価の強いところからは，管理の色彩が前面に出されてくる。

　管理的アプローチが学校でまったく不必要であると言うのではない。このアプローチによって対処し，すすめていくことが必要な場合もあるし，組織的教育機関としての学校では欠かせないであろう。しかし，管理に依存し，それによって覆われてしまう姿は，異常であることを知る必要がある。生徒の「荒れ」は，このことと強く結びついている。

　援助的アプローチの具体的な一例は，「きく」ことである。「きく」ということには，「聞く」と「聴く」の二つの意味があるが，相手のことばや考えを受動的に「聞く」だけではなく，かれの考えや感情までを積極的・能動的に「聴く」（傾聴する）ことが，援助的になるのである。生徒というひとりの人間の内面に生起し動いているもの（思考や感情など）をそのまま「聴く」ことは，容易なことではない。

　しかし，「聴く」ことがなされるならば，その相手は，わかってもらえているという気持ちとともに自己の存在を認められているという認識が芽生え，内面の動きが肯定的に始動していくであろう。これは，管理的アプローチでは見られない別な動きである。

　この「聴く」がなされるのは，「実現傾向」への信頼という「観」と深くつながっている。この「観」の形成が，この「聴く」を生ましめている，と言ってよい。この「観」の不十分さのなかでの「きく」は，「聞く」であったり，「訊く」で終わることになるであろう。それは，援助的にはなり難い。

　援助的アプローチとしてさらに何が考えられるかは，この「観」を深めることによって，さらに探索して見出されてくるであろう。教師が管理的アプローチに依存するのみではなく，このような援助的アプローチをも採り容れて生徒に触れていくとき，そこには自然な流れとして生徒との関係にひとつの変化が生じてくる，と考えられる。

　それは，教師対生徒の関係を含みながらも，教師という人間と生徒という人間との相互交流的な関係への変容である。教師対生徒の関係は依然として残ってはいても，その関係のなかに一個の独立した存在としての人間（生徒）と人間（教師）との関係が芽生えてくる。これに対し，教師対生徒の関係は，「一

方的」である。管理的なアプローチは,これによって支えられているし,これを強化しようとする。

しかし,人間対人間の関係は,「一方的」ではあり得ない。「相互交流的」である。そこには,相互理解が含まれている。「聴く」がひとつの土台になっている,と言える。そして,このような独立した人間の相互交流的な関係が教師と生徒との間につくられていくとき,そこには,教師と生徒との「人間関係」が形成されてくる。

この「人間関係」は,教師が教師でありながら教師でなくなり,生徒が生徒でありながら生徒でなくなり,他のものに寄りかかるのではなく,自分自身を支えとして他との「つながり」をもつ関係である。他から与えられるのではなく,自己の内部から湧き出る感情とそれに導かれた考え(思考)などを支えにして他の人とつながっていく関係であるが,これは「出会い」の関係と呼ぶことができる。

この関係には,権力-支配-服従の関係や権威-尊敬-心服の関係に見られる「一方的」という要素はほとんどみられない。関係の性格が,これとは違うのである。

このような教師と生徒の「人間関係」では,一方が指導し,他方が指導されるというような構造の分化は見られない。両者は,相互に人間的に対等であり,その個人の内面の自然な動き(感情や考えなど)のままに表現し,それがふれあいとなっていく。

教師と生徒との関係がこのようなふれあいを中心につくられているところでは,生徒の「荒れ」は起こりようがないし,また,それまで見られた「荒れ」も減少するであろう。人間は,「関係」のなかで変容するから,この関係の存在するなかでは,かれらの内面の豊かな成長さえ期待できるのである。

(2) 「共感」的関係の創造

カウンセリング的「観」としての個人の「実現傾向」への信頼からは,さらに「共感」ということ(その重要性)が導き出される。「共感」(empathy)は,カウンセリングの極めて重要な条件である。

カウンセリングでは,自己一致(congruence),無条件の肯定的配慮

(unconditional positive regard) と並んで「共感」が基本的な条件と考えられている (Carl R.Rogers Necessary and Sufficient Conditions of Therapeutic Personality Change 1957)。これらは，カウンセリングをすすめていくときの人間観を含む実践的な態度的条件とみられるが，知識としてもつに留まるのでは不十分であって，カウンセラー自身がそうなる（成る）という態度としての条件である。

「共感」は，相手の内的世界をあたかも自分自身のものであるかのように感じとることを意味する。相手のなかで起こっている考えや感情などは，容易には理解し難いが，それをそのまま受けとっていくなかに「共感」が見出せる。それは，相手を客観的に距離をへだてて眺め，診断的に，かつ，評価的に捉えることとは対照的である。診断的・評価的な捉えかたのなかには，相手とのつながりは，ほとんど見られない。そこでは，相手が「自分をわかってくれている」という気持ちは起ってこないであろう。

自己の内部に生起している「いま・ここで」(here and now) の感情や考えなどが，そのまま相手に受け容れられ，感じられている，という体験のなかでは，満足感や開放感が味わえる。そこには，二人の間につながりが存在するからである。

「共感」は，技術的に操作してそれをおこなおうとしても「共感」にはならない。それは，技術やポーズではなく，その人の身についた基本的な構えであり姿勢である。この姿勢は，カウンセリング的「観」からの導きであるとも言える。そして，「共感」は，相手の内的世界に積極的に耳を傾ける（傾聴する）ことを通してなされる。

この「共感」が教師の態度として確実に備えられているときには，生徒との間に「共感」の関係がつくられる。「共感」は，生徒に求めることではない。教師自身のなかに自らが求めていくことなのである。教師の「共感」がベースになって，「共感」の関係が生まれてくるのである。

この関係のなかで，生徒は，「いま，ここで」何を考え，何を感じているか，それを伝えることができ，また，受け容れられるようになる。それは，生徒自身にとって，自己の存在の承認となる。自己の存在を他から認められるとともに，自己自身でその存在を認めるようにもなるのである。生徒自身による自己

の存在感の認織がそこで生まれてくる。

　「共感」的関係がつくられるなかでは，生徒は，自己を肯定的に生かす方向を見出すであろう。しかし，これには，それに要する時間が必要である。「共感」的関係をつくり出すにも時間がかかるし，自己の肯定的な生成にも時間がかかる。ゆっくりと時間をかけて，しかも，丹念にすすめる以外に道はない。破壊は，短時間でなされるが，修正や再構成には長い時間が必要とされるからである。

　生徒の「荒れ」は，自己の存在感をもてないところから生まれてくる，と言える。非受験のマイノリティには，この存在感がもてないでいるのではなかろうか。たとえもっていても希薄なのではなかろうか。

　自己の存在感は，人との関係のなかでこそ確かなものとなる。その関係が「共感」にもとづいているならば，より確実に自己のうちに培われていく。そのためには，教師は，「共感」的関係をつくることのできる個人（person）になることが求められる。

　また，生徒がその存在感を確かなものにできるためには，かれとの「共感」的関係をつくる教師の側に自己の存在感が自己のものとして培われていなければなし得ない。自分の側に存在感をもてない者が，他人にその存在感をもつことができるようにすることは，不可能である。この意味で，学校の荒廃状況の克服には，教師自身の存在感の内的確立が急務である，と言えよう。

第5章
甘やかされている子の心の問題

1.「甘やかし」と「甘える」

　本題との関連で,「甘やかし」と「甘える」について, まず触れておこう。
　この二つは, 自明のように, 相互に結びつく場合もあるが, まったく異なることである。「甘やかし」は, 親あるいはそれに類する者が子どもに対してなす行為（あるいは, 行動）であるのに対して,「甘える」は, 子ども自身の他者への行為である。すなわち, 前者は, 親の側のことがらであり, 後者は, 子どもの側のそれである。
　この両者には, このように明確な違いがあるが, われわれは, 案外この違いを区別して認識していない場合が多いのではなかろうか。この点をひとつ指摘しておきたい。
　「甘やかし」と「甘える」に関して, 学生（K大学S学部3年の授業履修者29名）に問うてみた。その問いは, ①「自分は甘やかされた, と思うか」, ②「自分は甘えることができた, と思うか」であるが, その回答は, ①20名, ②21名であった。また, ①および②ともに「そうだ」と回答したのは, 15名であった。
　この結果を一般化することはできないが, 29名のうち甘やかされもしたし, 甘えることもできた者が7割程度というひとつの事実に, 驚きと同時に不安を覚えた。
　すなわち, これらの学生は, これほどまでに甘やかされて育ってきたのか, それほどまで甘えることができなかったのか, という驚きであり, それらは, ともにかれらの生き方に不十分さをもたらしていくであろう, という不安であ

る。

　とくに,「甘えることができた」と思える者が約7割であった,ということには気を留めざるを得ない。この約7割は,逆に言えば,約3割の学生は自分自身の成育過程をふりかえったいま,「甘えることができなかった」と思っているのである。

　これをやや敷衍すれば,20歳に至る青年の約3分の1が甘えることができないでいた,というように捉えることができ,また,かれらは,いまに至るまで自分自身の内側に自分でも気づかないまま内面の「空洞」をつくっていた,とみられるのである。

　われわれは,自分自身のすべてを開いてその相手（とくに親）に自己の内面をそのまま投げ出すように放し,それがまるごと受け容れられるというとき,それが自分自身の内に満たされた感じをもたらすようになる。これができたとき,甘えられた（甘えることができた）という感じが体得できるのである。これは,「甘ったれられた」とか「甘やかされた」ということとは微妙な違いがある。

　この甘えられたという感じの体得がその成育過程で経験されなかったり,あるいは,少なかったりすると,その人自身の内側に満たされないことによる「空洞」がつくられてしまう。この「空洞」の存在は,本人自身にはほとんど気づかれない。それでも,その人自身は,成長する。しかし,その成長にはこの「空洞」がつきまとってしまう。この「空洞」は,年齢が低いほど埋めやすいが,成長するにしたがって埋め難くなるからである。

　「空洞」の存在は,その人自身のパーソナリティに歪みを生じさせる,とも推量されるので,いかにこの「空洞」に気づき,埋めるかが重要な課題となる。

2.「甘やかし」の背景

　既述のように,甘やかされたと思う者が約7割いるという事実は,親やそれに類する者の子どもに対する態度や接し方に「甘やかし」が多い,ということを示しているように思われる。

しばしば言われるように，少子化が親の子どもに対する過保護や過干渉を増幅させ，それが「甘やかし」に結びつくことも確かであろう。このことがこの約7割の数字にあらわれている，とも考えられる。

「甘やかし」は，親と子の関係のなかにみられる親の行為のひとつである。その関係の具体的な状態は，個々によって異なり，その展開の様相もさまざまであるが，「甘やかし」（という親の行為）は，親と子の関係が近すぎる場合に生じる。

親と子は，元来，密着の関係にある。親から見ると，その子は「自分の子」であり，そのように認識しているから，この両者が密着するような近い関係，抱きかかえるような関係になるのも致しかたないであろう。とくに，母親の場合には，自分が産んだ，という気持ちも絡んで，その密着度が強くなる傾向が多い，とみられる。

親と子が心理的に近い距離の状態にあることをわれわれは望みがちである。それを暗黙のうちに善しとしていることに由来しているのかもしれない。しかし，それは，一歩間違うと，近づき過ぎてしまう。親と子の心理的距離を測る客観的尺度は明白に見出し難いし，また，近づき過ぎているという自己認識を得ることも容易ではないので，気づかずに近づき過ぎになってしまう。

また逆に，近づき過ぎに気づかうあまり，親と子の心理的距離が大きくなってしまう場合もあるし，また，「自分の子」であるがゆえのアンビバレント（ambivalent　両極的）な感情によって離れ過ぎの関係をつくってしまう場合もあろう。

このような近づき過ぎや離れ過ぎた関係からは，親の側にそれ相応の行動が生じてくる（そして，その行動がまた相応の関係をつくるようになる，という循環があるとみられる）。近づき過ぎの関係では，一方的に，注意する，指示する，命令する，叱るあるいは怒るなどのように，その相手（子ども）に対して自分の考えや感情をそのまま強くあらわす行動が出やすくなる。それは，相手を振りまわす行動（支配的行動）となるであろう。

他方，この関係では，近すぎるがゆえに相手の意のままに放置し，いわゆる「猫可愛がり」や甘やかし，放任の行動も出やすくなる。親がその子を自分の「所有物」と思っているような場合には，これらの行動がよりいっそう顕著に

なる。

これに対して，親と子の心理的距離にへだたりのある関係では，親の側にこのような行動は起こらない，というわけではない。注意することも怒ることもあるであろう。しかし，その行動の色あいは，近すぎる関係のそれとはだいぶ異なってくる。例えば，注意するという行動があっても，それは，あたりさわりのないその場の処理程度であって，その相手の内面に浸透するような色濃さは，そこに多くは含まれないであろう。

また，この関係では，離れたところから眺めるような関知しない放置や拒否的な行動がとられるであろう。ここでは，親の甘やかし行動は，ほとんど見出し難い。

3.「甘やかされ」の問題

親やそれに類する者と子どもとの心理的距離が近く，そこに「甘やかし」の行動が加わると，それは，子どもに直接影響を及ぼし，子どもの側には「甘やかされ」が生じる。

この「甘やかされ」が継続して長くなされると，その子どもの内面にいくつかの特徴が見られるようになる。それらには，一般に解決されるよう求められること（短所）が多いが，そうでないこと（長所）も含まれている。

甘やかされることによって生じる問題のひとつに，他者への依存傾向がまずあげられよう。われわれは，もともと依存状態で誕生する。他者（とくに母親）の援助なしにはその生命さえ維持できないほど依存的である。しかし，成長するにしたがって，その依存状態は次第に減少するのが通例である。それは，依存状態で誕生するが，人間という生命体が生得的に具有する自立への芽（自立性）を内包しているからである。

自立性は，誰にでも備わっている。そして，人間が生命体として存在している（生きている）限り，それは開かれていくはずである。しかし，現実には必ずしもそうならない場合がある。それは，自立への芽をもちながら依存状態である子どもに対して，「甘やかされ」が後者（依存状態）を強化するよう働きかけてしまうからである。

すなわち、子どものもつ自立への芽に目を向け、それが開くよう働きかけるよりも、依存状態を残存させるようなかかわりを多くもつからであり、その結果として子どもは、依存傾向を示すようにならざるを得なくなる。「甘やかし」は、自立よりも依存に働きかける行為となるから、甘やかされた子どもが依存に傾いていくのは、否めない。

依存の弊害については、これまで多々指摘されているが、ここでは、二つをとりあげておきたい。そのひとつは、今日しばしば言われている「指示待ち」である。甘やかされ、依存的になると、自分自身の選択や判断による事態への対処ができ難くなる。何かにつけ親の顔色をうかがい、その判断や指示に従う、というようになる。

「いいお子さんですね」と言われる、いわゆる「いい子」とは、このような子どもを指すのであろう。これは、親など他者から見て「扱いいい（扱いやすい）子」であって、本来的ないい子ではない。

このような子どもは、親などの指示に従うばかりではなく、それを通して他者の期待に沿うことを身につけるようにもなる。指示にはある種の期待が含まれている、とみられるから、これは当然の帰結であろう。そして、その子どもは、多くの場合その期待に向けてさらに強いられ、その内面に身を超えた負担を背負うようにもなる。

この内面的負担は、外からは容易に察し難く、その子ども自身にしかわからない。いや、本人自身でも気づかないことが多い。そして、その負担が重なり、子どもの内面で耐えられなくなると、いわゆる問題行動となってあらわれるのである。その一例が、不登校や登校拒否である、と言えよう。

他のひとつは、ルールや習慣など社会的関係の体得欠如である。甘やかされ、依存的な状態が継続すると、自己自身の世界への安住傾向が強められ、自分以外の世界へ目が向き難くなる。

他者への依存は、たんにその人に頼るだけでなく、その人以外の他者やそれらの人とのかかわりを避けることに結びつく、と考えられる。これは、親密な恋人同士が他者との関係をないがしろにするのに似ている。

われわれ人間は、他者とのかかわりのなかで生きており、そのなかでよりいっそうの生きやすさを求めて、約束ごとや習慣・慣習、ルールなどをつくって

きているが，特定の人への依存が強いと，それらの約束ごとやルールなどへの関心やその意味の把握を生ましめ難くする。依存できる者のいる場（家庭など）では強がり，そうでない場（家庭以外）では弱虫になる，いわゆる「内弁慶」は，このようなことと無関係ではない。

「甘やかされ」がわがままを生む，と指摘されるのも，他者との関係を体得できないひとつの結果である，と言えよう。

また，「甘やかされ」は，既述のように，その子どもの自立を遅くするが，自立までの長い時間のなかで体得できることもある。例えば，依存のなかにあっても，子どもは恐る恐る一歩踏み出すことがある。そこには多くの試行錯誤が含まれるであろうが，この体験は貴重である。これは，その子どもの成長への肥にもなる，と考えられる。

4．甘やかされている子への援助

甘やかされている子どもが「自分は甘やかされている」と思ったり自覚することは，ほとんどない。いまの自分の内的状態を知ることができるようになるのは，青年期以上になってからである。たとえ，そう思ったとしても，それは，他者から言われ（あるいは，教えられ）てそのように思うことであって，自分自身の内的実感からではない。

このような甘やかされている子への接し方，あるいは，援助の基本的な考え方としては，まず，その子に求めようとしないことである。言い換えれば，甘やかされの結果生じたかれの不足部分を直そうとする気持ちにならないことである。それは，自覚のないものにそれを求めても，心理的負担を強いること以外の何ものにもならないからである。

求められるのは，その子どもに対してではなく，かれに接する側の親あるいはそれに類する者に対してである。そして，何を求めるかは，以下に示すことがあげられよう。

すなわち，親は，子どもとの間にはほどよい心理的距離を保ち，かれをひとりの人間と観て（捉えて）ともに歩もうとする姿勢をもつ，ということである。これをわかりやすく示すと，図のようになる。

これを要言すれば，「H型の人間関係」と呼ぶことができる。親であり子であることには違いないが，いずれもひとりの人間であることも事実である。この二人の人間が近づき過ぎもせず，また，離れ過ぎもせずに存在し，しかも，この二人の人間の間には内面からのつながりのある関係である。そして，この二人は，年齢や経験，考え方などの違いがありながらも，ともに歩んでいこうという姿勢のある関係である。それを示すのが図の矢印（↑）である。
　この「H型の人間関係」は，対人関係の理想のひとつかもしれない。したがって，この関係をつねにつくっておく，というのではなく，それに少しでも近づくことであり，それを求め続けることである。この関係に近づき，それを継続することが，甘やかしを減少させ，子どもの自立を促す，という結果を導く，と言えよう。
　くりかえしになるが，この関係をつくるのは，親あるいはそれに類する者であり，それは，決して子どもに求められることではない。この関係をつくり継続することは容易ではないが，親の側の自己修業によって可能である。
　冒頭で触れた学生たちの多くは，授業などを通して集団的ではあるが「H型の人間関係」を体験することにより，おくればせでありながらも，甘やかされた自己から少しずつ脱皮している様相がうかがえた。早い時期からこの関係のなかにいることが，甘やかされている子の援助になるのは確かであろう，と思われる。

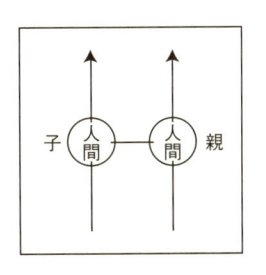

第6章
自己実現に関する一試論

1. はじめに

　教育が何のためになされるかを問われたとき，そこにはさまざまな答えが想起されてくる。この答えをめぐって，これまで数多くの教育論や教育理論，教育実践が展開されてきた。近年では，ブルーナー（Bruner, J. S.）の所論がこれに応えるすぐれた見解であるように思われる。かれは，1961年に「教育の過程」（The Process of Education）を著わし，何をいつどのように教えたらよいかを中心にしながら教育課程の再構成を探究したが，10年後，「教育の過程を再考する」（The Process of Education Reconsidered　1971）という論文を発表して[1]，"この10年間の後半，すなわち本書の諸論が書かれた時期（1960年代の後半—筆者註）になると，深い疑念が生まれはじめた。カリキュラムの改革だけで十分だろうか。それとも教育体制全体のもっと根本的な構造的再編が命令的に必要となっているのではないか。そうした疑念の根源は，それを深く遠くまでたぐると，現代の変貌する文化と技術の内部にまで入りこんでいくことは明らかなことである。"と述べ，さらに，教育の新しい今後の方向として，"学習をしたい欲求を起こす問題，いいかえれば，学習という営みをどこまでも続けたい，また，どうしてもやりたいような営みたらしめるにはいかにしたらよいか"ということ，および，"「学習仲間」（learning community）という結合を回復し再建すること……お互いに学び合い教え合う共同（cooperation）……，（学級の学習仲間の）相互扶助"ということの二つを提言している。

　ブルーナーのこの提言にみられるひとつの重要な意味は，教育ということのなかに含まれる「教える」という機能よりも，「学ぶ」という機能に力点を置

いていることである。教育ということが，しばしば「成熟者が未成熟者に対して」あるいは「教育者が被教育者に対して」教える働きであると考えられているが，ここには，このことに対する反省的思考が多分にうかがえる。子どもを含め，元来人間は，学習したい欲求を備えており，ともどもに学ぶ意欲をもっている。こうした欲求や意欲は，他から（外から）の働きかけが強すぎたり多すぎたりすると枯渇状態になり，他からの働きにしたがって従順に動く習慣に圧倒されてしまう。「教える」という働きには，ある種の方向づけと抑止，抑圧する力が内在する。この内在する力が子どものなかから「おのずから」湧き出る欲求や意欲にブレーキをかけ，かれらのなかに内在する「学ぶ」機能を円滑に活動させなくする。ブルーナーの論述には，かならずしも明確にこのような考えが示されているのではないが，それを示唆する含蓄がみられる。

　教育と呼ばれる活動のなかにおいてわれわれは，「教える」ということには多くの関心を払っているが，子どもが（あるいは，広くわれわれが）「学ぶ」ということにはあまり関心を寄せていないのではなかろうか。ここで言う「学ぶ」ということは，例えば，教師が教え子どもが学ぶというような図式での学習を指すのではない。教師が教え子どもが学ぶという場合の学習には，教師の与えた内容が子どもに記憶される，暗記されるという結果を生むにとどまることが多く，条件に順応して受動的に行動が変化するにすぎないのではなかろうか。そこには，子どもの主体的・自発的・積極的な動きはみられない。

　「学ぶ」ということは，むしろ，子どもの主体的・自発的・積極的な動きのなかにみられるのであって，子どものこのようなた動きがそのまま「学ぶ」ことにつながっていく，と言えるであろう。人間には，本来，この主体的・自発的・積極的な動きが備わっているとみられる。この点から，人間はもともと「学習者」である，と考えることができよう。しかし，現実には，そうした動きが阻止されたり禁止されたりすることが多く，阻止・禁止がくり返されるなかで一定の行動パターンが身につき習慣化されて，みずからを「学習者」と認める（perceive）ことすら放棄してきているように思われる。「学ぶ」ということに深く関心を寄せるという意味は，ひとつには，人間の主体的・自発的・積極的な動きによりいっそう注目し，そうした動きを阻害する条件を排除することを指す，と言えよう。

「学ぶ」ということは，また，「わかる」ということにつながらなければ学んだことにはならない，とみられるが，この「わかる」ということはどのような意味なのであろうか。教えた結果は，いつでも「わかる」ことにはならない。否，むしろ教えた結果かえってわからなくなることさえ起こるのである。それは，「教える」プロセスと「学ぶ」プロセスとの間に大きなずれが存在するからである。

「教える」プロセスを探究し，その段階理論を唱えたひとりにヘルバルト（Herbart, J. F.）がいる。かれは，認識の一般的段階として，明瞭，連合，系統，方法の四段階（これは後に，チラー（Ziller, T.）とライン（Rein, W.）により五段階とされた）を提示し，人間の「学ぶ」プロセスを合理的・論理的に把握し，それに沿って知識教材の習得を可能ならしめようとした。しかし「学ぶ」プロセスは，それほど合理的・論理的なのだろうか。また，知識教材を習得したことは，真に「わかる」ことにつながったのだろうか。人間は，すじ道をたてて考え論理的に思考し工夫して，ある結果を見出すことをするが，そうしたことが真にわかったことになっているのだろうか。

「教える」プロセスは，このような合理的・論理的な順序にしたがうことが多いが，「わかる」ということが起こるのは，そのような順序を追うことをしているうちにハッと気がついて出てくる場合が多い。それは，決して合理的，論理的，連続的ではない。むしろ，非合理的，情動的，飛躍的，突発的なのである。「学ぶ」プロセスは，このような要素を含む人間の内面的・心理的な動きをともなっていると言えよう。子どもが突然「わかった!」と声をあげるのは，このプロセスを暗示させる。「学ぶ」ということに深く関心を寄せるという第二の意味は，このようなことを指すのである。

教育と呼ばれる活動のなかで，このように「学ぶ」ということに関心を寄せるならば，それは，子どもの，あるいは，人間の潜在的に備えられている可能性（potentiality）に関与することになるであろう。すなわち，潜在的な可能性の現実化への志向である。このような考え方は，教育活動のすべての面にわたって浸透される必要がある，と思われるが，ここでは，以下とくに，いわゆる生活指導と呼ばれる教育活動との関連において論述してみたい。

2．人間の内面的・心理的な動き

　生活指導では，個人の潜在的な可能性の現実化，言い換えれば，個人の自己実現（self-realization）をとくに強く考慮している。これは，人間の成長・発達にかかわりをもつすべての活動領域においても考慮されていなければならないと思われるが，生活指導においてはとくにこれが強調され，ひとつの重要な目標とされている。この自己実現は，究極的には一人ひとりが個人的意味をもつところに帰せられ，その人間のもつ潜在的な可能性が開花されるまでなされる必要があろう。

　「学ぶ」ことに関心を寄せ，しかも，潜在的な「可能性」の開花や「自己」実現の具体化を志向するときに手がかりになるひとつのことは，個人のパーソナリティ（personality）の理解であろう。それは，一般化され，抽象化され，客観化されたパーソナリティの把握ではなく，人間一人ひとりの生きた内面的な動きに接近できる方向で考えられたパーソナリティの理解である。パーソナリティに関しては，オールポート（Allport, G. W.）やアイゼンク（Eysenck, H. J.），レヴィン（Lewin, K.），ユング（Jung, C. G.）など種々の理論が考えられるが，「自己」（self）をパーソナリティの中心に据えたロジャーズ（Rogers, C. R.）の理論が興味深い。

　ロジャーズは，これまで客観化・一般化を求めた科学的心理学では等閑視されていた「自己」に焦点をあわせ，豊富な臨床的経験と実証的研究の裏づけをもって「自己理論」（self-theory）と呼ばれるパーソナリティ理論を構築した。すなわち，パーソナリティは，環境，とくに他の人びととの相互関係によって，個人の全体的な認知の場から分化してあらわれた自己，すなわち，自分自身として認知し意識される自己構造を中心として，必ずしも認知されるとは限らない感覚的内臓的体験をも含みつつ，認識する場に反応するが，同時に自己を維持し実現しようとする基本的傾向と強い動きをもつ，と捉えられる。かれは，固定的な構造としてのパーソナリティではなく，統合と発展を目指しつつ，たえず機能する過程としてのパーソナリティの概念を想定し，臨床的な場において起こる個人の変容（change）を説明する概念に用いたのである。"自己は，われわれの意識のなかで，またパーソナリティのなかで，さらに有機体のなか

で，決定的な役割を演ずる。自己意識は，われわれの個人的実在ならびに同一性に関する唯一の確実な基準である"[2]と言われるように，個人のパーソナリティ理解にとって極めて重要である。ロジャーズの「自己理論」は，九つの命題をもって説明されているが[3]，それを要約して示すとつぎのようになる。

① 人間の行動は，知覚され，経験されたままの場に対する反応である。この知覚の場（perceptual field）は，その個人にとっては「現実」（reality）である。

② 有機体は，この現象的な場（phenomenal field）に対して，有機体全体として反応する。

③ 有機体は，自己を実現し，維持し，促進しようという基本的傾向をもっている。

④ 行動は，目標を追求する努力であり，情動（emotion）は，行動に付随しそれを促進する。

⑤ 行動を理解するもっとも有効な方法は，その個人の内部的準拠枠（internal frame of reference）―自己概念（self-conception），自己構造（self-structure）―にしたがって理解することである。

⑥ 自己概念は，環境との相互作用―経験およびそれにともなう価値評価―の結果として形成されるが，この際，自己概念と一致した経験がその個人の行動様式に採り容れられやすい。

⑦ 心理的不適応（psychological maladjustment）は，自己概念と一致しない行動を経験するときに起こり，心理的適応は，それらが比較的一致しているときに起こる。

⑧ 自己概念と一致しない経験は，脅威として知覚され，その脅威に対して自己を維持するために防衛行動が起こり，自己概念は頑固な殻をつくる。

⑨ 脅威がまったく知覚されない条件のもとでは，自己概念は，自己と一致しない経験をも同化し，自己概念は修正される。

ここで示されているように，人間は，自分自身およびその可能性を自己の知覚（自己概念）によって開くこともするし，閉じることもする，とみられる。われわれは，感覚的内臓的な働きを含む自己概念から環境との相互作用のなかで自分自身を眺め，また，他人や外界の事象を見つめている。その際，自己概

念と一致しないことを経験するとき緊張が高まり，そのときもっている自己概念をより強固に守ろうとする。あるいは，緊張が高まっても脅威を感じなければ，その時の自己概念は修正されてその経験は採り入れられる。そして，後者の場合，自分自身に対する信頼のようなものが生じてくる。逆に，前者の場合には，自信を喪失することに結びつく。「可能性」の開花や「自己」実現のひとつの鍵は，自己概念と経験する自己の間にずれ（不一致）を感じないか，あるいは，感じていても自己にとって脅威を知覚されない状況になっているか，ということであるように思われる。

　ロジャーズは，このような「自己理論」を治療関係において発展させ，治療を通してのパーソナリティの成長という面からより明確にした。それは，「プロセス・スケール」（process scale）と呼ばれるクライエントの変化の過程を測定する尺度のなかに見られるが[4]，さらに，パーソナリティの変化の全体的な過程についてつぎのように述べている[5]。"クライエントがセラピストをリアル（real）であり，あるいは純粋（genuine）であると見，共感的であると見，自分に対して無条件の配慮をいだいていると見ることができればできるほど，クライエントは，それだけ，静止的な，無感情な，固定的な，非人間的な機能のしかた（static, unfeeling, fixed impersonal type of functioning）から遠ざかり，それだけかれは，分化された人間的感情（differentiated personal feelings）を弾力的に，変化に富み，受容的に体験していく（a fluid, changing, acceptant experiencing）という特色をもつような機能のしかたに向かって動いていくことができる"。かれは，治療関係においてパーソナリティの変化を把握しようとしたため，このような叙述となって示されているが，かれの以後の研究成果からみるならば，それは，クライエントの治療に限られるのではなく，人間の成長や個人のパーソナリティの変化の方向として理解することができる。

　ロジャーズは，さらに，人間の内面の動きやクライエントのパーソナリティの変化をより広く捉え，ひとつの人間観あるいは哲学を考察するまでに至っているが，そうしたなかで人間の心理的成長の過程をつぎのように述べている。[6] すなわち，まず第一に，パーソナリティの変化の方向としてつぎのような動きから遠ざかる。

①見せかけ，仮面から（away from facade）　自分でない自分（a self that he is not）から，躊躇しながらこわごわと遠ざかっていく。それは，ありのままの自分をさらけ出すようになることが脅威に感じるからであり，自分が見透されるのを恐れるからである。

②「……すべき」から（away from "oughts"）　われわれは，幼い時から両親や教師など他の人から「……しなければいけない」などと言われつづけてきている。そのような圧力は，対人関係において強く働いてきているから，その結果は，自分のやりたいこと，自分の真の気持ちをおおい隠して，自分が生きているというよりも，他人に生かされているという状況をつくってしまう。そうした多くの「……すべき」から解放されることには不安も感じるが，その解放のなかに真に「自分自身になっていく」ことを感じとるのである。

③期待に沿うことから（away from meeting expectations）　文化的環境は，われわれにそこでの期待を押しつけてくる。社会生活のなかでその成員を社会化（socialization）しようという働きかけは，ひとつの強い圧力となって個人のうえにのしかかってくる。ホワイト（Whyte, W.H.）は「組織のなかの人間」に対して期待される諸特質を身につけるように巨大な圧力が働いていることを指摘しているが，そうした期待は，自己を失う方向にわれわれを向かわしめている。この圧力に，また，その期待をとり入れた自分自身に立ちむかうことは抵抗が多い。

④他人を喜ばせることから（away from pleasing others）　親を喜ばすために，相手を喜ばすためにとる行動には，真の自分自身がそこに存在するというよりも自己のなかでそのように操作していることが多い。他人を喜ばそうとすることによって形成された自己にはどこかに空洞がある。このような自己に気づくことは困難であるようであるが，こうした操作や空洞がなくなるとき，自分自身に充実感が漂ってくる。

第二に，人間の心理的成長のなかには，パーソナリティの変化として，つぎのような方向があり，それらに向かって進んでいく。

①自己指示に向かう（toward self-direction）　自分で自分の方向を決めるということには，自由のなかに責任をともなう。それは，怖いことでもあろ

う。しかし，自分自身で選択し決定することのなかに自己が見出される。そうしたなかで，初めはこわごわと用心深く決めていたことが，次第に自信を得ていき，自分自身のありのまま，等身大の自己にしたがうことができるようになる。

②過程的であることに向かう（toward being process）　人間は，つねにプロセスのなかにある。流れのなかにあって変化し続けており，しかし，完全な状態にはなり得ない。あれかこれか，善か悪かということも簡単には決め難い。人間は，つねに生成の過程のなかにあり，流動性，変化に生きるということにより開放的になって進んでいく，と考えられる。そして，このようなことを受容するという方向に向かっていく。

③複雑であることに向かう（toward being complexity）　人間の内面の動きは，絶えず変動すると同時に複雑である。つねに矛盾し葛藤する。それらを簡単にしようとしたり止めようとせず，そのような動きであること自体が自分自身であると受け容れる，という方向に向かう。そこに，かえって豊かな自分自身が見出される。

④経験に対して開かれるようになる（toward openess to experience）　自分自身の経験に対して開かれ，それに親しみ，自分自身の経験と密接な関係をもって生きていくということは，容易なことではない。初めのうちは自分自身の新しい面に触れるとそれを拒否し，内面的な体験を隠したり，それから逃れたり，ごまかしたりする。しかし，受容的な雰囲気のなかでそれらを経験するにつれて，それらに対して開放的（open）になり，自分自身の体験をそのまま受け容れ，それを大事にしていく，という方向に向かうようになる。

⑤他人を受容するようになる（toward acceptance of others）　人間は，自分自身の経験を受け容れることができるようになるにしたがって，他人の経験をも受れ容れるようになっていく。自分自身の経験も他の人びとの経験も，それが何であれ，あるがままにその両者とも価値があると捉え，承認していくのである。"人は水がつめたいからといって水に文句を言わないし，岩が硬いからといって岩に文句をつけない。……子どもがぱっちりと開いた無批判な，無垢な目で世界を見るとき，かれは，世界のあるがま

まを見ているだけで，あれこれ論じたり，そうでないように要求したりはしない。それと同じように，自己実現的な人間は，自分自身のなかにも，他人のなかにも，ただ人間の本性を見るのみである"[7]。

⑥自己を信頼するようになる（toward trust of self）　自分自身のなかで進行している流動的・複雑な過程を信頼し，自分の内面の動きを感じとり，自分のなかに見出した価値によって生き，独自の方法で自分自身を表現する，という方向に向かう。エル・グレコ（El Greco）は，若年のころ"立派な芸術家はこんな描き方をしない"と考えていたが，後には，"立派な芸術家は，こんな描き方をしないけれども，私はこういう描き方をする"と言っている。

　人間の内面的・心理的な動きは複雑多岐であって，それを理解することは容易ではない。しかも，その動きを生きた姿のまま捉えようとすることは，極めて困難である。ロジャーズのパーソナリティ理論やパーソナリティ変化の探究は，以上の素描でも知られるように，この困難さに立ち向かい，人間一人ひとりの生きた心理的な動きを理解する重要な手がかりを示しているように思われる。そして，このような心理的な動きの理解のなかから，人間の可能性の現実化，自己実現を促進する手がかりをも見出すことができる，と思われる。その手がかりのうち重要なことは，「自己概念」に関する点である。人間は，元来，"自己を実現し維持し促進しようという基本的な傾向をもっている"とみられるのであるが，現実の生活のなかでその基本的傾向は，そのまま何らの抵抗や障害もなく活かされるとは限らない。それは，自己概念と一致した経験として受けとめる機会があまり見出せないでいるからである。しかし，このような機会は，実は，孤独でいるなかでは見出され難く，相互的な働きをもつ対人関係のなかに見出される，と考えられる。より具体的には10人程度ですすめられるグループ体験のなかでの対人関係において，この機会はいっそう明白になる，と言える。

3．グループ経験による人間の成長

　自己概念と一致した経験が得られ，それを通して個人の自己実現をねらうこ

とを考えているグループには，Tグループ（training group），STグループ（sensitivity training group），Lグループ（learning group），カウンセリング・グループ（counseling group），課題達成グループ（task oriented group），ゲシュタルト・グループ（gestalt group）など多くのグループが今日みられるが，これまで触れてきた観点からもっとも興味深いのは，基本的出会いグループ（basic encounter group）あるいは，出会いグループ（encounter group）であろう。これは，ロジャーズ理論のひとつの発展とみられるが[8]，このグループは，"場面構成をほとんどおこなわずに，個人的表現，感情の探究，相互のコミュニケーションのための最大限に自由な雰囲気を準備する。このグループの焦点は，グループ・メンバー間の相互作用におかれるのであって，その自由な雰囲気のなかで一人ひとりのもっている防衛や仮面を脱ぎ捨てるように勇気づけ，グループ内の他のメンバーと直接的で開放的な関係――基本的な出会い（basic encouter）――を可能にするようにする。このようにすることにより，一人ひとりが通常の社会的関係や職場の関係のなかで達成されるよりも，はるかに深く自分自身と他の人間を知るようになる。すなわち，開放的雰囲気，思いきった冒険，素直さなどが，信頼感を湧かせ，それがその人の自己認識を深め，自己欺瞞の態度を改め，もっと革新的で建設的な行動を実際に試み，それを採り容れることを可能にする"[9]とみられている。

　このようなグループ経験がなされるためには，それを可能にするいくつかの条件が必要とされるが，出会いグループではつぎの三つがその条件としてとりあげられる。すなわち，(1) 集中的におこなうための期間あるいは日程，(2) できるかぎり見知らぬ者で構成されるようなグルーピング（grouping），(3) メンバーが基本的な出会いの関係をもつことができるように配慮する2名のファシリテーター（facilitater）である。グループの期間は，2泊3日が最低と思われるが，できる限り長い期間であることが望ましい。しかし，現実には5泊6日程度の日程が限界であるように思われる。ここでのグルーピングは，ファシリテーターを含め10～12名が一般的である。そして，グループの各メンバーは互いに初めて顔を合わせ，しかも，グループ外での実際の生活においても相互に日常的には知り合っていないこと（stranger group）の方がグループ経験として豊かになるように思われる。ファシリテーターは，グループ・メンバ

ーとともにおり，メンバーの否定的な感情が自由に表出できるような受容的態度をもっていることが必要であり，また，メンバーが伝えようとする意味を的確に理解できるような積極的あるいは絶対的（absolute）傾聴の態度と共感的な態度が必要とされる。さらに，ファシリテーターは，自分のもっている問題をグループのなかで表明することをいとわず，そのときどきに起こる感情をありのままに表明でき，自分の感情にしたがって動くことができるような純粋な態度が求められる。このグループでは，グループ内のいまここにあるもの，すなわち，そこでのメンバーの心の動き・態度・表情・それらの交錯などが「グループ経験そのもの」，あるいは，「材料」のすべてになるのであって，他に学習する材料のごときものは存在しない，と言える。

　このグループ・プロセス[10]は，(1) 何についてどのようなすすめ方をするのか決められていない（場面構成がない）ので模索することから始められる。(2) 次第に何かやらねば，というメンバーの個人的な表明が躊躇と抵抗を感じながらなされる。しかし，この間，他のメンバーへの気がね，誰も話さないことへの不満，自分が話し出しても誰も応えてくれないことへの苛立たしさなどを含んだ沈黙がつづく。(3) こうした抵抗や不満の吐露とともに，自分の否定的な感情が表出される。否定的な感情がグループのなかでまったく受け容れられるという安心感はなくても，その感情が出せるという気持ちになってくる。(4) 否定的な感情の表出は，グループ内の他のメンバーにより抵抗や反発などを受け，また，フィード・バックされて自己にも向けられる。ここで，対決（confrontation）が生じ始める。(5) 対決に関連して，グループ・メンバーからそれぞれの考えや感じ方が表明され，それに対する援助を受けるとともに，自分の考えや感じ方が明白となり，また，それが自分だけがそうであったと思っていたのが他のメンバーのなかにも同じようにあったことが知られてくる。そして，基本的な出会いに近づいていく。(6) ひきつづく基本的出会いのなかでメンバーは，固い閉ざされた自己から柔軟な開かれた自己へ，他人とかかわりのない自己から他人との関係に入っていく自己へ，冷やかで信頼のない関係から暖かい相互信頼の関係へ，否定的な自己認識から積極的・肯定的な自己認識へ，とおのずと変わっていく。

　このプロセスのなかで重要なことは，「対決」であろうと思われる。この対

決は，グループの他のメンバーとの心理的な「ぶつかりあい」などの様相を呈してなされることが多いが，このなかで個人は，それまでに自分のなかにつくられていた「自己概念」に固執しようとし，また，固執しながら他のメンバーとぶつかりあう。このとき，「自己概念」は，ひとつの新しい事態に遭遇し，情動を含む混乱を生む。この混乱には，不安，心配，恥かしさ，恐れ，プライドの損傷などの否定的な感情をともない，一面では自分のもつ「自己概念」をより固くしようとするが，他面，「対決」ができるというグループ内の受容的で安全な風土，共感的な雰囲気のなかでそのような否定的な感情がさらに表出される。

　これは，実は自己との「対決」である，とも考えられる。この感情の表出によって，他のメンバーは，自分のなかにもそれと同じような感情が存在することに気づくとともに，その感情の存在を当事する者に伝えていく。こうして，このような否定的な感情の存在は，自分だけではないことが知られ，これまでの「自己概念」は固さをゆるめ，修正の方向に向かっていく。このような動きのなかで，自分自身のなかにどのような否定的な感情が強く働いているかということにも気づき，その否定的感情が自分自身を縛っていたことにもより明白に知覚するようになって，自己をありのままに認め，そこから脅威を怖れない生き生きとした自分自身になっていくことを実感していく。

　基本的な出会いのグループを経験したあとで，ある一人のメンバーはつぎのように述べているが，このことは，グループ経験を通してみられた「自己概念」の変化，個人の心理的成長であるように思われる。"……自分の行動・心の動きなど，自分自身で変化したのだと気づく前に友だちから言われてそれから気づいた感じです。自分自身，以前よりも許容的な態度で接することができており，この点では新しい発展と思っている"。

　ここには自己実現のひとつの姿をみることができよう。そして，このようなグループ経験を実際にすすめるなかから生活指導の方法理論が探究され得ると思われる。

〈引用文献および註〉
1) ブルーナー "「教育の過程」を再考する" The Process of Education Reconsidered　現

代教育科学　明治図書　1974年1月　pp.75-80.
2) Allport, G.W.　Pattern and Growth in Personality　Holt, Rinehart and Winston　1961 p.110
3) Rogers, C.R.　Client-Centered Therapy　Houghton Mifflin　1951　pp.481-533
4) Rogers, C.R. & Rablen, R.A.　"A Scale of Process in Psychotherapy"　Psychiatric Institute Bulletin（Unpublished Mannal）　University of Wisconsin　1958
5) Rogers, C.R.　"The Process Equation of Psychotherapy"　American Journal of Psychotherapy 15　1961　pp.27-45.
6) Rogers, C.R.　On Becoming A Person　Houghton Mifflin　1961　pp.163-182.
7) Maslow, A. H.　Motivation and Personality　Harper and Brothers　1954　p.207
8) 増田 實　「ロージァズ理論の発展とエンカウンター・グループ」　東京家政大学研究紀要第13集　1973　pp.173-183
9) Rogers, C.R.　"A Plan for Self-Directed Change in An Educational System"　Educational Leadership 8　1967　pp.717-731.
10) ロジャーズは，このグループ・プロセスには15の局面（phases）がある，と述べている（前掲，増田論文参照）。

―付記―

　本章は，第2章（第2部）と重複する記述が多いが，より深い理解を得るよう考慮して敢えて採択し，この部に含めた。同章と併読することを願っている。

第3部　援助論考

第1章 自己再構成へのトレーニング

　その人の「あり方」は，その人自身の内面的枠組みの表われと考えることができますので，その「あり方」を改めていくということ―自己の再構成―は，その人自身の内面的枠組みを変えていくことに他なりません。内面的枠組みは，内的照合枠（internal frame of reference）と言い換えることができますが，これは，ひとりの人間が感じ，考え，行動するときのその人自身の始動スイッチそのものであり，また，それらを照合（チェック）する基準です。

　われわれは，この内面的枠組み，あるいは，内的照合枠にしたがって自分自身を表わしている，と言えます。それが，その人の「あり方」をつくっている，と考えられます。

　その人の内面的枠組みは，さらに，その人自身の「感」や「観」に負うところが多い，とみることができますので，この「感」の回復・開放や「観」の修正・形成がその自身の内面的枠組み，その「あり方」を改めることに結びついていきます。

1．自己再構成への道

　自分自身を再構成していくのは，言葉で言うほど容易なことではないようです。しかし，時間をかけてじっくり取り組むことによって，少しずつ自分自身を改めていくことができます。カウンセリングを学ぶということは，それができるように自分自身を再構成していくことに他なりません。カウンセリングとは何かを知るのみに留まらず，それができるように成ること（自己の再構成）が求められるのです。

この自己再構成は、広く人間関係の改善にまでつながる意味をもっているので、人と人とのかかわりをその中心にする教育の場においては、教師や親の側によりいっそう求められる、と言えます。

(1) まず自分を見つめる

　自己の再構成をしていくには、自分自身を見つめることから始めていく必要があります。われわれは、成人に至るにしたがって、見る自分（主体としての自己）と見られる自分（客体としての自己）に分化されるようになるので、自分自身を見ることができるようになります。

　例えば、劣等感をもつようになるのも、この二つの自分に分化されるところから生じてくる、と言えます。自分自身のなかに肯定的な部分もあり、同時に、否定的な部分もあると認識するようにもなります。幼児には、未だこの分化が起こってこないので、自分自身をそのまま表現できるのでしょう。天真爛漫さがそこに表わされるのです。

　しかし、年齢を重ねるにしたがって、この天真爛漫な姿は次第に弱められていき、逆に、自分自身のなかの醜さなどを見るようになっていきます。われわれは、一般に自己のなかの肯定的な部分よりも、醜さなどの否定的な部分の方が目に写り気にさわることが多いので、自分自身を見るようになると、劣等感などを生ましめ、同時に、自分自身を見させないようにもしてしまうのです。自分自身を見ることは、自分の嫌な面を見ることになる、というようにさえ思ってしまう場合もあるように思われます。

　したがって、自分自身を見るということは、その人にとって決して楽なことではなく、たいへん辛い作業になる、とも言えます。確かに、自分自身に向かうというのは、容易なことではないと思われます。しかし、これなくしては、自己の再構成への端緒は見出し難いのです。

　自分自身の否定的な部分をみるのは、誰でも避けたいと思うであろうし、嫌な気持ちになると考えられるが、その否定的な部分に向かい合い、それを確実に知り認識することがなければ、それを克服する方途さえ見つけだせない、と言えるでしょう。否定的な部分の存在を漠然と見ているのではなく、それを正面に据えて確かな捉え方をするだけで、その否定的な部分がその人にとってま

ったくの否定ではなくなるのです。これは，その人の内面的枠組みの広がりをもたらしますので，自分自身を見つめ始めることは，それ自体が自己の再構成へのスタートになっている，と言えます。

(2) 体験学習を重ねる

　自分自身を見つめることは，しかし，首から上の作業だけではなかなか成し得ないし，自分ひとりでおこなうのはかなり困難である，と言えます。それは，例えば性格テストによって捉えるように自分自身を切り離して客観的，分析的に見るに留まるのみでは不十分であって，自分自身を見ることが自分の「感」（感情や感覚など）に触れ，「感」に結びついたところから捉えていく，というようになって初めて成り得るのであり，このような捉え方は，他の人たちのなかへ自分自身のすべてをそのまま投じ，他の人の目に写る自分の姿を率直に投げ返されて初めて可能になるからです。比喩的に言えば，鏡に写された自分をそのまま鏡から投げ返される（鏡のなかの自分の姿を自分で見るだけではない）ことが必要になるのです。これは，自分ひとりだけの作業では困難です。

　ものごとを学ぶ方法を大きく分けると，概念学習と体験学習の二つになりますが，前者は，知的学習と言い換えることができるように，われわれの首から上が主に働いてなされる学び方になります。知識を得る場合には，このやり方が多くとられています。しかし，これによってなされた学習は，単なる知識がそうであるように，自分のなかに沁み込み生きた力とはなり難い傾向があります。「知識は仮りもの」と言われる所以です。そして，この学習は，自分ひとりだけでも可能ですし，本を通して学ぶ場合と同様，おおむね，ものごとに直接触れない間接学習になります。

　したがって，概念学習では，自分自身を見つめ，自己の再構成に向かうことはほとんど期待し得ない，と思われます。

　後者の体験学習は，概念学習と対極をなす局面をもっている，と言えます。すなわち，首から上ばかりでなく，その下をも含む「からだ」全体の働きによってなされること，直接学習となり知識が体得され生きた力となること，学習する自分とそれ以外のもの（他人や事物，あるいは，見られる客体としての自分など）とのかかわりのなかですすめられること，したがって，自己の再構成

に結びつく傾向を強くもつようになること，などが含まれています。
　このような体験学習の方法は，後述するように，カウンセリングに関する分野では近年比較的多く開発され実施されてきております。体験的な学習も概念学習と同様，1回のみの経験では自己の再構成に結びつくとは考えられません。回を重ねることによって，自分自身と向かい合う濃度が次第に強められ，そこから自然に自己の再構成がなされていくのです。
　自分自身の体験を反芻し味わいながら，時間をかけてじっくりすすめていくことが肝要です。このようにすすめることが，自己の内面的枠組みを自分自身の力で自然に広め深めていくことに結びつくのです。

(3) 自分を生かす

　他の人への援助が真の援助になるのは，援助するその人自身が「自分を生かす」ことをしているときである，と考えられます。そして，自己の再構成は，実は，自分を生かすことに他ならないのです。
　体験学習を重ねることは，自分を生かす貴重な機会になります。それは，自分のもつ芽や力を開いていくことに結びつきますので，親や教師など，他者援助にかかわる者は，このような機会を積極的に見出し，自分から参加するようにして欲しい，と思います。
　それぞれの人には，主体性，独自性，創造性，社会性などが生得的に備わっている，と考えられます。人間として生命をもっている限り，これらは，その人の芽・潜在的な力として誰にでももち合わされているのです。したがって，自分を生かすということの基本的な意味は，これらの芽や力を開いていくことにある，と言えます。
　主体性，独自性，創造性，社会性などがその芽を開いて，主体的，独自的，創造的，社会的になっていくということは，「自分を生かす」ことの結果として現われた姿である，と考えられます。よく言われるアイデンティティの確立とは，この姿が表わされているなかに見出されるのではないでしょうか。その人がその人自身として統合的に生きている姿である，とも言えるでしょう。
　自分のもつ独自性がまったく開いて，完全に独自的になることは望み得ないにしても，少しでも多く独自的になっていくと，例えば，自分は自分，他人は

他人としての区別が明確になされ，それぞれの存在の意味を把握し，自分自身を尊重し，他人を尊重するという考え方・認識がもてるようになる，と考えられます。独自的になるということは，自分勝手になるということとはまったく異なります。独自的になればなるほど相互連帯的，すなわち，他の人とつながりがもてるようになるのです。

　和気あいあいの人間関係は真の人間関係ではない，と言われるように，和気あいあいのなかには，自分を殺して他人に合わせている傾向が強く，そこでの連帯やつながりは，形の上でなされているにすぎない。それは，「つき合い」でしかないのです。偽りかもしれないのです。このような関係は，それぞれが独自的になっていないなかでなされているのです。

　他人を尊重するということは，「他人を尊重する自分」を尊重できるときに成り立つ，と言えます。自分自身の尊重なしに他人の尊重はあり得ないのです。このような自分自身の尊重は，独自的になっていって初めてできることなのです。自分勝手というのは，実は，独自的になっていないひとつの表われである，と言えるのです。

　以上，独自性―独自的に関して触れてきましたが，主体性―主体的，創造性―創造的，社会性―社会的のそれぞれについても類似的に理解することができます。

　自分のもつ芽・潜在的な力が開かれ，自分を活かすことは，それとのかかわりのなかで他の人をも活かすようになります。それは，児童・生徒などの成長への援助につながります。自己の再構成は，実は，自分自身にとって意味をもつだけでなく，その人と接する他の人にとっても意味をもっているのです。

2．自己再構成のトレーニング方法

　すでに触れてきたように，自己の再構成をすすめるには，自分自身をその場に投じて体験的に学習することがより効果的である，と考えられます。知的な概念学習が自己再構成にとってまったく必要でないとは言えないが，自分自身の内面的枠組みの拡大・深化という変化をもたらす学習としては，体験学習の方がより適切であり，その意義・役割は大きい，と言えます。

そこで，つぎに自己再構成へのトレーニングとしての意味をもついくつかの方法をとりあげておきます。

(1) エンカウンター・グループ (encounter group)

　出会いグループとも呼ばれ，カウンセラー・トレーニングのひとつとして考えられているが，それだけでなく，個人の自己成長への体験的機会として広く認められてきています。とくにカウンセリングを学ぶにあたっては不可欠な体験学習のひとつである，とみられています。

　人と人とのかかわりにおいては，相手の感情・心の動きや行動の意味などを「感」に基づいて受けとる力（感受性）が極めて重要な役割をもっています。したがって，感受性を培い豊かにして，対人関係での気づきを高めていくことが，カウンセリング的なかかわりをもつ人（例えば，親や教師など）には求められます。エンカウンター・グループには，この感受性や気づきを研くことが，そのなかに含まれています。

　このグループは，集中的グループ経験（intensive group experience）とも呼ばれていますが，この呼び名のように，原則として参加者全員が宿泊して集中的に体験学習をすすめていくところにひとつの特色があります。通常は，3泊4日程度の日程で実施されることが多いが，5泊6日のように長期の場合の方が体験の意味はより深められます。

　さらに，エンカウンター・グループへの参加経験の意味は，自分から未知の場所へひとりで参加すること，事前の知的学習（例えば，関連する本を読むなど）をとくにしないこと，の方がより深くなると言えます。

　このグループは，10人から15人の参加者とファシリテーター（促進者）とで構成された小人数グループで実施します。そして，この構成メンバーは，相互に未知であり，職業，年齢，性別などできる限り多様性をもっている方が効果的です。この構成メンバーは，原則として最初につくられたまま最終日まで継続されます。

　期間中，この小人数グループにはテーマや課題は一切事前に準備されずに，同じ部屋に集まって2～3時間ずつ過ごすことになりますが，このようにすすめていくと，参加者は，次第にその内面を開いていき，一人ひとりが対等の人

間として率直に話し合うようになり，次第に「いま・ここで」自然に起こってくるさまざまな感情や内面の動きに触れ，それを感じとるようになっていきます。この一連の他者とのかかわりの過程を体験するなかで，気づきが得られ，それとともに，新しい（あるいは，いままで気づかなかった）自分と出会うことになります。

　エンカウンター・グループでは，他者との出会いを通して新しい自分と出会うことが体験できる，と言えます。それは，例えば，自分自身のなかには人を信じる気持ちがないと思い，そのような自分であると考えていたが，自分のなかにも人を信じる心があったのだ，という気づきです。

　エンカウンター・グループの創始者であるカール・ロジャーズは，このグループに関してつぎのように述べています。"このグループでは，それぞれの参加者が自分自身の生き方の建築家として，次第に自主的・創造的になっていけるような風土を用意することに努力が払われているのです。一人ひとりのもつ潜在力を生かしていくことにすべて焦点を合わせているので，パーソン・センタード・アプローチ（person-centered approach，人間中心の方法）という道を歩むようになってきています。"

　このグループの基本的な考え方は，「来談者中心的カウンセリング」のそれと変わりがないので，ファシリテーターのグループ・プロセスでの介入は，操作的ではなくおこなわれます。ファシリテーターは，グループのなかで，ひとりのメンバーであって，リーダーやトレーナーとして存在することはありません。

　この非操作性（non-manipulativeness）とファシリテーターのメンバー性（membership）がこのグループを他の体験学習（グループ経験）と異なった基本的出会いグループ（basic encounter group）に導いている，と言えます。構成的エンカウンター・グループ（structured encounter group）と呼ばれる体験学習も近年多くなされ始めているが，この二点で大きな違いがありますし，ファシリテーターの非操作性とメンバー性がエンカウンター・グループの特質を生んでいる，と言えるのです。

　このようなエンカウンター・グループがそれに参加した一人ひとりにとってどのような意味をもつか，すなわち，その体験の意味を把握するには多面的な

検討が必要になるが，参加者の生の声にはその一端が表わされている，と考えられます。そこで，それらを次に示しておきます。ここからもエンカウンター・グループへの理解がなされるでしょう。

その1（参加後約1か月のアンケートから，原文のまま）

　このエンカウンター・グループから帰って，私は，自分が少し変わったように思います。どこが，どういう風に変わったのかと問われると，答えることができませんが，自分が新鮮になり，また，私をとりまく人々が一寸違うように見えて（思えて），「あら」,「おや」と思うことが度々あります。そして，人と人とのつながりのむずかしさを感じることも多くありますが，そのむずかしさも，なんとなく前より嫌なものではなく，何か違うように考えるようになりました。　自分を殺すことがまわりの人々にとって平和をもたらす，余り感情を出すと自分にとっても私をとりまく人々にとってもマイナスになるのではないか，とうい考え方が私の中にあります。でも，ときにはぶつかることが必要なのだ，そうすることによって他のものを得ることもあるのだ，ということを知りました。そして，今まで自分と同類でないとパスしてきた人々に目を向けている自分が，好きになりました。

　ほんの少し変わった自分を大切にしたい，と思っています。そうして，そうなるきっかけを与えてくれたグループの人々に感謝しています。(N.Y.)

その2（参加レポートから，原文の抜粋）

　……本当に個性豊かな人が多いなぁ，と感じていたが，まだまだ私が見聞きし接してきたものは，ほんの一部に過ぎなかった。私の中で，世界が広がっていくような，そんな感じのしたエンカウンター・グループ第1日目のセッションであった。

　……みんな自分のことを真剣に考えているし大切にしている。私自身それ程にも真剣に自分のことを考えたり悩んできたりしていただろうか。そう考えると悲しくなった。

　考えていなかったというよりも，考えようとせず，考えることを避けてきたのかもしれない。結局は，今の本当の自分自身の姿を振り返ることを恐れていたのかもしれない，という気がした。

　エンカウンター・グループ後，未だ自分というものがわからないが，ともかく今ある自分の姿を見つめていこうと思っている。

　……「一期一会」，そんな言葉が頭に浮かび，考えさせられた。今は，心から人との出会いというか，その人との関係，接し方を大切にしていこうと思える。この人に，一生に一度しか出会えない，と思えばこそ，そんな気持ちになれる。

　……4日前の私とこのグループに参加しての私，どこかきっと変化しているのでは，と思う。自分の本当の姿を垣間見たような気もする。なにか，もっと無理せずに素直に生きていこうと感じた。

　……今，現在の自分を見つめ，大切にしていこうと強く感じた。

……なんと貴重な体験ができたことだろう。そのことに対して，大きな満足感と喜びがある。本当の自分の姿を改めてゆっくり見つめることのできた良いチャンスであった。

……私の中で起こった小さな錯乱。しかし，そのことが，私自身の前進のステップになったような気がする。

……私を受けとめてくれたみんなへの感謝の気持ちは，決して忘れることはあるまい。言葉にはならない何かを得ることのできた初めてのエンカウンター・グループであった。(M.O.)

その3（出会の広場 No.4 より，原文の抜粋）

エンカウンター・グループに参加した後，自分の中で何かが動き始め，確実に変化していくのを感じる。ひとつの感動—それは，人間のもつ本来の力とでもいうべきものを感じとれたことである。そして，その力を自分の中に回復させたいという気持ちが心にひろがりつつある。

人間というこの生命体の奥につらなる「何か」が確実に存在すること，それを心で感じとること，そこから深い理解が始まるのではないだろうか。人間の真に正しい有り様とは，いくら知識や経験を積んでも，それを人が頭で支配するかぎり到達できないのではないか。そして，それは人間の持つ本来の力とでもいうべきものを回復することによって，やっと人間の正しい有り様への道をたどり始めるのだと思う。

エンカウンター・グループに出て，もろもろの心残りとともに，こういう「感情」が自分の中に生まれてきた。エンカウンター・グループは，そのきっかけのひとつになったわけだが，たぶん他の人と心を触れ合わせようとすることによって，心の深みをゆさぶられ，こういった不思議な力を感じさせてくれたのだと思う。……(E.N.)

これらの声からエンカウンター・グループに参加することによってもたらされる個人的な意味を要約すれば，その人自身に「自己の開放」がなされる，ということが指摘できます。ここには，それまであまり気づいていなかった「自己の力」（personal power）への気づきとその力を信頼できるという気づきが含まれています。このような自己の再構成は，理屈を超えた自然な体験のなかから生まれてくる，と言うことができます。

(2) 「聴く」ことのロール・プレイ（"listening" role-play）

これは，「聴く」ことに関して体験的に学習するひとつの方法であり，「カウンセリング・ロール・プレイ」と呼び替えてもいいように思います。ふつう言われている「ロール・プレイ」（役割演技）や「サイコ・ドラマ」（心理劇）と

は違ったロール・プレイです。

　10名程度の参加者がグループをつくってすすめると，その体験的深まりがよりいっそう得られますが，参加者は，それぞれ「聴き手」，「語り手」，「観察者」の役割を交互にもってすすめていきます。このロール・プレイの中心は聴き手になりますが，話し手や観察者も聴き手の体験に関与し，そこからともに学ぶようになります。

　聴くことの重要性は，対人関係においてはもちろんですが，カウンセリングをすすめていくなかではよりいっそう強く認めておかなければなりません。それだけに自分自身の聴く姿（聴き方，聴く態度など）に目を向け，それを改めていくこと（自己の再構成）が求められます。聴くことは共感の土台であり，聴くことが深くなされていくと，それが共感になっていきます。

　このロール・プレイでは，聴き手と語り手が15分程度の時間を設定して面談していきます。聴き手は，自分が聴き手であると心に留め，また，話し手は，話し手であることを自覚してすすめていきますが，何を話すかはとくに事前に決めず，その場にいて話し手から出てくる中身がそれになります。これを聴き手は聴いていくのです。

　この面談内容は録音され，面談終了後，聴き手が逐語化して，その逐語記録をグループ全員に配付します。そして，逐語記録を見ながら録音された面談状況を全員で聞き返します。このようなフィード・バック後，グループ全員で聴き手の聴く姿を検討していきます。

　ロール・プレイ後のこの検討をすることによって聴く姿が浮き彫りにされ，聴き手は，それに直面することを通して自分自身の聴き方ばかりでなく，自己の「あり方」まで問い返すようになります。それだけに厳しい場面に遭遇することもありますが，このロール・プレイから体験的に得る部分は非常に多いようです。

　「聴く」ことのロール・プレイは，その目指す点では積極的傾聴法（active listening）と違わないが，具体的な方法・すすめ方は異なっています。面談内容を逐語化する点にひとつの違いがありますが，この逐語記録作成が聴き手の学習にとって大きな意味をもちます。そして，このロール・プレイはくり返し体験していくことが肝要である，と言うことができます。同じ相手と週1回5回継続して実施すると，カウンセリングの体験にもなる，と思われます。

ロール・プレイの一事例

「聴く」ことのロール・プレイを何度か経験していくと，その成果が明白に逐語記録にあらわれてきます。次に，そのひとつの事例をとりあげておきましょう。（聴き手：M，語し手：O，観察者：Ob）

M1：それじゃ，あの，15分ほど．時間ありますので……
O1：お忙しいのに，すいませんけども，ちょっと，聞いていただきたいと思いまして（はい）あのぉ，私ね，7月の夏休み前にね，（ええ）非常に自分自身，カウンセラーとして（ええ）自信なくしたんですよね。（はあ）自信なくしたっていうよりもぉ，あの，子どもの，その，変化する姿を見て，（ええ）非常に，あ，安易に考えてはいけないなぁって，すごく思ったんですよ。（はあ）あのぉ，実は，子どもが，まあ，生徒ですけどもぉ
M2：ええ，生徒さんですね。
O2：ええ，中学校3年生の（ええ）女子なんですけども（ええ）あの……自分がその3才までは，（ええ）あの，父親，母親，両親といっしょに生活していたんですけどもぉ（うん）まあそんときに，父親が，お酒を飲むと暴れて，（うん）お酒を飲まないときは，あの，落ち着いてねぇ，（うん）あの，……いい父親らしかったんですけどもぉ（うん）その後，あの単身赴任で，別居して，（ええ）それが続いてて，まあ，中学校1年生の時，一度，その，両親が，やっぱ，あまり単身赴任はまずいからって，その赴任先へ行ったんですけど，（ええ）やはり，お酒を飲んで暴れて（ええ）ていうことで，結局，2年生（ええ），去年ですけど，離婚したんです。
M3：ああ，離婚……
O3：離婚したんです。その子どもが……
M4：去年ですか？
O4：去年，離婚したんです。（ああ）ほんで，そして，母親は，あの，まあ，生活上，ホテルのそのコンパニオン，（ええ）で働き出して（ええ）自分が，だから兄と2人で（うん）ずーっとこう生活をして，（うん）で，1週間か10日に一度ぐらい，お母さんがぁ（うん）まぁ，泊り，泊りって，夜帰ってきて，（うん）また朝行くっていうふうな状態が続いてたら，その女の子が，まあ，耐えれなくなったんでしょうね，心が。（ええ）だから，あの，ノイローゼみたいに，幻覚を訴えてきまして，
M5：ああ，幻覚をね。（はい）
O5：自分の3才の姿の女の子が（ええ）目の前に来て（ああ）その昔居た家へ帰

ろうと引っぱって（ああ，ああ，ああ）ま，そういうふうな事例を抱え込んでしまいましてねぇ。（ええ）ま，その状態ぐらいでしたら，（ええ）私は，まあ，いままでね（ええ）すぐに幻覚ぐらい（ええ）までいった子もおりましたし，（ええ）よかったんですけども，（うん）まぁ，そんな状態で，あの，これはなんとかせないかんなぁと思って，幻覚状態まできてるから，専門医にかからないかんなと（ええ）思いましたんやけども，（ええ）お母さんがコンパニオンしてて，（うん）保険，国民保険に入ってないんです。（ああ）だから医療にかかれない（ああ）いうことで，まあ，医療にかかるまで，なんとかこの子が，もっちょっと正常な状態にならんかなと思って，かかわってきたんですよね。（ああ）そしたら，だんだんそれがひどくなってきて，（ええ）……「お母さん，そんなコンパニオンしてないで，ま，この子は，愛情のね，（ええ）お母さんのかかわりを求めてるんだから（うん）小さい時に育った（うん）過去に求めてるということは，（ええ）その，お母さんたちの愛情をもういっぺん味わいたいということですから（ああ）あの，どうぞ仕事よりも，お金よりも，こっちの方が大事ですから，帰って来てください」ということでぇ，いたんですけど，まあ，親の前では，そんな姿が無かったもんで，（ええ），あの，簡単に考えてたんですよね。そのうちに，あの，やっぱり保健室へ来て，（うん）なんかほっとするんかして，ほかの場面では言わなかったですけども，絶えず，その，過去の姿を思い出すようになってきて（はあ），前，M 先生のときに「あんまり過去の事を引っぱり出してはならない」って，合宿のとき（はあ）に言われて（ええ）ました……ね。ですから，ああ，……私はあんまり引っぱりたくないけども（ええ），「この子は引っぱり出してきたわ」（ああ），と思てたら，過去の事をこう考えると，地震みたいに，窓ガラスが揺れるとか，

M6：あ，過去のことを考えると，（うーん）

O6：3才の時の

M7：3才の時のことを

O7：考えると，揺れる，とか言って，（ええ）非常に，まあ，そういうふうな不安な状態を示してきたんですよ。（ええ）そのときにね，保健室の教育相談活動（ええ）カウンセラー，ものすごう，悩みましてねぇ。

M8：O さんが悩まれたんですね。

O8：はい，私自身が。もう，その子は，そういうふうに変わっていくし，（ええ）「医療にはかかりたくない」って言うし，（ああ）「どうしたらいいんやろう」と思ってね（ええ）で，まあ，あの総合教育センターの，ね，T 先生って（ええ）

よく知ってますもんで，(はい)無理に頼んで，(ああ)「あした診てください」って(はあ)あの，電話かけて，親ももう，そのホテルへ電語かけて，「なんとしてもいま，ここへ来て，子ども(はあ)を迎えに来てください」まあ，その話を(ええ)まあ，その異常な状態の姿を見てもらったわけですよ。(うん)で，まあ，T先生とこへ，総合センターへ連れてったんですけども，(ええ)その時に，あの，最後に，「あの，この子，過去の，その前の家へいっぺん行ってみたいって言うけど，いいですか」って，訊いてみたんですよねえ，その子が訴えますもんで，

M9：前の家へ，(ええ)ええ

O9：ね，いまは，あの団地に住んでますので，(え，ええ)3才のそのときに住んで，(あ，3才の時のね。)いた家へ，あの帰りたい(ええ)，「いいですか？」，て訊いてみたら，(うん)「いいですよ」って言ったんですね。(ああ)で，私は，そのときは聞いてた，その保健室で聞いてた時点では，(うん)過去の，そのいまの姿を(うん)見ても，この子はまた心理的葛藤で，異常な状態にならへんかなって，すごく不安抱いてたんですよ。だから，本当は，その，過去の姿は，現実の姿，家へ連れてったって，その子には，なんにもならないから(ええ)もう，嫌やな，と思って，抑えとったんですけど，(ああ)「また行こうね」「また行こうね」っていう(ええ)調子で言うてたんですけども，立ち直ってから行こうと思ってたんです。(立ち直ってからね。)けれど，あの「いいでしょ，あなたがいるから」って，T先生が，もう，私がいるからいいっていうふうに，言ったもんで，(ええ)まあ，じゃ，そのときにお母さんも(ええ)居てくださったもんで，

M10：あ，お母さんもいっしょにね。

O10：ええ，連れて行ったんですよね。(ええ)まだ，行きかけたら，(ああ)精神的におかしくなって，

M11：行きかけたらですか？

O11：はい，(ああ)車の途中で，

M12：車の途中で，

O12：ええ，(ああ)そしたら，もう，別人みたいに(ええ)こう，軽い催眠状態みたいになったんですよね。

M13：ああ，催眠状態……

O13：ええ，反応に応じなくなったんです。

M14：あ，反応に応じない……

O14：その子自身，ほっぺたをたたいても。(ああ，たたいても。)「お母さん，これはね，もう止めましょう。これは心理的な，またアクシデントをおこすといか

んから帰りましょう」（ああ）って言ったんですよね。「そうかな，そうしようかな」って言ったら，その子が，「あたし行きたい」（うん）聞かないんですよ（ええ）で，怖かったんですけども，（ああ）ま，そのお母さんも言いなさるし，（ええ）行ったんですよ。（ああ）そしたら，最初は，その過去の家へ行ったとたんに，ものすごう嬉しい顔をしたんですけども，（ああ）あの，そのあと，人が変わったみたいに，（ええ）もう，本当に，催眠状態みたいに，（ああ）私たちの引き止める手をふり切って，（ええ）家のまわりをぐるっと歩いて，（ええ）ま，海…かつて遊んだ海岸へ行って，（ああ）涙をながして，茫然と立ちすくんでいたんですよね，（ああ）もう，ノイローゼの，その，悪化した状態みたいに（ああ）感じたんですよね。

M15：ノイローゼの悪化状態……

O15：もう，私たちの反応を全然うけつけなくて，

M16：あ，まわりの反応を受けつけなくて（うーん，はい）はあ

O16：「わあ，しまった，こんなんだったら，連れてこなかったらよかったあ」（ええ）と思って，ものすごく後悔してねぇ，（ああ）もう，自分自身が情けなくなって，ま，無理に乗せて，（ええ）家へ着いたんだけど，今度は，自分，その車から降りない。

M17：その子の家へ着いて，

O17：うん，着いて，私の運転の車（ああ）だったんですけど，「降りない」と言うんですよ，（はあ）まあ，無理に降ろしたんですけども，（ええ）夢遊病者みたいな形で，（はあ）部屋にもどって，（ええ）寝さしたんですけど（はあ），そのときにねぇ，（ええ）もう，「人と人とのかかわりというのが（ええ）こんなに心を変えていくんだったら，（ええ）もう，私カウンセラーっていう，そういうふうな甘い考えを捨てよう」と思って，すごく，悩んだん……

M18：ああ，人と人との関係が，そんなふうに（うん）人間を変えていくんなら（ええ）カウンセラーとして，甘い考えを捨てなければならないと，思われたわけですねぇ。

O18：怖かったです。

M19：怖かったですか。（うん）

O19：うーん，ほんとに。私のひと言が，そういうふうに変えてしまったんかなと思ったり，

M20：あ，Oさんのひと言が，変えたかもしれないと……

〈沈黙7秒〉

O20：まあ，半分は，あの，催眠状態なんて時間がたてば落ち着くんだからって，半分，心に言いきかせて，（ええ）あの子は，催眠状態にはいってるんかしら，それとも，もっとひどくノイローゼのすごう落ち込んだ状態になってるんかしらって，2日間ぐらい，もう，眠れなかったですけどね。（あ，眠れなかった。）あの子が，ちょうど金曜日でして，（ええ）土曜日は，休んだんです。（ええ）で，親に訊いたら，そういう状態に時々なるって言うんですよね。
M21：あ，そういう状態に，
O21：うん，その日は，（ええ）電話でね。（ええ）日曜日が，ものすごう苦しかったんです。
M22：日曜日がね。（うん）
O22：その子自身が，どうなってるだろうって，ゆってね。（ああ）で，その子自身と，また電話でかかわるのが怖かったし，（ああー）会うのも怖かったんですよ，そこの家へ行きたいけども。
M23：会うのも怖かった……（うん）
O23：まだ異常な状態になってないかと……（ええ）半分は，もう，いまの学校も止めなきゃならんかなぁっていうぐらいまで，悩んだんですけどねぇ。
M24：あ，Oさんがいまの学校止めなきゃいけないぐらい，それを悩まれた……
O24：責任，感じたん（責任感じて）ですね。悪くなってしまったんじゃなかろうかって。（ああ）……〈沈黙6秒〉……あと，出てくれましたし，んで，センターの先生を通じて（ええ）あの，Aの，Aの園長さんと，その，園長さんに，その子は診ていただく機会があったもんで（ええ）いまの状態は，（ええ）徐々に落ち着いて，（ああ）もういいんです。（ああ，そうですか。）よくなってきたんです。（ええ）だけど，そのときにね（ええ）あのー，……〈沈黙5秒〉……その，「カウンセラーのひと言っていうのが，（うん）すごく，適切であっただろうか」っていう，その，自分自身が，こう，悔いたわけですね，自分自身のひと言が。
M25：あ，Oさんのカウンセラーとしてのひと言が（うん）適切であったかどうか，（うん）悔いてみえたわけですね。（うん）
　　〈「時間です」（Ob）の声，約30秒の中断〉
M26：少し中断しましたけども，どうぞ，続けて下さい。
O25：それですもんで，（ええ）あの，たとえ保健室でもね，（ええ）曖昧な気持ちで，（ええ）軽く聞いてはダメだなぁ……
M27：軽く聞いててはダメだと，思ってみえるんですねぇ。
O26：苦しかったです。

> M28：苦しかったですか。
> 〈沈黙15秒〉
> O27：どうしても，私たち，あの，養護教諭ですから（ええ），母親的な考えでね（ああ）子どもは求めてくる，生徒は求めてきますわ。（ええ，ええ）だけど，その母親を間違えると，大変なことになるんだな（あああー）いうことをこう，考えました。だから，そこまでさらけ出したその子自身も（ええ）あの，私に対して，すべてをさらけ出してくれたわけでですよね。（ええ）だから，あのお，安らぎを求める意味で来たんだとは思うんだけど，それなら，それに応えるような（うん）対応の仕方を，本当にこれからも考えていかなければ…と。
> M29：あ，さらけ出してきた，それに応えてくだけの対応をこちらもしなければ，いけないと……
> O28：いまもまた，そういうふうに（ええ）強く感じます。
> M30：あ，いまも。いま，こう話をしていてですか？
> O29：はい。
> M31：あ，そうですか。
> O30：本当にどうもありがとうございました。
> M32：いえいえ。〈笑い〉中途半端ですけども。

この事例のOの言葉（発言）にとくに注目して欲しいのですが，このようなロール・プレイができるようになると，実際の面接もカウンセリングらしく展開できるようになる，と言えます。

(3) その他の体験的方法

自己の再構成に結びつくと考えられる体験的な方法として，以上のほか，Tグループ（トレーニング・グループ），感受性訓練（センシティビティ・トレーニング，STと略記される），交流分析（transactional analysis, 略してTA）などがあります。

Tグループも感受性訓練も，人間関係の学習やその技法の訓練としてグループをつくっておこなわれていますので，エンカウンター・グループと類似した方法であると考えられますが，これらは，トレーニングとしての意味あいが強

い点でエンカウンター・グループとやや異なっています。

　エンカウンター・グループではファシリテーターがグループの一員として参加していますが，Tグループや感受性訓練では，参加者とは別にトレーナーが置かれています。参加者とともに歩む，というよりは，参加者をトレーニングするという意味で加わっており，その名のとおりトレーナーなのです。

　自己の再構成を目指すという点においては相異はないが，その方法やすすめていく基本的な観点では，前二者とエンカウンター・グループには明白な違いがある，と言えます。この違いはイソップ物語の「北風と太陽」にたとえて言い表すことができます。旅人のマントを脱がすことのできるのは誰か。北風は，強烈に吹くことによってそれを脱がすことができるかもしれません。太陽は，暖かさを増すことによって自然に脱ぐようにするでしょう（物語の結果とは違いますが）。「脱がす」と「脱ぐ」との違いに示されている，と言えます。

　Tグループや感受性訓練では，社会的感受性や行動の柔軟性などトレーニングの目標を定めてすすめていくことがひとつの特徴になっている，と言えます。したがって，その実施過程では，目標に応じた操作技法をとり入れておこなわれることになります。

　交流分析は，自分の性格上の問題点を自己分析によって気づき，他者との関係を自分でコントロールできるように学習していく体験的な方法のひとつです。実際には，構造分析，交流パターン分析，ゲーム分析，脚本分析の順序ですすめられますが，これらの分析プロセスを経験するなかから，自分自身のどこをどのように修正することができるかについて，その動機が促されていきます。そして，この学習が自分の実生活のプログラムをつくっていくのに役立てることができるようになります。

　これらの方法には，その体験を面接場面など臨床的に，また，対人関係のなかで比較的容易に活用できる，という利点も含まれているので，近年，カウンセリングなどの体験学習として広く関心がもたれています。

第2章

「感」を啓き「観」を創る
―― エンカウンター・グループ体験からの自己の変革

1. はじめに

　人と人との出会いのなかからは，さまざまな可能性が生まれてきます。その出会いが深い部分でなされると，その可能性の開花は，より多く，しかも，より確かになるように思われます。エンカウンター・グループには，このことが含まれています。

　カール・ロジャーズは，このような集中的グループ経験が推し広められる範囲（あるいは分野）として，産業界，官界などの組織や管理・運営の改善，人種問題や国際緊張の緩和・解消，家庭や家族・世代間の断絶へのかけ橋，教育に関する諸問題への対応などをあげていますが[1]，これらは，エンカウンター・グループのもつ可能性の具体的なあらわれである，と言えます。

　このように，人と人との出会いに始まるエンカウンター・グループには，さまざまな可能性が含まれています。これらの可能性は，このグループへ自ら身を投じて参加し，体験するところから生まれてくるのですが，個人のエンカウンター・グループ体験からは，その個人の自己変革が生じてくる，ということにとくに目が向けられます。

　エンカウンター・グループには，年齢，職業，地位，性別，考え方や感じ方など多様な個人が参加し，日常生活ではほとんどあり得ないほどの長時間同一グループ内でともに過ごすことになるので，相互の対立や葛藤など否定的な心理的状況を自然に（あるいは当然）生むようになります。参加者一人ひとりに

は，共通部分をもちながらも，必ずと言っていいほど種々の面でそれぞれの「違い」があり，その違いがグループ進行のなかで否定的な感情を起こさせるようにもなります。

このような否定的な心理的状況をどのように受けとめるか，また，その状況がどのように変化していくか，などのなかに身を置くことによって，否応なく自己自身と対面するようになります。これは，暖かい受容的なグループ風土のあるなかでこそ起こり，また，脅威を感じる度合いが少ないほど，その対面を容易にし，さらに，その対面を通して自分自身を変えていくよう導かれていく，と考えられます。

このことは，エンカウンター・グループのもつ可能性の直接的なあらわれである，と言うことができます。エンカウンター・グループ経験がその参加個人の自己変革をもたらす，ということが，すべての参加者に1回の体験で起こるとは限らないが，このグループ体験には，その可能性が多分に含まれている，とみられます。

ロジャーズが「集中的グループ経験は，恐らくは人間関係分野における20世紀後半の最大の発明であろう」と述べているのは，このような多くの可能性を考えてのことでもある，と言えるでしょう。

2．エンカウンター・グループ体験の一事例

エンカウンター・グループ参加体験がその個人にとってどのような意味をもたらしたか，について明確に把握することは，容易ではないようです。しかし，この体験が参加個人に肯定的，否定的な両面を含めて何らかの影響や効果を及ぼしていることは確かである，と言えます。この影響や効果に関して，これまで種々の角度から検討が加えられているが[2]，ここでは，このグループ参加後に記された体験記録（感想・そのままの声）をもとに，参加体験の意味を捉えてみたいと思います。

そこで，つぎに，エンカウンター・グループ参加者の参加後の感想をそのまま（しかし，中略あり）とりあげることから始めましょう。

私にとって今回の清里が，全く初めてのエンカウンター・グループへの参加でした。少し本で読んではいたものの，この5泊6日の合宿に何があるのか，どんな人が集まるのか，何が起こるのか，自分はそこで何をするのか，自分が何を得ようとしているのか，そのようなことも具体的なイメージは湧かず，ただ不安と緊張感と，それに加えて，まあなるようになるだろうという気持ちも参加前にあったように記憶しています。
　受付のあとの最初の全体会の進行は，ただひたすら状況を見守るだけでした。どう流れても自分は大丈夫という感じもありました。〈中略〉
　スモール・グループにおける最初のセッションは，「ここでは何をするのだろうか」という疑問に尽きました。〈中略〉「自己紹介でもするのですか?」という私の問いにも，してもいいし，別に進行は決まっていない，という答え。〈中略〉自己紹介の名乗りが二人程の人からあげられる。私自身は，自己紹介をしなかった。〈中略〉それが私自身をよく表わすとは到底思われなかったから。
　そして沈黙。居心地の悪い沈黙。知らない人たちの中にいる，という極度の緊張感。普段の生活でなら間をもたせるだけの会話をして，それがとぎれれば挨拶をして別れてそれぞれの方向に歩み去るであろう。しかし，ここでは歩み去ることはできない。間をもたせるとしても，6日間，12回のセッション全部を，そんな表面上の話で過ごすことは不可能と思えた。とにかくここでは，ひたすら12名が集まって沈黙がある。私のじたばたは，今は何をすればいいんだろうか。私の果たせる役割が何かあるんだろうか。あるとすれば，それは何だろうか。周りのこうして黙っている人たちは，どういう人々で何を考えているんだろうか，という焦りからだった。
　誰かが会話のボールを投げる。誰かが受けとめて，また投げようとする。でも，相手のことについては，そこにいる姿とその時に発した言葉とでしかわかっていないために，受けとめそこねて相手の機嫌を損ねてしまう時もある。表面上は「別に何でもありませんよ」と言いながら，心の奥の損ねた機嫌は，人に見せずにしまいこんでしまう。本音とたてまえ。それが使い分けられるのが大人，とされている社会がそこに顔をのぞかせている。
　私はそこにいながら，自分の出番と役割を黙って探して探しあぐねていろいろ考えて，でもそれではダメだ，などと思ってじたばたしているうちに冷や汗が出て，緊張の余り気分が悪くなっていったのを覚えています。
　やがてなんとか2時間が経過し，第1回のセッションが終了して廊下に出ると，グループのメンバーの一人が，自分も初めての参加で居心地が悪かったけれど，何かしゃべりたければしゃべるし，しゃべりたくなければしゃべらない，という気持ちでいようと思っている，と話しかけてくれました。その言葉ですっかりふっ切れて，じたばたしていた自分と，じたばたの原因—「何かをしなければならない」という私の中に無意識に入りこんでいた指令—に気づきました。
　「〜したい」ではなくて，「〜しなければ」という気持ちで生きてきたそれまでの自分から抜け出そうと，少し前からし始めていたのに。〈中略〉次のセッシ

ョンからは，なるようになると自分をその場に預けて，状況にまかせて，くつろいだ姿勢をしたり目を閉じたりもできるようになって，おちついて参加していました。〈中略〉

セッションでは，次第に「お客様」からも「よそいき」の自分からも脱け出し，自分がどんなふうにしても気にする人もないし，もし気になればなったと言ってくれるんだな，とわかって安心してその中に没入していったように思います。〈中略〉ここにいる一人の人間が，こういう姿で，表情で，こう考えて，こう言って，そして，このように悲しんだり笑ったり，怒ったり喜んだりするんだ，という純粋な次元から出発して，後からその人の通ってきた道や普段の生活などの外側がついていく，という人の見方ができるようなセッションは新鮮で，私自身はとてもハッピーでした。

ですから，そこでその時，〈中略〉共にそこにいるその人として考え，その人の話す言葉の奥にある心をおもんばかり，それに対する自分の反応を十分に見，その上，その場にいる人々全員に思いを馳せてから，言いたいことがあれば言い，そうでなければ黙って，また次の人が言うことに耳を傾ける，という初めての試みの繰り返しでセッションを過ごしていこうとしていました。それによって，現在話されることばの奥の心を聴く，という体験をしましたし，しかも，それにはその人の自分史とでもいうものがわかれば，なおさら深みが増すことも実感しました。

多分，普段の生活では，人の話をよく聞いているつもりでも，実際にはその場のその人の話を聞き，気持ちを聴くよりも，自分が何と返答しようか，という方にだけ気持ちが流れていたので，焦りにも似た状態での会話が多かった，と思うのです。そんな上すべりする会話の響きの浅さ。それに，心の奥まで思考を深め入れてから口に出す言葉の深い響き。からだの芯から出て来る言葉は，聞く側にそれを受けとめる心があれば，こちらのからだの芯へ響き共鳴する。それは，声の大きさとは別ものだ，ということにも気づきました。

それから，沈黙のさまざまな種類も，実感として体験したことでした。グループの初めで，うまく心が伝わらない気まずさの沈黙から，次の展開への間としての沈黙，その場で話された言葉を熟考するため，また，その言葉の背景やその場の人々の心を考える時間としての沈黙，さらに，ある人の言った言葉にぐっと感じ入って余韻を味わうための沈黙，そして，最後のセッションでは，それまでのことに思いを馳せ，残り少ない貴重な時間を噛みしめる沈黙で，これにはグループの人々との共有感が強くあったように思います。

沈黙がその人を強く語ることもあることを体験し，沈黙が持つ意味の多様さと深さに畏れさえ感じてしまいます。

人が心を表現する時には，言葉，声の大きさ，間，明るさ，語調の強弱等だけでなく，姿勢や視線や表情，緊張度，真剣さ，そして，沈黙，それらのすべてが語りかけているのだ，ということを感じたことは，聞くことへの新たな発見でした。〈中略〉ひたすら相手の心に耳を傾けることによって，自分の思い入れを沈

めてゆっくりと聞き，そして，心が見えてくる，という聞き方があると知ったことは，とても尊いことと思えるのです。
　〈中略〉私にとってこの合宿（引用者注—エンカウンター・グループ）は何だったのか〈中略〉，その意味は，①私自身との出会い。自分の言葉をしっかりと全部受けとめ消化して，聞いてくれる人々を信頼し，話したい時に話したいことを話し，それによって自分自身の等身大の姿に近いものを知ったこと。そして，②人との出会い方との出会い。よそよそしく礼儀正しくするのでも，妙に親しくなろうと近づきすぎるのでもなく，ただ自分が自分のままでいて，相手が相手のままでいて，それでいて人として純粋に心が出会うことができる，という事実との体験的出会い。そして，③そのようなあり方で実際にグループの人たちと出会った，と思うのです。
　〈中略〉今思うと，一人の人間としての自分をかなり見ることができた気がします。私は，あの数日間で自分の中にあるものをすべて出して生きようとしていたようです。そして，自分にあるものは出せばいい，無理に抑えて苦しまなくてもいいし，逆に，ないものを無理に出そうとしなくてもいい，ということを，人々と出会いながら経験的に知った場だったのかも知れない，と思います。そして，青い鳥を探し回って虚しい時を費やすのではなくて，自分の中に与えられているものを信じて，大切にして，活かして生きたい，と今思っています。〈中略〉
　そんな意味で，この６日間は，私にとって何らかの「出発」となるもののようです。出発となる根源は，「出会い」でありました。出会いという発見であり，体験でした。それは，「人というもの」との（自分を含めて）出会いということです。そして，恐らくそれが核心だと思えるのです。〈中略〉
　たまたま同じグループになった方々に，そこで共に，その時その場を今として生きて下さったことに深く感謝したいと思います。心をこめて……。

　やや長すぎる引用であるが，これは，「清里プログラム '89」へのある参加者（T・N）の約２ヵ月後に寄せた体験記録です。ここには，エンカウンター・グループ参加体験の個人的意味が多分に含まれている，と言えます。

3．自己との出会い——「感」の啓発と「観」の創造

　エンカウンター・グループ体験では，他者との出会いを通して，自分自身（自己）との出会いがある，と言われるが，このことがこの事例のなかにも明白に示されています。
　この事例のT・Nさんは，最初のセッションですでにその兆しのあったことを述べており，①のなかでそのことをそのまま文字にして示しています。自

己との出会いは，それまでの自分自身の姿をそのまま見る，ということに始まると言えるが，そのときその人は，自分自身の内的枠組み（internal frame of reference）から自己のその枠組みを見，また，触れるようになります。いわば，鏡を通して自分自身を見るようになる，と言えます。そして，自己の枠組みそのものに否応なく対面していくのです。

　この対面の過程では，自分自身の見たくない姿にも触れるようになるので，その内面に否定的な動きが生じてくることが多いようです。T・Nさんは，最初のセッションで，不安や緊張感，疑問，あるいは，居心地の悪い沈黙，焦り，冷や汗などがあったことを述べているが，それは，そのあらわれである，と考えられます。

　この否定的な動きの生起にともなって，自己の枠組みを構成している要因に触れることも起こってきます。「じたばたの原因―『何かをしなければならない』という私の中に無意識に入りこんでいた指令―」への気づきは，この一例である，と言えるでしょう。

　T・Nさんは，このようにして自己の枠組みを見，それに触れて，自分自身の姿を見ることを通して自己との出会いに向かう歩みをとっていった，と思われます。「なるようになる，と自分をその場に預けて」，「自分がどんな風にしても……安心してその中に没入していった」，「純粋な次元から出発して……外側がついていく，という人の見方ができるような……」と述べているなかには，それまでに気づかなかった潜在力のある自己との出会いが見出されているようです。

　この出会いをT・Nさんは，その後の叙述のなかでさらに明確に表しています。「そこでその時〈中略〉共にそこにいるその人として考え，その人の話す言葉の奥にある心をおもんばかり……」，「気持ちを聴くよりも，自分が何と返答しようか，という方にだけ気持ちが流れていたので，焦りにも似た状態での会話が多かった」，「心の奥まで思考を深めてから口に出す言葉の深い響き。からだの芯から出て来る言葉は，……からだの芯へ響き共鳴する。それは，声の大きさとは別ものだ」，「沈黙がその人を強く語ることもあることを体験し，沈黙が持つ意味の多様さと深さに畏れさえ感じてしまいます」，「言葉，声の大きさ，間，明るさ，語調の強弱等だけでなく，姿勢や視線や表情，緊張度，真

剣さ，そして，沈黙，それらのすべてが語りかけている」，「今思うと，一人の人間としての自分をかなり見ることができた気がします。私は，あの数日間で自分の中にあるものをすべて出して生きようとしていたようです」，「自分の中に与えられているものを信じて，大切にして，活かして生きたい，と今思っています。」

これらのなかには，T・Nさんのエンカウンター・グループ体験からの自己との出会いが如実に表されています。この出会いは，それまで自分でも気づかなかった自己との出会い，言い換えれば，自分自身の潜在的可能性としての芽に自ら触れ，そして，啓いていくことそれ自体である，といえます。

観点を変えてそれを捉えてみると，これは自己の「感」の啓発と「観」の創造である，とみることができます。「感」は，感覚，感性，感じ，感情など人間のもつ内面的な働きの総称であるが，人間は誰でもこれを生得的に備えている，と考えられます。例えば，視覚などその一部が欠けて生まれてくる場合もあるが，この「感」は，生命体としての人間には必ず備えられているのです。そして，この「感」は，生まれたときから人間の内側で働いており，老若にかかわりなく同じように働いている，と言えます。それは，例えば，暖かさや冷たさ，心地よさ，変な感じなどが年齢にかかわりなくそのように受けとめられていることからも知られるでしょう——ただ，発達に応じての分化がある，と見られているが——。

子どもには，この「感」がその内側でそのまま自由に動いているが，われわれは，加齢するにしたがってその動きがにぶり，弱くなっているように思われます。これには，諸々の要因があると考えられるが，概して他からの働きかけが強すぎることが多いと，この「感」は十分働かなくなってくるようです。例えば，厳しいしつけ，強い恥ずかしめなどがあると，「感」は自由に動けなくなるとともに，否定的な「感」が支配的になる，と考えられます。

エンカウンター・グループの体験は，その個人のもつこの「感」を回復し，また，開放し啓発するよう導く，とみられます。T・Nさんが，「言葉の深い響き」，「からだの芯へ響き共鳴する」，「沈黙がその人を強く語る」，「畏れさえ感じてしまいます」などと記しているなかには，T・Nさんがエンカウンター・グループ体験を通して自己のもつ「感」を啓いていった様相をうかがい知

り得ます。

　この「感」の啓発は，その人が自分自身として動いていることをあらわしている，と同時に，そして，その人が内面的に自分自身をよりいっそう開いていくことを予測させてくれます。敏感に反応する，ということだけではなく，洗練された感じ方で受けとめ，それまでとは違った捉え方ができるような歩みをとっていく，と考えられます。そして，その人の様相のなかに何か柔らかさの醸し出されるのが，他から見てもうかがえるようになります。そこには，その人自身の「観」の修復・創造が生起している，ともみられます。

　「観」は，人間観，価値観，世界観，教育観などその人の捉え方，ものの観かたの総体であるが，人間は誰でもその人なりのこの「観」が自己の内につくられている，と言えます。しかし，「観」は，人間に生得的に備えられているのではなく，生きていくなかで習得的に形成されていく，という点で「感」と異なっています。

　その人の「感」が啓かれていくにしたがって，それまでに習得・形成されていたその人のもつ「観」にもおのずと修復が加えられるようになり，その人自身の新しい「観」が創られていくようです。「気づき」は，その発端でもある，とも言えるでしょう。「観」は，人間の成長過程のなかで，他者とのさまざまなかかわり，教育やしつけ（躾）などを通して一人ひとりの内面に創られていくが，個人は，その「観」を自己の支えにして生きている，と言えます。そして，その人の価値観は，その人自身の考え方や行動の支柱となっている，と考えられます。

　エンカウンター・グループ体験からは，「感」の啓発にともなって，この「観」がその個人の内側から改められるようになります。自己の支えとしての「観」が揺らぎ崩れそうになるときには，誰でもそれに怖さを抱くであろうが，それが自分自身の内側からおのずと生じてくる場合には，怖さをもちながらもその揺らぎや崩れをそのまま受け容れることができるし，その崩壊から新しい自分自身の「観」が創られるようになります。内側からの崩壊は，決して崩壊のままにはならず，その崩壊から新しい何かを生む，と言えます。人間には，このような力（personal power）が潜在している，と言えるのです。

　しかし，この揺らぎや崩れが個人の外側からの力によってなされる場合には，

怖さ，揺らぎ，崩れを受けとめることさえでき難くなるので，それまでの自分の「観」をも防壁として自己を固めていくので，「観」の創造には結びつき難い，と言えます。外側からの働きかけによって，その人の考え方や行動などが変わったとしても，それは，借りものの変化にすぎない，と考えられます。エンカウンター・グループに基本的に求められることのひとつとして「自由と安全の風土」があげられるが，それは，このような内側からの変化を重視していることからも推量できるでしょう。

エンカウンター・グループ体験から，T・Nさんは，自己の「観」を修復し，また，創造するようになった様相がうかがえます。それは，その叙述のなかでつぎのように表しているところからも知られる，と思われます。「『～したい』ではなくて，『～しなければ』という気持ちで生きてきたそれまでの自分から抜け出ようと，少し前からし始めていたのに」，から，「自分の言葉をしっかりと全部受けとめ消化して，聞いてくれる人々を信頼し，話したい時に語りたいことを話し，それによって自分自身の等身大の姿に近いものを知った」，「ただ自分が自分のままでいて，相手が相手のままでいて，それでいて人として純粋に心が出会うことができる」，「自分にあるものは出せばいい，無理に抑えて苦しまなくてもいいし，逆に，無いものを無理に出そうとしなくてもいい，ということを，人々と出会いながら経験的に知った」，と述べ，「私にとって何らかの『出発』となるもののようです」と記しているなかに，「観」の新しい創造が見えてきます。

4. おわりに

自分自身のもつ「感」を啓き，「観」を創ることは，自己の内面的枠組みの拡大化・深化に結びつく，と言えます。それは，換言すれば，自分の器を大きくする，ということと同意に捉えられます。器の大きい—広い・深い・濃い・柔らかい—個人の存在は，人との関係を豊かにし，種々の問題への対応も肯定的に向くようおのずと導き出す，と考えられます。

人間関係やカウンセリングには，このような個人の存在が求められます。エンカウンター・グループ体験からは，個人がそのような存在になる道が開かれ

る，と考えられるが，それを確かめる方途は，必ずしも明白にされていない，と言えます。本稿では，この方途を見出すことを考慮にいれながら，これまでの筆者のエンカウンター・グループ体験をベースにひとつの私論を表してきました。意を十分尽くし得ない部分を残しているが，「感」の啓発・「観」の創造─自己という器の拡大化・深化・濃密化そして柔軟化─は，とくにカウンセリングをおこなう者（カウンセラー）には欠かせない条件である，と考えています。

〈注〉
1) カール・ロジャーズ　畠瀬 稔・畠瀬直子訳『エンカウンター・グループ』　ダイヤモンド社　1973　pp.191-208
2) これらの研究には，以下のようなものがある。
　①福井康之「集中的グループ経験により著しい成長を示す個人の事例の要因の考察─自己実現へ向かう成長への価値選択の決断」　河合隼雄他編『臨床心理ケース研究2』誠信書房　1979
　②野島一彦「エンカウンター・グループにおける個人過程」　日本心理学会第47回大会発表論文集　1983
　③末武康弘「『自己実現スケール』の採点法の検討とエンカウンター・グループの効果の測定について」　日本相談学会第17回大会発表論文集　1984
　④谷川由美「エンカウンター・グループにおける効果と体験認知プロセスとの関連」九州大学教育学部聴講生論文　1987
　⑤小柳晴生「エンカウンター・グループ多数回参加者としての自己分析─参加体験と心的変容過程」　人間関係研究会資料12号　1988
　⑥木村 易「個人セラピーを受けながら平行して複数回グループに参加した一人の青年の成長過程に於けるグループ体験の意味」　愛知大学文学会『文学論叢』'88　1988
　⑦伊藤義美「エンカウンター・グループ体験に関する研究（2）─集中的グループのプロセスとアウトカムから」　日本カウンセリング学会第23回大会発表論文集　1990
　など

〈参考文献〉
村山正治編　エンカウンター・グループ　福村出版　1977
増田 實　「エンカウンター・グループと教師教育の実際」井坂行男編著 カウンセリングと教師教育　共同出版　1985
畠瀬 稔　エンカウンター・グループと心理的成長　創元社　1990

第3章
グループでの"傾聴"トレーニング

1. はじめに

　カウンセリングや臨床心理面接において不可欠的に求められることの一つに"傾聴"があげられます。これは，治療的あるいは成長的な対人関係を構成する基本的な要素であり，また，中核的なそれである，と考えられます。
　この"傾聴"が臨床的にどのような意味をもつか，また，それをどのように体得するか（とくにグループを通してのトレーニング）についてここでは要述していきます。
　「聴く」は，"十四の心で聞く"あるいは"十の目と心をもって耳を傾ける"とも言われるように，その相手に向けてなされる能動的・積極的な対人的行為である，と言えますが，この行為の体得にはトレーニングが必要になります。そして，これがカウンセリングなど心理臨床的な面接に際して適切・的確になされると，クライエントは，自己の内面で惹起する動きや実現傾向が活性化され，問題解決的・成長促進的な方向へとおのずから進むようになります。
　このトレーニングには，エンカウンター・グループやカウンセリング・ロールプレイなど体験的なアプローチがふさわしいと考えられますが，ここではとくに後者について事例も含めて述べていきます。

2. "傾聴"の意義——カウンセリング・臨床心理面接の基本的要件

　傾聴は，形態上の視点からは受動的である，とみられますが，しかし，その内実は能動的・積極的な対人的行為である，と言えます。そして，対人関係の

なかでこの傾聴がより多くなされるならば、そこから日常的なさまざまな問題の減少、防止がなされ、その関係が豊かになり、また、その相手に対する問題解決的・成長促進的な援助が導き出される、と考えられます。傾聴の意義は、端的にこのように示すことができます。

　私たちの日常生活は、その大部分が「はなす」―「きく」によって成り立っている、と言えます。それは、さまざまな様相を呈して具象化されています。話し合い、会話、会議、討論、あるいは、交渉、依頼、電話連絡、立ちばなし、説諭、言い争いなど、これらはすべてその具象化された例であり、その他にも数多くあげられます。そして、これらのなかには、そのいずれにも「はなす」―「きく」が含まれていることが知られるでしょう。

　話し合いには、この「はなす」―「きく」がバランスよく含まれており、この両者が適切・的確になされていくならば、その話し合いの質はおのずと高められる、と考えられます。そして、これによって話し合いの雰囲気も爽やかになり、快い後味を得ることができ、さらに、話し合った者同士の関係が豊かになる、と想像されます。

　これに対し、言い争いは、「はなす」―「きく」のバランスが崩れた一つの結果である、と言えるでしょう。言い争いには、相対する者それぞれの「はなす」ことが充満し、「きく」ことがほとんど見られないのがその常態です。それに加えて、自己中心的なそれぞれの評価が言語化されるでしょう。そこでは、撃ち合いや果たし合いの様相さえ呈するようにもなります。

　このような言い争いのなかにあって、「きく」ことがわずかでもなされるようになると、その事態は大きく変わっていく、と考えられます。「きく」には、「聞く」（hear）と「聴く」（listen）がありますが、「聞く」は、耳の機能が支障なく働き、外界の音や声などが生理的機能を通して個人の内に入ってくるという状態であり、それ自体、受動的・消極的である、と言えます。"話し声が聞こえてくる"、デパートに入ると"BGMが聞こえてくる"などがその例にあげられますし、他人の話を"聞いているようで聞いていない"のもこれに属するかもしれません。このような「聞く」であっても言い争いのなかでそれが少しでも示されるならば、争いの色合いは減少していく、と想像できます。また、この「聞く」があれば、争いや果たし合いの予防・防止になる、とも考えられ

ます。

　しかし，「聞く」のみでは，望ましくない事態の減少，予防・防止は可能であっても，それ以上への発展はたぶんなされ得ない，と思われます。「はなす」―「きく」の「きく」がこの「聞く」であっては，話し合いには至らない，と言えるでしょう。そこで求められるのは，「聴く」ことである，と言えます。

　「聴く」は，"十四の心で聞く"と言われるように，「聞く」に加えて，そのこと（相手）に耳を傾け，気持ちを集中して自己の内に採り入れようとする状態であり，その様態は能動的・積極的である，と言えます。「傾聴」は，この「聴く」と同義的に捉えておくことができます。「はなす」―「きく」がバランスよくなされ，「聴く」ことがなされるならば，その場の状況は発展的な方向へ推移する，と想像されます。「聴く」が少しでも多くなされるようになると，言い争いは消滅し，話し合いへと転換していく―これは，必至の道筋である，と言っても過言ではないでしょう（しかし，これの現実化は，言うほど容易ではありません）。

　話し合いと言い争いを例にしながら，「聴く」，すなわち，「傾聴」の意義について触れてきましたが，「はなす」ことも，「きく」ことと表裏一体の関係にあるので，この観点からの考察も加えておきましょう。「はなす」は，「話す」であるとともに，「放す」である，と言えます。個人（人間）は，生が続くかぎり，その内側で常にさまざまな動きが惹起しています。心臓の鼓動や肺による呼吸などのような生理的な動きもこれに含まれますが，考える，感じるなどの心理的・精神的なそれが，さまざまな様相をもってその内側で起こっています。これらの動きは，その個人の内部にとどめておくよりも，外に向けて適切に「放す」ことが自然である，と言えます。

　内部で惹起するこれらの動きが放される（話される）ことにより，その個人の内面は開放されていくでしょう。例えば，喜びや悲しみなどの感情が言語化されるということは，単に感情の表出にとどまらず，そうすることによってその内面が開かれていく，と考えられます。そして，それは，その個人の成長に結びつくことを意味します。これとは逆に，その感情の惹起を意図的に抑制しようとし，また，その表出を抑えようとするならば，惹起する動きとそれを抑制する動きの両者が内面で対立・葛藤し，そして，それが継続されるようにな

るとその個人のパーソナリティにゆがみをもたらし，さまざまな問題を生じさせる，と想像されます。

また，生命体としての個人（人間）は，その生が続くかぎり内面的に成長し続けていく，とみられます。これは，樹木が枯れないかぎり上方に向かって伸びていくのと同様である，と類推して捉えることができます。ロジャーズ（Rogers, C.R.）は，これを個人の実現傾向（realizing or actualizing tendency）と呼んでいます。他方，個人には，生存，安定，帰属，承認，創造の欲求が備えられており（マズロー Maslow, A.H.），これらの欲求は，できるかぎり満たされることが望まれます。この欲求の充足は，その個人の開放，すなわち，「放す」ことのプロセスと一致する，と言えるでしょう。しかし，個人の実現傾向の現実化や欲求の充足は，実際にはことばで示すほど容易でないのは周知のとおりです。

上述のように，内面で惹起する動きや実現傾向を活性化し，さまざまな欲求を充足することは，それ自体「放す」ことを意味する，と捉えられますが，それは同時に，その個人の問題解決や成長促進に結びつく，と考えられます。そして，これらが成し得られるには，そこに相手となる誰か（人間）が存在し，その関係のなかで積極的に受け容れられること，すなわち，その一つとしての「聴く」＝傾聴が欠かせない条件になる，と言えます。

この点に関しては，『窓ぎわのトットちゃん』（黒柳徹子著）が示唆的です。トットちゃんは，自由で闊達な少女ですので，その内面は，幼少の活動性に加えて非常に躍動的です。自分の思うままに行動し，また，ことばを発します。その言動は，当時のおとな（隣人や教師など）の価値観に合致するとは認められず，"困った子" というように見られていたようです。したがって，彼女の話す（放す）ことはおかしい，としてそのほとんどが受け容れられなかったようです。そこでは，「聞く」ことも「聴く」ことも彼女に対してほとんどなされなかった，と想像されます。

就学時になると，彼女は通常の学校ではむずかしい，と判断され，『ともえ学園』に行くことを勧められます。この学園は，素朴な学校（？）であったようであり，その初日，校長先生と面接することになります。そのとき，その校長はトットちゃんの言うことに長い時間耳を傾けていた，と記されています。

このことには，カウンセリングや臨床面接に際してのきわめて示唆的な点がいくつか含まれています。まず，トットちゃんに関する事前の知識や評価を脇に置いて，彼女の存在をそのまま認めていることがあげられます。これは，その相手に対する無条件の積極的な関心（尊重）がその校長の対人的態度のひとつになっている，ということを示しています。これがなければ，傾聴はなされ得ない，と言えます。つぎに，この傾聴がなされ続けていくと，瞬間瞬間に共感（empathy）が生じてくる，と考えられますが，彼女と校長との間にこの共感関係が起こっていた，と想像されます。

　"喜びは，聴くことによって倍加する"，"悲しみは，聴くことによって半減する"と言えますが，この校長の「聴く」ことを中心としたトットちゃんへの対応は，彼女に対してその場（今後通学する学園も含めて）への安堵感・安心感を生ましめた，と思われます。それとともに，彼女は，この関係のなかで彼女自身のもつ実現傾向が啓かれる端緒を得，また，彼女自身が遭遇する問題に立ち向かいながら解決していく学習を体得した，と推量されます。彼女は，この校長の傾聴に触れることによって彼女自身のもつ芽（タレント性）が啓かれ，この学園生活を通して彼女自身の自己成長がなされた，と考えられます。トットちゃんは，黒柳徹子さんその人です。ともえ学園やその校長がカウンセリングや臨床面接を意図して実施したのではない，と思われますが，いまの黒柳さんを見てみると，"傾聴"の意義が彼女自身の姿からも示唆されてきます。

3. "傾聴"トレーニングの方法——体験的アプローチによる修得

　傾聴（「聴く」こと）は，その相手の内面からの「放し」に耳を傾け，その気持ちを集中して自己のうちに採り入れようとする対人的行為ですので，それができるようになるには，トレーニングが必要になります。すでに触れたように，「聞く」ことは，耳の機能が異常なく働いていればほぼ生得的に誰にでも可能であり，とくにトレーニングを要しません。「聴く」ことと「聞く」ことの違いは，この点にもあり，この違いとともにこの両者の区別を明確に認識しておくことがあらためて求められる，と言えるでしょう。

　周知のように，"話し上手は，聴き上手"と言われながら，傾聴に関するト

レーニングは，一般的にほとんどなされていません。「話し方教室」の広告は目にしますが，「聴き方教室」のそれは見当たらないのがその証左である，と言えるでしょう。「聴く」ことのトレーニングが学校教育の場でもなされるよう求めたいほどです。

しかし，カウンセリングや臨床面接をおこなう者（心理臨床家）にとっては，この傾聴トレーニングは，不可欠的である，と言えるでしょう。とくに，その養成段階では，適切なプログラムを組んで体験的に進める必要がある，と言えます。傾聴は，それがなし得てはじめて傾聴と言えるのですから，体験的なアプローチによって修得するのがもっとも効果的になります。

既述のなかからも知られるように，傾聴は，「聴く」技術（how to do）を得ることによってなされる，というようには考えられません。それは，傾聴が技術的にうまくなされても傾聴にはならないからです。傾聴は，それがなされるような態度あるいはあり方（what to be）から導き出されるその人の行為そのものであるからです。言い換えれば，傾聴できるような態度，あり方が培われ，そこからなされてはじめて傾聴に価する，と言えるのです。さらに言えば，傾聴の態度，あり方がその個人のなかでつくられていくと，傾聴ができるようになるのです。

傾聴に関するトレーニングのプログラムは，このような観点を含めて考慮されることが求められます。傾聴の態度，あり方は，その個人のもつ枠組み（internal frame of reference）に大きく左右される，と考えられますので，このトレーニングの焦点は，ここに向けてなされる必要があるでしょう。この枠組みは，誰でもその個人のうちにつくられており，そのときどきの言動や判断，認識などの基準として働いている，とみられています。そして，その個人のもつ価値観や感情の動きがその枠組みを構成している，とも考えられています。

幼少時の枠組みは，柔軟ではあるけれどもその容量が小さいので，外界の事象をとり入れるのは容易ではありません。欲しがって"ききわけができない"のは，その一例である，と言えるでしょう。また，成長するにしたがって，この枠組みは，一般的に拡大していきますがその柔軟さに欠けるようにもなります。その典型的な一例が，老人の頑迷さである，と言えるでしょう。このように，小さく，また，柔軟さの少ない枠組みでは，外界事象の採り入れが十分に

なされないので，傾聴も適切になされないでしょう。そこで求められるのは，枠組みの拡大化・柔軟化である，と言えます。

個人のもつ枠組みは，その時点でのその個人の態度，あり方を決定づけるほどの要因ともなりますので，その枠組みが拡大化し柔軟化することは，その個人の態度，あり方に変容をもたらすように働くでしょう。そして，傾聴できる態度，あり方へと向かわしめる，と考えられます。傾聴トレーニングは，このような観点を含めてプログラム化され，進められる必要があります。

(1) エンカウンター・グループ

この観点から考えられるトレーニングの方法のひとつに，エンカウンター・グループ（encounter group）があげられます。これについての詳細は，他に譲ることとしますが，とくにベーシック（非構成的）エンカウンター・グループの体験は，それへの参加者のもつ内的枠組みを揺り動かし，ときにはそれの崩壊をもたらしながら，新しい枠組みを創る内面的な作業を導きます。このグループへの参加後，"新しい気づきが得られた" というのは，このことの一端である，と言えます。

エンカウンター・グループ（とくに非構成）には，このグループの性格上，多くの目的（目指すこと）が含まれている，と言えます。何を目指して参加するか，という問いに対しては，"自己成長のため"，"人間関係を学ぶため"，"癒やしのため" など多くの答が出されますが，それぞれの答が妥当であって，参加する者の数だけその目的がこのグループには存在する，と考えられます。目的や希望，動機などが不明確のまま参加し，エンカウンター・グループ終了後，"これが目指すことだった" とその目的を自覚することさえあるほどです。

このように，エンカウンター・グループにはさまざまな目的を生む土壌がありますが，他者とともにいるなかで，彼らと，また，自己自身と次第に正面から向き合うようになります。そのなかでは，皮相的なかかわりから深い部分のそれへ自然に移行していくようになります。そして，この深い部分で相互にかかわるようになると，それまでの日常生活では表出されなかったような考えや感情が湧出するようになり，閉ざされていた否定的な内面の動き（考えや感情など）も浮上してきます。これらの動きは，ある者には否定され，また，ある

者には肯定される、という事態が起こります。これは、これまでにない経験であり、深いレベルでの内的交流として受けとめられるようになります。それは、また、「放す」―「聴く」の体験にもなる、と考えられます。内面の動きを「放す」こと、それを「聴いて」もらえること、「聴く」ことなどの意味がここから体験的に実感されながら修得できる、と言えます。

エンカウンター・グループは、傾聴トレーニングの方法として設定されているのではありませんが、これへの参加が傾聴の態度、あり方を培っていく体験になる、と考えられます。心理臨床にかかわる専門家を志す場合には、1年に2〜3回、このグループに参加することが求められる、と言えます。

(2) カウンセリング・ロールプレイ

"傾聴"トレーニングに関する他の主要な方法として、カウンセリング・ロールプレイ（counseling role-play）があげられます。これは、エンカウンター・グループの場合よりも傾聴についてより直接的にトレーニングする方法である、と言えます。傾聴の態度、あり方を培っていくには、エンカウンター・グループへの体験と並行してこのロールプレイによるトレーニングを継続してすすめていくことが望まれます。この両者の並行体験がより効果的である、と考えられます。

このロールプレイは、グループをつくって進めていくところに特色があり、また、その効果が大きい、と言えます。それは、多くの他者がいることによって異質部分が増え、そこから相互交流も多くなり、学ぶ中身も増える、とみられるからです。後述する点から知られるように、このグループの構成人数は、18名が最適である、と言えます。この数より多くなると、全体としての相互交流が困難となり、逆に少なくなると、パワー不足になるようです。

次に、このロールプレイの実施方法を要記しましょう。
- 3名の小グループをつくり（18名の場合、6つの小グループとなる）、聴き手、話し手、観察者の役割を決める：　聴き手の役割をもつ者は、"自分は聴き手である"と思ってすすめる（カウンセラーであると思う必要はない）。話し手は、その場で自分の思うままに話す（クライエントである、悩み・不安を話すなど事前の準備をしない）。観察者は、その場の状況を時間経過に沿って

詳細に記録する。また，タイム・キーパーとなる。
- それぞれの役割を自覚しながら，15分間のカウンセリング的面接をおこなう：　聴き手は，その面接を録音し，事後に逐語記録として作成する。この面接を週1回5回継続実施する。
- 面接実施後，3名で話し合いをおこなう：　話し手，観察者，聴き手の順に事後の感想を開陳し，その後その面接に関して自由に話し合う。

　このように実施したロールプレイは，その後，グループ全員のなかにその録音と逐語記録を提示して，ふりかえりの検討に付されます。これには，1回について1時間30分～2時間を費やして実施されます。まず，その録音聴取前に必要とされる事項を，聴き手，話し手，観察者それぞれが語ることから始めますが，このロールプレイ開始までの様相，検討のポイント（どのような点に注目して欲しいかなど），逐語記録の説明（逐語と録音の一致度など）などが述べられます。また，話し手には，その時（面接時）の自分の気持ちを想い起こすよう求めておきます。そして，その後，逐語記録を手にしながらその録音を全員で聴取します。

　つぎに，面接録音を聴取した後，聴き手，話し手，観察者のそれぞれがこの面接に関してふりかえり，自己検討をおこないます。ここでは，自分自身の視点から，その面接全般の感想，逐語記録の個々の部分についての見直し・コメントが語られ，また，観察者という第三者の目からの指摘などによって，聴き手の「聴く」姿が浮き彫りにされるようになります。

　その後，このふりかえり検討にこの3名（聴き手，話し手，観察者）以外の全員が加わります。3名それぞれの感想や見直しに加えて，そこでは，質疑応答とともにさまざまな感想，印象，意見などが発せられます。このふりかえり検討の焦点は，主として聴き手に向けてなされますが，その面接での発言や応答が話し手にどのように感じられたか，など聴き手と話し手の関係にも及びますので，話し手も自分自身の内面に目を向けるようにもなります。このふりかえりを通して，とくに聴き手は，自己の「聴く」姿を見るとともに，「聴く」ことに関する自己の課題に直面する，という体験が得られます。

　このようなふりかえりの検討は，聴き手にとっては辛い作業になりますが，ロールプレイによる面接実施のとき以上に「聴く」ことに関する気づきや収穫

をもたらす，と言えます。ロールプレイの実施，その後のふりかえり検討などを含む一連の"傾聴"トレーニングは，トレーニングであってスーパービジョンやケース・スタディと異なりますが，そこには，これらと同じような意味あいが含まれるようになることが知られるでしょう。

4．カウンセリング・ロールプレイによる"傾聴"トレーニング ── 一事例からの示唆

　カウンセリング・ロールプレイによって傾聴のトレーニングをすすめていくと，人間の内面の動きに関して，さまざまなことが見えてきます。1回15分程度のカウンセリング的面接ですが，話し手は，聴き手との「かかわり」のなかで，短い時間であってもかれ（かの女）自身の内面の動きをその場に応じて「放す」ようになります。ここには，話し手自身の「心（内面）の流れ」がつくられるようになります。

　このロールプレイは，既述のように，親―子，上司―部下，カウンセラー―クライエントなどのような仮想的役割を設定するのではなく，単に聴き手，話し手であるという役割を自覚するのみですすめていくので，それぞれの役割をもちながらもその個人の内面の動き（考えや感情など）がそのまま出やすくなります。そして，それは，かれ自身のなかでおのずとひとつの流れを形成するようになります。このロールプレイでは，役割というフィルターをできるかぎり薄くして実施することが考慮されているので，個人（人間）の生（なま）の動きに触れやすくなります。これは，このロールプレイの特色であり，これによる体験的意味はより確かになる，と言えます。

　この「心の流れ」は，その個人自身の内面からの湧出によってつくられていくのですが，それは，その相手との「かかわり」によってさまざまに変化します。聴き手が話し手の「心の流れ」に沿って「聴く」ことをしていくと，この「心の流れ」は，その個人自身が問題としていること（不安や悩み，気がかりなど）へと自然に向かっていき，その解決を探る方向をとるようになります。

　しかし，「心の流れ」に沿って「聴く」ことが不十分であったり，「聞く」にとどまったり，あるいは，相手が「放す」途中で「訊く」ようなことをすると，

この探る方向は、見出し難くなります。その相手の「心の流れ」に沿って「聴く」ことがその個人自身の自己探究を促進する、ということが確かめられるのもこのロールプレイによる、と言えます。

そして、「話し手」が表現する内容は、大別して、過去の事実・できごとや現在の状況の"説明"と、それらに関する自己の考えや感情（気持ち）の"表明"になる、ということも知られるようになります。「話し手」のその場、その時の状態によって、事実や状況の"説明"が先に表現されたり、逆に、自分の気持ちの"表明"がまず出されたり、というように、いずれが先になるかの違いはあるが、この二つが交互に出てくる「心の流れ」が見られます。

また、事実や状況の"説明"をしていても、それは、ただ単に説明しているのではなく、その"説明"がなされた後、自己の気持ちの"表明"が出てくる、ということも知られるようになります。ここには、自分の気持ちをわかってもらうために事実や状況の説明がなされる、ということが如実に示されています。そして、これもその個人の「心の流れ」である、と言えます。

「話し手」は、いまの自分の「心の流れ」に沿って、とくにこの気持ちの"表明"をそのまま受けとって、すなわち、聴いて欲しいのです。「聴く」というのは、これをまず受けとり、そして、その受けとり（受けとったこと）をその相手にそのまま伝え返す、ということがあってはじめて成り立つのです。この伝え返し（ことばで表現する）まで含んでいないと、「聴く」ことにはなりません。「聴く」ことが能動的・積極的である、という意味は、この点からも理解されるでしょう。

このように、"気持ちを聴く"ことが続けられると、「話し手」は自己探究を深めていく——これは、カウンセリングのプロセスそのものであり、そのことがこのロールプレイによって知られるようにもなります。逆に、事実や状況の"説明"に心が奪われ、知ろうとして「訊く」と、相手の「心の流れ」は自己探究から離れてしまい、会話やインタヴュー、あるいは、訊問にはなっても、カウンセリングにはならないことが認識されるでしょう。

つぎに、カウンセリング・ロールプレイが"傾聴"トレーニングになることの証左、そこから得られる示唆などに資するため、このロールプレイの一事例（抜粋）を示しておきます。

この事例でのLは「聴き手」，Sは「話し手」をあらわします。

カウンセリング・ロールプレイ　第1回

L1：カウンセリング・ロールプレイということで，今日から5回にわたってやっていくんですけど，今日はその第1回目，になります。それで，うーん，この場でSさんが話してみたいなと思うこととか，うーん，話さなくても心の中で感じることとか，うん，含めて私も5回にわたって一緒に感じていけたら〈笑〉いいなと思いますので，よろしくお願いします。（あ，よろしくお願いします。）それで時間は，いま1時半なので，一応1時45分ぐらいを目安にやっていきたいと思います。（はい）はい，じゃあ，思うままに，でいいんで，話したいことがあれば（はい）お話しください。（はい）

S1：うーん，どうしようかな。今日，あまり考えてこなかったから（うん）何を話そうかな（うん），どうしよ……，なんか緊張しちゃって，

L2：緊張，〈笑〉

S2：うーん，すごい緊張しちゃって，（うーん）最初は，全然，なんか，今日の朝とかは（うん）すごくなんか，こう，気分が落ちついてて，（うん）あんまり，今日ロールプレイだ，とか思わなかったんだけど，（うん）うん，でもなんか，今日は，なんか時間が近づくにつれて，

L3：時間が近づくにつれて（すごい）緊張……

S3：うーん，なんだかドキドキしちゃってきて，

L4：ドキドキしちゃって，

S4：〈笑〉うーん，なんか，ちょっといま，何を話したらいいのか，ちょっとなんか（うん）迷ってるというか（うん）どうしようかなと思ってる。

L5：どうしようかなって……

S5：うーん（うーん），うーん，ん，どうしようかな，うーん，ん，いま，ほら，なんていう，し，進路とかでも，こう，進路というか就職の面とかでも，こう，いろいろ，分かれ道にきてるじゃないですか，

L6：うん，就職とか進路とか分かれ道，

S6：うーん，就職とか，うん。（うん），で私は，どっちかっていうと，もうちょっとこの勉強すすめていきたいなと思ってて，（うーん）心理学を，

L7：心理学の勉強を，うん

S7：それでちょっと，院にいきたいなっていうのも考えているんだけど（うん），……そう……考えているんだけど……，うん，さっきも友だちと話してたんだけ

ど,うん……,そのなんていうか,自分の考えが(うん),ちょっと青いというか,
L8:自分の考えが青い,
　　〈途中,省略〉
観察者:2分前です。
S32:……まあ,幸せかなとは思うんだけど,
L33:うん,いまの状況は幸せかな,と
S33:そう(うん)うん,……ただね,やっぱり〈笑〉堂々めぐりしてる,ただ,なんかやっぱり,か,自分の努力が足りないというか,
L34:うーん,……恵まれてるなあって思うけど,ただ,んー,努力……(うん)が(うん)うん(うん)
S34:そうね(うん)でも,焦ら(うん,うん),焦らずにいこうとは思うんですけど(うん,ん)
L35:うん,いこうとは思う,
S35:うん(うん)焦ら……そう,……この仕事は,やっぱり,一生勉強だと思うのね。
L36:うーん,一生勉強,(思うよ。)
S36:うーん,だから……すごく……すごくそこに興味があって(うーん)ずーっと,こう,自分をこう,(うん)前に前にというか,こう,なんていうかな,少しずつ……なんていうの,ものすごく自分を(うん)落ちこましたり上がったり(うん)する,それの,こう,苦しい過程が,自分の苦しい過程がおもしろいといったらなんだけど(うーん),なんかこう,うん,なんでこんなに惹かれるのかなあ,この仕事に,なんかよくわかんないんだけど,(うーん)とりあえずおもしろいと思う。
L37:おもしろい,(うん)うーん
S37:おもしろいなあと,思っています。(うん)うーん,うん
L38:苦しい過程があるんだけども……(うん)うん,こう,おもしろいなあ,
観察者:終わりです。
S38:うん(うーん)うーん,……なあって……ん,それからはね,どうな,よくわかんないだけど,
L39:うーん,どうなるかよくわかんないんだけど〈笑〉〈笑〉はいっ)じゃあ,今日は15分……なので,ここで終わりに(はい)しましょう(はい)はい。お疲れさまでした。

カウンセリング・ロールプレイ　第5回

L1：はい，じゃあ，5回目のロールプレイを始めます。で，一応予定の5回，今日最後なんだけど，でもまあ，うん，今日，今日ここでできる1回，大切にしてやっていけたらな，と思うので，うん，Sさんのここで，こう，出る気持ちも大切に，私も，うん，自分の気持ちも大切にしながら，やっていけたらいいなと思って，ん，まあ今日，こう，すっと出てくるかなっていうことを，話してみたいなっていうことを話して，そのなかでこうすすんでいけたらいいなと思います，はい。

S1：はい……やあ，5回，はや，速いなあと（うーん）思います，すごく。

L2：速かった，

S2：うん（うーん）とっても速かったなあと思います。

L3：とっても速かったなあって，

S3：うーん（うん）……うーん，ほんとうにあっという間で（うーん），なんか，こう，もっとなんていうかこう，すごくこう，やあ忙しかったからかなあ（うん）すごく速く速かったような，

L4：すごく速かっ……

S4：うーん，すごく速いと（うーん），うーん……うーん（うん）……そう，いや全然話違うんだけど（うん），最近あれなんですよ，あー……そのなんかいろいろなことに（うん）ちょっとずつ踏ん切りがついてきて，

L5：うーん，いろんなことにちょっとずつ踏ん切りがついてきた，（うん）うん

S5：なんかね，そう，なんかいまね，前にすすめる感じなんです。

L6：うん，前にすすめる感じ，

S6：うん，なんか，いろんな，いろんなことに（うん）ちょっとずつ，なんか踏ん切りというか（うん）うん，なんかついてきて（うーん），そう，いまならなんか，こう，動けるかなと，

L7：うーん，動けるかなと，

〈途中，省略〉

観察者：2分前です。

S50：……自分を誉めたなあと思って（うーん）なんか，

L51：すごい久しぶりに今日は自分を誉めたなあって，

S51：そう（うーん），なんかねえ，もうねえ，なーんかやっと許してあげたというか，

L52：許し，やっと許してあげた，

S52：そう（うん），自分をね，なんかね，追いつめす過ぎてね，なんか，なんかね，やっとね，ああ泣いてもいいよってね（うーん）なんか，あ，もう今日は泣い，大丈夫だよ，泣いてもってね（うーん）自分にやっと許してあげることができたんだよね。（うーん）なんか，もう泣いてもいいよ，大丈夫だよとか（うーん）誰も笑わないし，
L53：うん，誰も笑わないし，
S53：そう，泣いても負けたっていうことにはならないとかね，
L54：うーん，泣いても負けたっていう（そう）ことには（うーん）ならないって，
S54：うーん，誰も負けたなんて思わないよってことを（うーん）そういう，く，語り口調で自分に書いてあげたら（うーん）もう，とっても楽になってね，
L55：とっても楽になって，
S55：〈笑〉そう（うん）そのとっても楽になったっていう，すごい嬉しい涙というか，なんともいえない涙が（うーん）出てきて，
L56：なんともいえない涙が出てきて，
S56：そう，もう泣いて，泣き疲れて（うーん）もうふわーっと机の上にそのまま寝ちゃったんだけど（うーん），もうね，なんかね，そこからだね，なんかね，なんか，なんかね，つぎの日からね，なんか，あ，違うなって思ったのね，なんか自分の（うーん）心の感じが。
L57：違う，なんか違うなって（うーん）自分の心が，
S57：あ，私いまならね，いろんなことができるなっと思ったの。
L58：うーん，いまなら私はいろんなことができるって（うー）思った。
S58：いまなら私，院，院受けても（うーん），卒論のことも（うーん）すごく前に進めるような気がしたし（うん），卒論のことに関しても（うん）なんかねえ，……もうこれは，このロールプレイを，たしか，こう，そう，うーん，なんか，これはなんかすごい経験だなと（うーん）思っ，経験ていうか，そんなんじゃ語りつくせないくらい，なんかね，なーんかね，もう，さあーって霧がはれ，霧が晴れたような（うーん）気分なの。
L59：霧が晴れたような気分，
S59：うーん，なんかね，すすめるって思ったのね。
L60：うーん，すすめるって（そう）思った。
S60：楽になったし，
L61：うーん，楽になった，

S61：それから，なんかねえ，うーん，よかった，うーん。
観察者：終わりです。
L62：うーん，よかった，うーん。
S62：あ，えーとね，なん，なんか（うーん）そう（うん）あとなんか言おうと思ったんだけどね，うーん，そう（うん）
L63：なんか言おうと思った，〈笑〉
S63：〈笑〉でも（うん）大丈夫，そんなたいしたことない。（うーん）でもね，なんかね，よかったなっと思って，
L64：よかったなっと思って，
S64：あっ，そう，だから……うーん（うーん）ロールプレイのやつは，ほんとなんていうか，陣痛というかね（うーん），くる，苦しかったときは陣痛というか，あ，なんというか，それを抜け出さなかったら（うーん），こういう気持ちにはならなかったし（うーん），だから，こういう気持ちになる前の，ほんと，苦しいときはもう（うーん）生まれるまでの，
L65：うーん，生まれるまでの，うんうんうん
S65：ずっとお腹の痛い時の陣痛みたいな感じだな。
L66：陣痛みたいな感じだな。
S66：そう，っていうのも，Lさんと話してて，そういう出てきた言葉なんだけど（うーん）またそれを言っているんだけど（うーん），なんか……って思います。
L67：うーん，思う（うーん）うーん。
S67：思います。
L68：うーん，はい，じゃあ，うーん，5回やってきて一応今日で，うーん，終わりなんだけど，まあ，うん，またいま，こう，なんか出てくるようなことがあれば，終わってからまた考えてみてもいいかもしれないし，うん，私もいろいろこの5回で，いろんなこと考えて，これを終わってもまた，うーん，自分のなかでも考えていきたいなって，ん，思えるロールプレイだったです。はい（はい）ありがとうございました。（はあい）終わりにします。

　ここでは，第1回と第5回をとりあげ，それぞれの最初の部分と最後の2分間の部分のみを提示したが，これを見ると，ロールプレイでありながら，全体的にカウンセリングそのものと変わらない，ということが知られます。そして，さらに精査してみると，ここには，「話し手」の「心の流れ」がつくられてい

るのが見えてきます。それは,「否定から肯定へ向かい,焦点化の方向をもつ流れ」である,と言えます。この流れがつくられるとき,そこにはカウンセリングがある,と言えるのです。

　この事例で「話し手」Sは,緊張していると言いながら,"自分の考えが青いというか"というように否定的な気持ちを表明することから始まっています。その後,その流れには紆余曲折がありますが,第5回の終盤では,"自分を誉めたい","自分をやっと許してあげることができた","泣いても負けたことにならない","とっても楽になって","いまならいろんなことができるな","霧が晴れたような気分",新しい気持ちを生む"陣痛みたいな感じ"などをことばにしています。これらは,肯定的な気持ちの表明であり,全体的に否定から肯定への流れが見とどけられます。そして,この流れは,ひとつのこと(問題解決)に向かって焦点化されている,とみることができます。

　このような方向をもつ流れがつくられるのは,その相手となる「聴き手」の傾聴があるからである,ということがこの事例によって知られるでしょう。この「聴き手」の傾聴には,不十分な点が多々見られはしますが,全体的にその相手の「心の流れ」に沿う構えがあり,その気持ちの表明に応える(受けて伝える)ことがなされています。"うーん,動けるかなと"(第5回,L7),"とっても楽になって"(同,L55),"陣痛みたいな感じだな"(同,L66)などがその例です。ここでは,「放す」―「聴く」の関係(かかわり)が存在し,そのかかわりのなかで展開していることが知られます。

　この事例は,"聴く"ことのトレーニングの一端でもあるし,また,そのトレーニングのひとつの結果でもあります。これは,一人ではなし得ず,グループを構成してすすめることによってはじめてその成果が得られます。そして,このトレーニングは,相撲力士の「四股を踏む」稽古に相当しますので,継続的におこなうことが求められます。

〈参考文献〉
伊東 博　カウンセリング〔第四版〕　誠信書房　1995
伊藤義美・増田 貴・野島一彦編著　パーソンセンタード・アプローチ　ナカニシヤ出版　1999
カーシェンバウム,H.・ヘンダーソン,V.L.編／伊東 博・村山正治監訳　ロジャーズ選集

誠信書房　2001
河合隼雄　カウンセリングを語る（上）（下）　　創元社　1985
増田 實「『聴く』ことのトレーニングを」　中学校学級経営 NO.17　明治図書　1987
増田 實「自己表現を大切にするカウンセリング」児童心理 NO.614　金子書房　1993
増田 實編著　健康カウンセリング　日本文化科学社　1994
西光義敞　暮らしの中のカウンセリング　有斐閣　1984
ロジャーズ, C.R.／畠瀬 稔・畠瀬直子訳　エンカウンター・グループ　ダイヤモンド社
　　1973
ロジャーズ, C.R.／畠瀬 稔・畠瀬直子訳　人間の潜在力　創元社　1980

第4章
教師教育へのヒューマニスティック・アプローチ
―― 一教師のカウンセリング学習を通して

1. はじめに

　学校での教育活動が"ヒューマニスティック"(humanistic)な展開に向かう基本的な条件のひとつは、そこでの教育に携わる教師自身が"ヒューマニスティックに成る"ことである、と考えられる。
　教師がこのように"成る"には、教員養成の段階・過程（あるいは、それ以前）においてそれへ向けての教育プログラムがつくられ、その具体的な実践が展開されるよう求められるし、それとともに、現職教育のなかでもそれに向けて推しすすめられる必要がある。しかし、今日の現状は、概して、心許ない。
　これには、さまざまな理由が考えられるであろうが、教育界において"ヒューマニスティック"への志向が必ずしも積極的に考えられていないこと、"ヒューマニスティック"の意味・概念が容易に捉え難いこと、したがってその具体的な方策が見出されないままでいること、などがその主要な理由としてあげられよう。
　それでもなお、否、それだからこそ、教師自身が"ヒューマニスティックに成る"ことが、今日、よりいっそう求められる。"ヒューマニスティック"の厳密な概念規定についての検討は他に譲りながらも、教師自身が自己を開き、その相手（児童生徒）の内的世界で起こる体験の流れに沿うところに、ヒューマニスティックな教育への萌芽が見出される、と考えられる。
　教師自身の自己の開放、相手の内的世界の流れに沿うこと――この二つは、

相互に深く関連しているとみられるが、これらが少しでも多くなされていく（体得されていく）ことそれ自体のなかに"ヒューマニスティックに成る"ことが含まれている、とみられる。

ここでは、現職の一教師がカウンセリングの学習を通して、このような意味での"ヒューマニスティックに成る"過程とそのひとつの結果（教師自身のヒューマニゼイションの姿）を素描しながら、教師教育のヒューマニスティック・アプローチに関する一資料を提供したい。

2. カウンセリング学習と自己開放

カウンセリングの学習、就中、その体験的な学習は、それを学ぶ者自身の自己開放をもたらす、と考えられる。

体験学習には、今日、さまざまな手法が開拓されているが[1]、その体験を重ねるなかでその学習者は、そこでの他者とのかかわりを経ながら自分自身と対面し、いまある自己の姿に直面せざるを得なくなる。筆者が主にすすめている体験学習は、エンカウンター・グループとカウンセリング・ロールプレイであるが、このいずれの場合においても、このことがその学習者の内面で生起する、と考えられる[2]。

カウンセリング・ロールプレイは、サイコドラマ（psychodrama）でのロールプレイと異なり、その学習者同士が聴き手と話し手の役割をとり、約15分間の面接をおこない、その面接録音を逐語記録に写し替えて、これをフィード・バックしながら主として話し手の内面の流れに沿ってどれだけ聴くことができているかを見つめ直す、という体験学習であるが、このロールプレイを通して、その学習者は、多くの場合、いかにその相手の内面に耳を傾けていないか、そして、自分自身の内面的枠組み（internal frame of reterence）が狭固であるかに気づくのである。人はそれぞれ、自分自身の内に自己の枠組みをもっており、それを支えにしてその人自身生きているのであるが、そこには、かれ自身の価値観や対応感[3]が含まれている。そして、カウンセリング・ロールプレイなどの体験学習を通して、その学習者は、このような枠組みをもついまある自分の姿を見ることになるのである。

このロールプレイは、その学習仲間とともに何回か継続してすすめられるが、自分以外の者のロールプレイのフィード・バックにも加わり、そこでの間接的な体験を得ながら、いまある自己を肯定でき難い気持ちをもちつつも、その継続のなかからその人自身の内的変化を生むようになるのである。

この変化は、その学習者によってそれぞれ異なるし、自己の姿への直面のしかたによっても異なるようである。概して、自己への直面が率直に、しかも、内面から湧き出るようになされるほど、この変化は確かなものとなる、と思われる。そして、この変化は、その人自身の内面的枠組みの拡大化・柔軟化への方向をとって現われてくる。

これは、カール・ロジャーズの述べている「成長の方向」、すなわち、見せかけ（facades）・"……すべき"（oughts）・期待に沿う・他人を喜ばすことから離れ、自己指示（self-direction）的になる・過程的になる（be process）・複雑になる（be complexity）・経験に対して開放的になる（open to experience）・他者を受け容れる（accepte others）・自己を信じる（trust of self）ことに向かう[4]という人間の成長過程と軌を一にする、と考えられる。

また、エンカウンター・グループ体験からは、その人自身が自己のもつ「感」（感覚・感性・感情など）を啓き、新しく自分自身の「観」（価値観・人間観・教育観など）を創っていくようにもなるが[5]、ロールプレイ学習者の内的変化は、このようなエンカウンター・グループ体験から生じることとも軌を一にする、と言える。この点から、カウンセリング・ロールプレイとエンカウンター・グループを併せ継続して体験を重ねるならば、その学習者の自己開放は、より豊かになる、とみられる。

そして、この自己開放は、その相手の内的世界のなかで生起する体験の流れに沿うことをより容易にする。人間のこの体験の流れは、一人ひとりによって異なり、そのときその場によっても決して同じではない。そこには、異常と思われるほどの違いもある。このような異なった内的世界の体験の流れに沿うには、それに対応する人間の自己開放がなされていなければ、それはなし得ない。自己開放のなされていない（例えば、感性が豊かでない、ある価値観にとらわれている）場合には、その相手のなかで生じる微妙な感じを見すごしてしまうであろうし、自分と異なる考え方を軽視し、また、排除してしまうであろう。

これは,"ヒューマニスティック"からは離れたあり方になる,と言えよう。

3. ロールプレイを通しての体得状況

つぎに,自己の開放と相手の内的世界の流れに沿うことに関する体得状況を,一教師のカウンセリング学習,就中,カウンセリング・ロールプレイの体験学習過程から見出していきたい。

その教師(以下,A教師と呼ぶ)は,約3年間にわたるカウンセリング学習のなかで,体験学習としてのロールプレイを実施しているが,その実施概要はつぎのとおりである。

第1回　1988年12月 3日　相手・K
第2回　1989年 1月 6日　相手・O
第3回　1989年 2月 4日　相手・O
第4回　1990年 8月19日　相手・O^2
第5回　1991年 1月20日　相手・N
第6回　1991年 3月18日　相手・Y

これらのロールプレイでは,その内容がすべて録音テープに収められており,この6回についてはすべて逐語記録に写し替えられているので,その体得状況が些細に見ることができる。

カウンセリング・ロールプレイは,その学習者同士が聴き手・話し手となってすすめていく点で,相互に学び合うということがその基本となるが,同じ相手と5回にわたって継続してすすめていくなかでは,ロールプレイではあってもカウンセリングそのものと同様の様相となって展開されることもしばしば現われる。

A教師は,上記のとおり6回分のロールプレイを提示しているが,その一つひとつは,同一相手と5回実施したうちの1回分であって,かれが実施したロールプレイのすべてではない。しかし,この6回分のなかから,かれの自己開放とその相手の内的世界の流れに沿うことの体得状況をうかがい知ることができる。

その体得状況は,このロールプレイのなかで言語的に表明されているA教師

の「応え」(response) の様相をみることによって確かめられる。それは,「応え」が相手の内的世界の動き（気持ち―考え,感情,感じなど）に沿った聴き手（A教師）の返すことばであって,聴き手の「感」の啓発と「観」の再構成（自己の開放）の程度に応じて,多くなされ,また,的確になされていく,と考えられるからである。

(1)「応え」の変容状況

A教師が実施した上記6回分のカウンセリング・ロールプレイのなかに表わされた「応え」を要約して示すと,つぎのようになる。

回	1	2	3	4	5	6
応え	6	1	2	4	21	13
発言	22	19	11	26	41	22

※発言数は「うん」,「ええ」など以外のA教師の発言数である。

A教師の「応え」は,4回目以前と5回目以後とでは,大きな違いがある。かれは,関心をもち始めてこの学習に入り2回,3回目まで続けたが,この頃から"何となく嫌気がさしてきたようだ"と当時をふりかえって述べており,第4回目まではカウンセリング・ロールプレイに対して消極的（やや否定的）になっていたようである。

このことは,ロールプレイのなかにも如実に表わされているし,かれ自身も"逐語記録にも出ているようです"と述懐している。かれは,この時期,迷いのなかにおり,谷間に漂っていたのではないか,と推量される。第4回目のロールプレイは,このような状態のなかでも"何か"にひかれて実施した,と思われる。この"何か"は定かではないが,谷間の迷いから立ち上がる起動源がそこにあったのではないか,と思える。

否定的な状態にあって,自分自身のこのような起動源に自から触れる体験がその後のA教師を導くに至った,とも思わされる。否定の体験が深いほど,その後のその人自身を肯定に向かわしめる,ということは,個人の成長における基本的な側面であるとともに,カウンセリング学習過程にもそれが当てはまる,と考えられる。

上記の第1回目から第4回目までは,「応え」が発言数の5.2%～27.2%であるのに対して,第5・6回目では,それぞれ,51.2%,56.5%となっており,

「応え」が発言数の半数を超えるようになっている。

このことは，A教師がカウンセリング・ロールプレイの体験学習を通して，また，そのなかで，かれ自身自己を開き相手の内的世界の流れに沿うようになってきている，という示唆とみることができる。

(2)「応え」の具体例

つぎに，カウンセリング・ロールプレイのなかに見られる「応え」の具体例を示しておこう。A教師は，第5回および第6回目のロールプレイで以下のような対応をしている。

第5回目のなかの例

N：あの，実は私，還暦を迎えるんですけれども（はい）それがなかなか（はい）あの，実感としてね（はい）「あー60才になるんだなあー」っていう感じが全然しないんですよ。
A：「あ，60才になるんだぁ」っていう感じが（えー）全然しない。（はい）うん
N：だから，「何でだろうなー」っていうような思いがあの（うん）あるんですけれども，
A：あ，「何でだろうなー」っていう思いが，（えー）はい
N：まあ，年をとるっていうことに対しての抵抗は全然ないんですけども，（うん）
A：年をとるっていうことに対しての抵抗はないんだけれども，（えー）うん
〈間〉
N：「何でだろうなー」と思う〈笑い〉んですよね，やっぱり。
A：「何でだろうなぁ」って，（うん）
N：まあ，あの，えー，むしろね（うん）あの，終戦後からね（うん）46年目ですか（うん）今年は（うん，うん，46年）ね。あ，戦後は46年間も生きてきたんだなぁ，って，あのそういった思いはね，ずっしりと感じるんですけども（うん）自分自身のその60才になった，ていうその実感っていうのはね（うん）もう，ずっしりとは，あの，こないんですよ。（うん）
A：戦後46年生きてきたんだなぁ（うん）ていう思いはずっしりと，（うん）〈間〉でも，60才になったっていう思いは，ずっしりとこない。
N：そう，どうしてかなあー
A：ああ，どうしてかなぁ，って

> N：自分でもわかんないんですけどもね（うん）〈間〉だから，これから先のね（うん）あの，まあ，えー生き方ですか（うん）そういうのを考えていかなくちゃなんないですけれども（うん）まあ，根がのん気なほうですので（うん）あんまり，その，（うん）深刻にね（うん）あの，考えてはないんです。（うん）
> A：あんまり深刻に考えていない。（えー）うーん，のん気な方だから，（えー）

　以上は，A教師とNとのロールプレイの最初の部分であるが，A（Aに＿を加えた発言）は，話し手Nに対する「応え」といえるA教師の表明である。上記の5つの<u>A</u>をみると，Nの陳述に対する単なる「くり返し」のように見え，簡単にこのような対応ができるように思えるが，決してそうではない。例示はないが，第1～4回目のなかでは，A教師は，その相手のこれに類似した陳述があっても"うん"や"ええ"以外のことばになる対応さえ出せないでおり，「応え」は，数少なかった。

第6回目のなかの例

> Y：あの，前回から，えっとー，自分がカウンセリングを学んでいるのに，その，カウンセリングの精神を，なかなか，こう，あの，身につけることができないというのか，（うん）それを，あの，生かすことができないということで（うん）お話を，あの，聞いて頂いたんですけれども，いまもその気持ちは（うん）やっぱりあるんです。（うん）本当にあの，カウンセリングを学んでいない方のほうが（うん）なんか，あの，もっと広い心で（うん）接してみえるなぁというふうに感じる場面が（うん）あの，ときどきあるんですけれど（うん），最近は，ちょっと，あの自分も心に余裕をもててきたっていうかなぁ（うん）
> A：最近は，自分も心に余裕をもててきたっていうかなぁ。
> Y：ええ，あの，うん，共感できない，できない原因みたいなのが（うん），ちょっと自分でもわかってきたっていうのか，
> A：共感できないという原因が，ちょっと自分でもわかってきたというのか。
> Y：ええ，あの，やっぱり自分の物差しで（うん）相手をみることが多かったんだなぁ，ていうことが，あの，わかるようになってきたなっていうふうに感じるんです。
> A：あ，やっぱり，自分の物差しで（ええ）みていたな，てことが（ええ）わかる

> ようになってきた。(ええ)
> Y：だから，あの，共感できていなかった。つい，こう，自分の物差しではかってしまうので，相手を理解するとか，(うん)相手の立場に立って言うことが，少なかったと思うんですね。(はい)
> A：つい自分の物差しで(ええ)はかってしまうので(ええ)共感できなかった。(ええ)
> Y：でも逆に自分は，理解して欲しいなと思うときに，(うん)相手の物差しばっかりで見られたら(うん)自分をみてもらうことはできないだろうなということもわかってきたし(うん，あ，わかってきましたし)，ええ，だから，その辺，あの，自分の物差しだけでその人をはかってしまうのは(うん)間違いだな，ていうふうに，あの，理解できてきたっていうのかな，
> <u>A</u>：自分の物差しで，相手をはかってしまうのは間違いだな，てことが理解できてきた，ていうのかな，

　この例からみられるように，A教師は，話し手Yの"……かな"，"……というか"というような明確になっていない内的世界にもそのまま「応え」ることができるようになってきている。不明確・不明瞭なこの「『かな』の世界」をそのまま受けとめてもらえることにより，話し手は，そのかかわりのなかで，次第に明確・明瞭な"……だ"という「『だ』の世界」が開けてくる，とみられる。そして，A教師のこのような「応え」は，その相手にとって深い意味をもたらす，と考えられる。

　これらの「応え」のなかには，A教師の自己の開放，相手の内的世界の流れに沿うことの体得状況が見出される，と言えよう。

4．体得過程からのアウトカム

　A教師は，カウンセリングの学習を続けていくなかで，自己の教育実践がどのように変化してきたかについてふりかえり，それを「教師としての自らの成長に焦点をあてて」と題して記述している。このなかに表わされていることは，かれがカウンセリングの学習から体得されたそれぞれの時点での過程的なアウ

トカム（結果として生じたもの）であるとみられるが，そのなかにはかれの"ヒューマニスティックに成る"姿の一端が垣間見えてくるので，以下にそれらを要述しておく。

(1) カウンセリング学習以前（1987年頃）の教育実践

A教師は，当時教職生活8年目にあった小学校3年担任時のクラスの「出来事」について，まず触れているが，それに対する自己の考え方や他者への対応が権威的・非容認的・管理的であった，と述べている。

「……この学年は，保育園のころから，教師の手に負えない学年として有名であった。『この子たちを良くするのは自分しかない』という強い思いから，自ら希望したものであった。……この子どもたちを担任したものの，私の想像以上のパワーをもって私に迫ってきた……。」

「朝，私が教室へ行くと誰もいないのである。運動場，講堂，裏山と子どもたちを捜すことから毎日の日課が始まる……。無駄な時間を費やされるようで，こんな子どもに強く腹立たしい思いをもった。……『おまえら，ええかげんにせえよ。先生をなめてんのか。』と脅しと説教の時間であった……。」

「勿論，授業は授業にならず，課題をやらない，騒ぐ，立ち歩く，殴り合いの喧嘩をするなどは珍しいことではなかった。……このようなことがくり返されると，私の心のなかに憎しみしか湧いてこなかった……。……我を忘れて，気がついたら子どもを殴る蹴る，ときには胸ぐらをつかんで2階から放り投げてやれば，どれだけ気分がすっきりするだろうか，というそんな衝動に駆られるときもあった。」

また，教育研究会での自己発表資料（「子どもの心，そして教師の心をみつめて」）をもとにふりかえり，「この子たちは俺が変えてやるんだ」という気負いに自分自身が支配されていたこと，その発表会によって他の人を引きつけ，有頂天になる自分であったことなど，「何かに追い立てられて無理をしてしまった自分」であった，と述べている。

(2) その後（1988年以後）の教育実践

1988年の新年度から，A教師は，ある組織的なカウンセリング学習の機関に所属し，その学習を始めたが，その時期以後をふりかえってつぎのように述べている。

「……私のなかで確かに変わったものがある。それは，自らの自然性の回復であろう，と今強く思っている。不思議なもので，自らの自然性に目覚めてくると，子どもの自然性も大切にできるような気がしている。」

そして，かれ自身のなかで印象的なこととして，「積木の会活動」（児童会のこと）をあげ，つぎのように記述している。

「積木の会活動によって，子どもの自由な活動が保証されてきた。すると……，自然に子どものなかに自主性と創造性が現われ出したという事実を目のあたりにした。私を含めて，教師は常に上に立ちたがる，上に立って指導しないと気が済まないところが往々にしてある。……そのようななかで，教師は，子どもの自主性を目指していくのであるが，その大矛盾に気づかないでいる人が案外多いように思える。相手を本当の意味で大切にするということは，どういうことであろうか，カウンセリングを学んでいくうちに自然に身についていったような気がする。

校内の研修の係りという立場を利用したのであるが，……子どもの権威の回復と同時に，教師のパワーを後退させることを徹底して行ってきた。……徐々にではあるが私のこの主旨に理解を示し，他の先生方も同様に実践していってくれた。……子どもが自らの力で動き出すまで待ってみること，おとなの目から見るとどんなに馬鹿馬鹿しく見えたとしても，それは自ら指示する方向に動いていくということ……この2点について実践していくことは，教師にとって並大低なことではないと思うのであるが，私は，このことをあまり不安なくやってきたように思える。……子ども自身が本来もっている力を信じていくことが，知らない間にできるようになっていたのではないか，とも思える。……。」

さらに，学級の活動をすすめていくことに関しても触れ，「その時その時に感じたことをそのまま子どもに返すこともできるようになってきて」おり，「その時の私は穏やかであり，子どももわかってくれることが多い，というの

が実感である」と述べ，続けてつぎのように記している。

　「……4月，子どもとの出会いがある。しかし，子どもひとりひとりの出会いは新鮮なものではなくて，『この子はこんな子である』というレッテルはすでにその前から貼られているのが常である。もしかしたら，私は，以前より真白な状態で出会っているかも知れないと思う。……

　今の私と担任している私の学級を考えてみると，知らず知らずのうちに，今まであった教師の世界の常識から外れていっているようである。……常識のようにやってきたことについても，やってないことも多い。別に意識してそうしたのではなく，子どもの声に耳を傾け，子ども中心に考えた結果，自然にそうなっていたのである。」

A教師は，最後に，不登校の一児童との対応について述べているが，その児童（女子）は，祖母に無理に連れられて途中まで来たが，"学校へ行かん"と言って道端に座り込んだまま動こうとしなかった。

　「……そこに到着したのはいいが，私のできることは何もなかった。ただ子どもと一緒に座っていただけであった。……しかし，子どもは，無言であった。下を向いたまま，小石を積んだり土いじりをくり返すのみであった。……私の希望などきいてくれる余裕があろう筈もない……。私の希望を適えてくれないことへのこだわりを少し持ち続けたまま，私はそばで一緒に座っているだけであった。そして，このような対処のしかたに対して満足はしていないが，不思議と納得していた……。」

5．おわりに

　教師教育へのヒューマニスティック・アプローチに関するひとつの探索をあるひとりの現職教師のカウンセリング学習過程から捉えてみたが，すでに触れたところからも知られるように，教育のヒューマニゼーションは，技術的な側面からではなく，教師自身のあり方・態度に由来する，と考えられる。

　ここでは，この点について事実を示しながらひとつの試みとしてまとめてみた。不十分な点も多く残されていると思われるが，しかし，学校での教育活動を"ヒューマニスティック"な方向に導くための何らかの示唆はこのなかに含

まれているであろうし，また，ここから得られるであろう。

〈註および引用文献〉
1) そのいくつかを列挙すれば，以下のとおりである。エンカウンター・グループ（非構成的，構成的），ロールプレイ，交流分析（TA），クライエント体験，面接記録の聴取，その他のグループ体験
2) 学習者の内面からの自然な湧発にともなう自己との対話・直面には深い意味が含まれている。
3) 「対応感」ということばは一般的には使われないであろうが，敢えて使用した。それは，外界に対する感覚的・感性的な対応の枠組みであって，例えば，びっくりしたとき，それによっていっぱいになり，内面に余白のない状態になってしまう場合があるが，それがその人の対応感のひとつである。
4) Rogers, C.R. "To Be That Self Which One Truly Is" A Therapist's View of Personal Goals（On Becoming A Person　1961　pp. 166-182）
5) 増田 實　『感』を開き『観』を創る　村山正治他編　エンカウンター・グループから学ぶ　九州大学出版会　1991　pp. 37-55.

〈参考文献〉
増田 實　「エンカウンター・グループと教師教育の実際」井坂行男編著　カウンセリングと教師教育　共同出版　1985
出井・増田・見藤　ヘルス・カウンセリング　教育医事新聞社　1989
畠瀬 稔　エンカウンター・グループと心理的成長　創元社　1990
増田 實　「担任教師と児童との間にカウンセリングは成り立つか」　児童心理10月号臨時増刊　金子書房　1990
堀・伊東・伊藤・河津　「人間中心の教育の諸理論と実践」　人間中心の教育　No. 8　人間中心の教育研究会　1991

第5章
エンカウンター・グループと
カール・ロジャーズ

1. エンカウンター・グループとの出会い

　一昨年（1973年）の夏，私はカール・ロジャーズ（Carl R.Rogers）の主宰するエンカウンター・グループ（encounter group）に参加した。しかし，正確にはこのような表現は誤りであるかも知れない。それは"ロジャーズの主宰"ではなく，「人間研究センター」（Center for Studies of the Person　略記C.S.P.）の主宰であり，"エンカウンター・グループ"とは呼ばずに，ラ・ホイア・プログラム（La Jolla Program）と呼ばれているからである。そこで，この小稿では，この辺の事情を記述するところから始めたい。

　C.S.P.は，1968年後半，「西部行動科学研究所」（The Western Behavioral Science Institute）にいた心理学者などがロジャーズを中心に設立したひとつの組織である。設立の目的や理想の実現には，まだ十分に至ってないようであるが，ロジャーズは"明日の人間がまったくの幸せになるような非組織的な組織（non-organized organization）を建設していることを，われわれはしだいに認めるようになってきている……このセンターの核心あるいは本質は，われわれがつながりのなかにいるというコミュニティの精神（the spirit of community）である。われわれは決して統一的ではないのである。したがって，われわれは，より自由に希望や不満を分かちあい，対人関係における不和感を分かちあい，ここでつくられた集団のなかに生じる誇りや失望を分かちあうことができるのである。われわれは，時折，全スタッフでおこなう大きな冒険的な企てを実施

することがあるが，それは，大きな一体感を与えてくれる。われわれは，いま，ひとつの組織をもっているが，それは，われわれ全員が育てた心理的家庭（psychological home）であり，同時に，われわれがそこから数多くの高度で多様なことがらを為しに出かける家庭である。われわれの活動を結びつける唯一の要素は，ほとんどすべてのスタッフがそれぞれの目標の一部として，人間生活の充実と改善をおこない，それらにかかわることがらについてより深く理解することなのである"と述べている。

この叙述にみられるように，C.S.P.は，組織の人間化（humanization）を目指してつくられた組織であるといえる。大学にしろ，企業にしろ，あるいは，官庁にしろ，組織は，一般にひとたびつくられると，それ自体に管理機能が生じ，人間は，そのなかで管理される傾向をもつ。そこでは，人間の潜在的な能力，創造的な思考，自由な開発や発見，仕事や生活への意欲，主体性などが失なわれがちになる。そのなかで，われわれは無力感に襲われる。こうした組織の弊害をとり除き，組織本来の意義を探究し，そして，それぞれの個人の人間性を回復するとともに，人間中心の組織として展開しようとしているのが，C.S.P.であるように思われる。

C.S.P.は，その実際の運営を全スタッフの自由な発想に委ねられているとみられるが，その根底には，ロジャーズのいわゆるクライエント中心的カウンセリング（client-centered counseling）の考え方が脈々と流れており，これを組織の改善やそのなかでの人間関係の促進，そこに携わる個人の能力の開発にまで拡大し，それを自らのうちにおいて実践しているように思われる。さらに，C.S.P.は，これらの実践を組織内部で考えるだけではなく，ひろく外部に働きかけることを目指して，また，組織内部においてすすめられ生産された成果を外部においてさらに再生産することを目指して，いくつかのプロジェクトを推しすすめている，とみられる。そのひとつ，しかも最大のそれが，ラ・ホイア・プログラムであると言えよう。

私の参加した一昨年のプログラムは第7回目のそれであったが，案内書その他の文書のなかに「1973 Summer Institute」（これがラ・ホイア・プログラムを示す具体的な固有名称である）という文字は見られたが，"エンカウンタ

ー・グループ"なる文字は見あたらない。このことについて,ひとつの考え方があるように思われた。

　アメリカでは,1960年代の後半から,緊張・混乱・変動の激しい社会のなかで伝統的な価値観に対する批判や再検討がなされてきたが,そのなかで古い枠組みからの脱皮が求められた。自由でありのままの人間でいられることへの渇望,ほんとうに触れあえる真実の人間関係の創造,揺れ動く時代に生きる再学習の場の探究などが強く求められて,種々のグループを生んだ。これらのなかには,いかがわしいヒッピーまがいの洗脳グループから,理論的背景に支えられたTグループや感受性訓練のグループまでが含まれ,一部には危険な集団とみられることもあるようであるが,こうしたグループは,爆発的に流行した。そのため,これは「エンカウンター・グループ運動」あるいは「潜在的能力啓発運動」と称されている。そして,これらのグループをワークショップなどによってすすめているのがグロース・センターであり,現在全米には200か所もあるといわれ,C.S.P.もそのひとつとみられている。しかし,C.S.P.は,この「エンカウンター・グループ運動」の一翼をになっていながら,他のこれに類するグループとの区別を考えて,"エンカウンター・グループ"という表現を使わずに「ラ・ホイア・プログラム」あるいは「1973 Summer Institute」と呼んでいるのではないかと思われる。

　"ラ・ホイア・プログラムの特徴,この集まり(Institute)で強調されていることは,(ファシリテーターとともに)少人数のグループのなかで直接的な体験(direct experience)を得ること,それから,週末グループ(weekend group)[1] で参加メンバーがファシリテーターとなりグループを促進する機会(小グループ経験)をもつことである。これに加えて,全参加者が一堂に会しながら場面構成をほとんどおこなわないミーティング(community meeting)をしばしば実施することに重点をおき,これを強調するようになったことである。このプログラムに深く根ざしていることは,……グループ・リーダーシップについて人間中心の哲学(person-centered philosophy)をもつこと,ファシリテーターが技術的に優れているというよりもむしろ全人的(as a whole person)に参加しているとき,グループもファシリテーターも最大限に成長するという点を重視する考え方をもつこと,である。このプログラムは,こうした

哲学を体験することに関心をもつひとのためにある"と述べられているように，人間の心理的成長と対人関係，コミュニケーションの改善に焦点をおくベイシック・エンカウンター（basic encounter）あるいは集中的なグループ体験（intensive group experience）を目指している。

　このグループは，通常10名程度の人数で構成されており，そのなかにファシリテーターも含まれる。ファシリテーターは，感情を自由に表現できるような心理的に安全な雰囲気を維持するように配慮する。そして，それぞれのメンバーが感情の動きを探究し，グループ内の対人関係を豊かにするよう努める。ここで強調されることは，日常もっている防衛や仮面を拭い去り，真実の自己を認め，勇気と冒険をもって偽りのない自己を表明して自分を開いていくことである。真実の自己の直接的な表明がなされるところでは，感情が露呈し，それには肯定的なもの，否定的なものが含まれるが，これらが批判的でもなく，また，何ら低抗もなく受け容れられるなかでは，他人と心を開きあった出会いが生まれる。また，自己の態度や行動，対人関係のあり方などについての自信のなさや疑問，変化への恐れがなくなり，あるがままの自分を受容する方向へと動いていく。こうして，防衛や仮面の固さから開放されていくと，お互いに他人を理解するようになり，他人から学べるようにもなる。この結果，グループのメンバーは，相互に深い理解や共感を得ていくとともに，自分がこれまでもち続けていた自己概念から脱け出して，新しい建設的で革新的なアイデアや行動をあらわせるようになる。このようなグループ内での学習は，現実の人間関係のなかでなされただけに，実際の日常生活においても活かされるような強さが生まれる。

　ラ・ホイア・プログラムでは，このように，他のエンカウンター・グループとは違った点を強調しながらすすめられているように思われる。

　このプログラムは，1期17日間をとって4期おこなわれた。自然環境，気候に恵まれたカリフォルニアの南部，カリフォルニア大学のサン・ディェゴ・キャンパス（UCSD）がその場所であったが，開放的で明るく私の心を自由に開かせてくれた。17日間をキャンパス内の寮（アパートメントと呼んでいる）で過ごしたが，この寮の一部になっている談話室がスモール・グループをおこ

なうところとされていた。ソフトでゆったりとした応接用の椅子があり，補助椅子も準備され，床にはジュウタンが敷きつめられているので，寝ころぶことも自由にできる。このような物理的条件もグループそのものを自由にする要因として無視できないであろう。

　17日間の大枠と前半の日程は，事務局でおおよその予定を組んであるが，細かな部分については，参加メンバーやスモール・グループの意志によって決められ，また変更される。後半の日程は，参加メンバーの意志と選択に委ねられていた。この間におこなわれたセッション（主な内容）は，四つに分けられる。それらは (1) 参加者全員の集まり (community meeting) (2) スモール・グループ (small group) (3) テーマ別のグループ (thematic group) (4) 週末グループ (co-facilitate weekend groups) である。これら以外に，メンバー相互の親和をはかるための海岸でのパーティ，エンカウンター・グループの映画の上映，予定時間外におこなう内面的な動きを豊かにする音楽とダンス (dance and music) などがおこなわれた。

　しかし，このプログラムの中心は，なんといっても，small group, community meeting, それと co-facilitate weekend groups である。small group は，「assignment sheet」[2) によってそのメンバーが決められるが，1セッション約3〜4時間で午前・午後・夜の5回（5セッション）くり返され，つぎのグループに移る。集中的なグループ体験，ベイシック・エンカウンターは，ここでおこなわれる。グループによって，そのプロセスには多少の違いが見られるが，その開始時間になってメンバーが一人ひとり部屋に入り顔を合わせたときに自然な会話が交わされ，それがグループの出発点になる。ファシリテーターの"さあ，始めましょう"といった発言はない。極めて自発的であり，スムーズであり，ここからグループが始まるといった明確な区分線などはみられない。ただ，こうした動きのなかのどこかでお互いの名前（氏名ではない）を確かめあうことは，必ずみられる。

　1セッションのなかで，会話の焦点がグループのひとり，あるいは，ふたりに自然に向いていく。その会語がグループ・メンバーのあいだでくり返され深められていくにつれ，知的な冷静な（あるいは冷やかな）話し合いではなくなり，感情が含められ，しだいに感情の表出となってくる。このときの感情は，

概して否定的なものが多い。こうした感情の交錯のなかに，いわゆる「コミュニケーション」の芽が出てくる。感情が高まり，興奮した表現がみられるようになると，メンバーのなかから，その感情や興奮を分かちもつ (share) ようにそのひとの近くに寄り添う者が出てきて，身体的にも触れあうようにもなる。こうしたなかから，全人的なコミュニケーションが湧きあがってくる。否定的な感情の受容のなかから信頼の感情が出てくる。そして，偽りのない自己を見出すとともに，その人の真実さ (realness) があらわれ，深い出会いとなる。感情は，暖かい肯定的な動きへと転化する。「我と汝の関係」(I-Thou relationship) がこの辺であらわれるように思われる。

こうしたグループの動きは，セッションごと，ほとんど間違いなく起こる。この間，メンバーのなかに発言のない者がいると，メンバーの誰かから"いま，どう感じているか"，"comfortable か"などと問いかけがある。私など，言語的な不自由さがあったので，よく問いかけられた。この問いかけは，私自身，よりいっそうグループに入っていける契機になった印象が強い。また，あるセッションでは，メンバーのひとりが他のメンバーに"あなたは分析 (analysis) する"と言ったことから，激しい対立が起こった。グループのなかで心理分析をすることは，知的に，冷やかに，距離をおいて外側から眺め，メンバーと対物的に接するようになるから，直接的な体験を得られ難い。また，グループの動きを停滞させるようにも思われた。「manipulation」(操作) ということが他のグループで問題にされた，と後になって耳にしたが，これも同じような意味をもつのではないだろうか。

small group におけるファシリテーターの動きは，概してファシリテーター「らしく」ない。それは，ファシリテーターがメンバーと同じようにグループに入ったままでいることが多いからである。リードや方向づけ，概念的な説明などはみられない。自分の感情にしたがって動き，自分の問題を自由に表明しているようであった。グループメンバーとともにおり，グループを受容し，共感的に理解することを示しているように見えた。

community meeting は，参加者全員のコミュニケーションの場である。事務局からの連絡などもごくわずかなされるが，その中心的な意味は，スモール・グループそのものの拡大であるようにみえる。自分の感情を自由に表出し，参

加者全員に投げかける。第2回目のミーティングでは，50歳前後の品の良い男性が内面の問題を話しながら感情的にしだいに高まり，参加者のなかから数人が近より，かれの感情を分かちもつ光景が見られた。「いま・ここで」の自己を表現し，それをめぐって他者と心を開きあった深い出会いに入っていくプロセスは，スモール・グループのそれと類似している。

このミーティングは，週末グループの期間を除いてほとんど毎日1～3時間おこなわれた。17日間の後半には，これまでの体験のなかでどのように自分が変ったかが述べられ，また，残りの期間でどのようなことが自己の課題とされるか，何をしたいのかなどといったことも聞かれた。「テーマ別のグループ」は，こうしたなかで自己の選択に応じてつくられたグループでもあった。

co-facilitate weekend groups は，このためのグループ・メンバーを一般から別に募って，この17日間の参加者がファシリテーターとなってすすめていくスモール・グループである。ここでは，グループメンバーとしての体験ではなく，ファシリーテーターとしての体験がなされる。これは，金曜日の夜から日曜の午後2時頃まで5セッションあり（時間的にスモール・グループとほぼ同じ長さ），17日間のうち中間の週末と最後の週末の2度おこなわれる。このグループを体験することによって，われわれ参加者は，ベイシック・エンカウンターを表と裏から体験することになる。また，それと同時に，ラ・ホイア・プログラムは，幾何級数的にグループ体験者を増大させ，近年エンカウンター・グループ運動が下火になってきたとはいえ，その広がり，一般への浸透を着実に強く推しすすめているのである。

2．私のエンカウンター・グループ体験から

「エンカウンター・グループの未来」ということに関して，私自身のこれまでの体験を視点の根拠にして，その若干を述べてみたい。

エンカウンター・グループには個人（人間）の成長や人間関係に関するさまざまな可能性が含まれている——これが20年以上このグループに携わってきた私の実感である。エンカウンター・グループは，1960年代後半，アメリカでは「潜在的能力啓発運動」と呼ばれるほどの大きなうねりとして展開するよ

うになったが，今後このような状況が再現されることはないであろう。また，ブーム的な運動を望むことも，今後の志向ではないであろう。むしろ，人間の「生」にかかわる地道な進展としてすすめられることが望まれる。

私のエンカウンター・グループへの最初の参加（体験）は，1972年の夏であった。それは，摩耶山で開催された本研究会（人間関係研究会）初期のそれであったが，この体験にひかれてそのつぎの年「ラ・ホイア・プログラム」（La Jolla Program）に参加した。

私のエンカウンター・グループの原点は，この二つに求められる。前者では，その体験後，私自身のなかにほのぼのとした暖かさが湧き出てきているのを感じ，それまで（存在しながら）眠っていた感覚や感情を啓かせてくれた。後者では，これまで触れることのなかった人との出会いを通して（潜在的な）自己自身と出会う端緒を得，つくられていた狭い固い内面的枠組みから開放されて自由な自己自身になっていく思いであった。

この体験は，私個人のそれであったが，このようなことは，私ひとりのみが経験する体験ではないように思われる。これは，時空を超えた個人の体験としての意味があるのではなかろうか，と思える。エンカウンター・グループ体験後の生の声には，肯定的・否定的さまざまな反応があるが，それへの参加がその人自身の感覚や感情，感性などを啓いていく（「感」の回復・啓発）体験になっているとともに，その人自身を変えていく（内面的枠組みの柔軟化・拡大化）体験になっている，といえる。そして，これは，他者の内的世界の成長や治療への援助に欠かすことのできない土台となる。

教育，福祉，医療，その他，人間にかかわる援助活動に携わる際，それぞれの専門的知識や技術を得ておくことは当然求められるが，これ以外に，それに携わる者の内面のあり方（What to be in ones inner world）がその活動を援助的にしていくか否かという分岐をもたらす，と思われる。とくに，カウンセリング的援助をおこなう場合には，これはよりいっそう顕著である，と言える。それは，その相手の成長を求めようとするならば，それに対応する者のうちに相応の自己成長がなければなし得ないからである。「子どもは，親の背を見て育つ」という諺が想起される。

エンカウンター・グループの過程では，相互的なかかわりが次第に深められていくなかで，しばしば沈黙を経験する。この沈黙は，多くの場合，何となく気まずい思いとして受けとられ，それが起こらないよう，また，避けようとするが，このグループ体験のなかから，同じ沈黙であってもそのときどきで異なった意味をもっていることを感得するようになる。

「グループの初めで，うまく心が伝わらない気まずさの沈黙から，次の展開への間としての沈黙，その場で話された言葉を熟考するため，また，その言葉の背景やその場の人々の心を考える時間としての沈黙，そして，最後のセッションでは，それまでのことに思いを馳せ，残り少ない貴重な時間を噛みしめる沈黙」(村山正治他編『エンカウンター・グループから学ぶ』九州大学出版会 1991 45頁)などをこのグループ体験を通して感じとるようになる。

このようなことから，沈黙のときほどその人自身の内面が動いている(考えたり，感じたりしている)ときはない，と言えるのである。そして，沈黙のこの動きは，外からは見え難い。見えないこの動きを見るには，感じとる以外に道はない。そこにいる人の「見えない世界」を見るには，それをあえて言語化するよう求めずに，こちら側の「感」の世界によってそのまま受けとめる以外にはなし得ない。このことが肝要であるが，それには，感覚・感性などの豊かさが不可欠である。

カウンセリング面接の過程では，しばしば沈黙が生じる。そして，この沈黙は，カウンセリングの成否にかかわることさえある。そこでは「沈黙を聴く」ことの重要性が浮き彫りにされてくる。エンカウンター・グループには，感覚・感性など(「感」の世界)を通して「沈黙を聴く」「見えないものが見えるようになる」トレーニングの要素が多く含まれている，と言える。

また，「感」の世界に関しては，「能」の諸業との結びつきがあるように印象づけられた。

日本人間性心理学会第13回大会(1994年)では，ワークショップのひとつとして「能の謡と囃子」のプログラムが組まれており，たまたまそれに参加するようになった。「からだとことばのレッスン」に参加する予定であったが，遅れて会場に着いたため入室しにくく，うろうろしていた折，隣室の「能の謡

と囃子」が休憩時間であったので，休憩後誘われるまま合流してしまった。これも，ひとつの縁かと思う。

　ここでは，謡と鼓に触れた。そこでまず，謡について記してみたい。「能」の謡は，よく知られているように，独特の発声から生まれてくる。この発声には相当の修業が求められる，と思われたが，われわれ参加者も，その初歩的な実習をおこなった。大きく深く息を吸い，それをゆっくり長く吐く。そして，息を吐きながら「アー」や「エー」の声を出す。

　この呼吸のしかたは，気功などでもなされており，これまで同じような経験をしたことがあったが，これに声を加えることは初めてであった。この発声には，全身に心地よさが感じられた。これを参加者全員が一斉に，しかも，それぞれ思いのままにおこなうのであるが，それを続けていくと，その発声がバラバラであるにもかかわらず，全体的にはひとつの統合性が感じられてくる。これは，不思議なことであった。つながり（連帯）は，個が真の個に近づくとき成し得る，ということを実感させられた。

　つぎに，鼓には，乾いた響きのあることがよく知られている。ここでは，鼓を組み立てることから始められた。鼓の皮をひもで引き締め，その響きが「能」の世界に至るまで丹念に組み立てていくようであった。その過程では，引き締めては音を出し，その響き具合を何度も確かめながら，その作業は続けられていた。

　できあがった鼓を手にして，その所作から打ち出された響きは，胸を射る矢のように感じられた。祭の大太鼓は，ドンと腹に響くが，「能」の鼓は，胸に響いてくる。鋭く一直線に，という感じである。しかし，その響きには心地よさがある。そして，それがくり返し続けられると，からだの奥底にまで届くようであった。

　「能」を観賞し，その世界に入っていると涙があふれてくる，と言う。「能」観賞の経験者が何人か参加しており，その人たちもそのように言っていた。このワークショップの時間に私にはそれはなかったが，涙があふれてくることが確かにあるだろう，と想像できる。

　このワークショップのサブタイトルには，「思ひに届く声」と記されているが，「能」の世界では，この「思ひ」にひとつの基点があるように思われた。

「思ひ」は，一般的に使われる意味での思いとは異なり，感情よりも深い部分に存在する心的（内奥的）な動きである，という。嬉しいときには嬉しさの感情が，また，悲しいときには悲しさのそれが動くのがわれわれ人間の内面の自然な動きであるが，「能」を深く観賞していると，これらの感情がほとんど動かない状態でも，何かわからないまま涙があふれてくる，という。この涙をあふれさせる内奥的な動きが「思ひ」なのである。

　「能」の謡や鼓の響きは，この「思ひ」に届くのであり，それが涙を誘う，とみられる。謡は，「神や死者や鬼や，そして，恋しい人の心を打つ（訴う）ためのコトバ」（本大会プログラム，12頁）である，と記されているが，それは，鼓の響きとともに，われわれの内面の深い部分に届いていく，と考えられる。

　これは，換言すれば，「感」の世界の深い部分への響きである，とみられよう。このような深い部分へ響く（届く）ような所作がなされるのは，容易なことではない。厳しい修業に似た訓練がなければ，それは成し得ない。

　鼓を打つ手を見せて頂いた。その手は，指や手の甲にタコができており，それが固まっていた。そこには，修業の跡が示されていた。この手があってこそ，「能」の鼓の響きが生まれるのであろう。人間の内奥に届くには，なみなみならぬ修業的な訓練が求められる，と思われた。

　すでに述べてきたように，カウンセリング面接時に生じる沈黙には，ことばにしているとき以上にその人の内面では意味深い感情の動きがある，と言える。水面は静かであっても，深い部分には流れがある。このような見えない部分には，「感」の世界によって触れる以外に道はないように思われる。それには，「感」の世界を培っていく必要があろう。

　それぞれのもつ「感」の世界は，「能」の謡や鼓と同様，修業的なトレーニングによらなければ培えない，と思える。この場のひとつがエンカウンター・グループである。そして，修業的なトレーニングには継続することが欠かせないから，このようなグループ体験を重ねていく必要がある。経験的に言えば，少なくとも年2〜3回はエンカウンター・グループに参加するよう自己に課すことが欲しい，と思う。

自己の「感」の世界を培うことがおのずと自分自身の人間観や価値観などを修正し，自己の「観」を豊かにしていくと思われる。

3. カール・ロジャーズの想い出——柔らかく暖かい手——

　私が故カール・ロジャーズ博士の名に初めて触れたのは，昭和31年（1956年）頃であった。学部学生のことであったが，ある講義の中で，「『非指示的』カウンセリングと呼ばれる方法（?）があり，その提唱者がカール・ロジャーズである」ということを耳にした。
　しかし，その後数年間，私の関心は，ロジャーズやかれのカウンセリングに向かうことがなかった。それは，この講義の内容やその雰囲気が「非指示的」カウンセリングに対して否定的であり，それが私に影響を与えていたからであった。他人によって影響されて，自分自身でひとつのことに向かおうとしなかった私の自発性の弱さを恥ずかしく思うが，それとともに，講義や教師の学生に対する影響についても，いまさらながら考えさせられる。

　昭和38年（1963年），私は初めてカール・ロジャーズの著書を入手した。その裏表紙には，その年の9月6日の購入日付けが記してあるが，その著書は，『カウンセリングと心理療法』（Counseling and Psychotherapy 1942）である。これが，私にとって故カール・ロジャーズ博士との初めてのふれあいであった。勿論，その著書を通しての間接的なふれあいにすぎないのであるが，この本を手にしたときの喜びをいまでも覚えている。そして，かれのカウンセリングに魅かれていく自分があったことを，いま想い起こす。
　「許容的な関係」，「個人の成長と自立性の強調」，「情動(感情)の重視」などが，カール・ロジャーズのこの著書のなかで述べられていたことへの驚きがあった。そして，私が何となく感じていたことがこれらのことによって少しずつ明確にされ，共鳴の響きが私のなかに起こってきた。

　その後，昭和48年（1973年），私は初めて故カール・ロジャーズ博士に直接触れる機会を得た。これは，「ラ・ホイア・プログラム」（La Jolla Program）

参加の折であった。このときには、ことばを直接交わすことはできなかったが、かれの生の声を直接聴き、また、その素顔を3メートルほどの距離から直に見ることのできたことによる感動は、大きかった。この感動は、私のなかに深く残っている。

　実は、ロジャーズを見聞きしたのは、この時が最初ではなかったのである。昭和36年、かれの来日の際、東京での講演を私は聞いていたのである。しかし、この時には、私のなかに未だかれへの関心がほとんどと言ってよいほど芽生えていなかったので、ロジャーズに対してやや冷やかに客体的に眺めており、そのためかれを見聞きしても感動らしきものさえ起こらなかったのである。

　感動をともなうその人との接触こそ、初めてのふれあいであると言えよう。それがあったのが、「ラ・ホイア・プログラム」でのコミュニティ・ミーティングの場である。ゆっくりと、しかも、内側から静かに湧き出るような話し振りに魅かれる思いがあったことを想い起こす。このプログラムへの参加経験が私に与えた心理的インパクトも大きかったが、ロジャーズに直接触れることができた喜びも大きかった。

　私にとって故カール・ロジャーズ博士との2度目の直接的なふれあいは、昭和58年（1983年）のことである。この年の4月26日、かれは人間関係研究会の招きで、令嬢ナタリーさんとともに来日した。成田空港に到着されたお二人をその日の夕刻4時頃出迎えたのであるが、これが2度目の直接的なふれあいとなった。

　われわれ（渡辺忠さん、岡部耕典さん、それに私）が成田に着いたときには、二人はすでに入国手続きを済ませており、同じ出迎えの見藤さんと三人でわれわれの着くのを待っておられた。かえって、われわれ三人が迎えられた恰好になったが、挨拶とともに握手を求めてきた。慌てていたことに加えて不慣れであったので、やや落ちつかない気持ちでその手に応えて握手したが、柔かい大きな手であった。このことが印象深く残っている。

　柔かい大きな手との握手———これは、私にとってロジャーズ博士との真の直接的なふれあいであった。そのときには、柔かい大きな手という印象のみであったが、いま想い起こすとその手のなかに握手以上の何かが込められていた

のではなかったか，と思う。

　この折のワークショップのあるセッションでの質疑応答で，私の質問に対して「そのとおり」と言いながら親指と人差し指で丸い輪をつくって応えてくれたことがあった。この応えは面接に関してのことであったが，その応えが，私のそれまで経験的に捉えてきたことへの確証を示してくれたように思えた。このことは，私にとって大きな支えにもなるような意味をもった。かれの著書からも得られない直接的なふれあいからの学びであった。

　昭和59年（1984年），私は故カール・ロジャーズ博士と3度目のふれあいを得ることができた。「第2回国際PCAフォーラム」（Second International Forum on the Person-Centered Approach）が開催されたイギリス（ノリッチ）でのことである。このときには，かれは前年の来日の折より元気そうであった。夜の歓迎パーティでは参加者の何人かとダンスを踊り，その場をエンジョイしているようであった。われわれ日本人参加者のところにも近づいて来て談笑し，求めに応じてカメラに収まることも何度かあった。

　私にとってかれがダンスを踊る姿を目にするのは，初めてであった。そのとき82歳のロジャーズが踊るのに驚かされもしたが，それとともに"人間カール"に触れた思いでもあった。私もその踊りにひかれて踊り始めていたことをいま想い起こす。

　私が故カール・ロジャーズ博士と最後に触れたのは，昨年（昭和61年，1986年）の9月であった。それは，ADCPA(Association for the Development of the Person-Centered Approach)第1回大会の開かれたシカゴ大学でであった。

　PCAは，現在ひとつの潮流であり，私の関心もそれに向かっていることでもあったので参加しようとしたのであるが，故ロジャーズ博士が参加することもこの大会にひかれた理由として大きかった。

　実は，いま想うと，これまで何度かロジャーズと触れる機会を得ていたが，この大会には自分のなかに何か疼くものがあった。それが何であるのか自分でもよくわからないままであったが，それへの参加する疼きがあったことは確かである。そして，その疼きのなかで，「あるいはこれがカールと逢う最後になるかな」と

第5章　エンカウンター・グループとカール・ロジャーズ　　*251*

シカゴ大学インターナショナルハウスにて　故ロジャーズ博士，シルビアさんと（1986年9月7日）
A happy reunion with Minoru Masuda and Sylvia, at the Association for the Development
of the PCA,University of Chicago International House, Sept .7th 1986

いう思いがふと出てきたことを想い起こす。「最後になる」などということは，他言できることではないので自分の心の内にとどめていたのであるが……。

　シカゴ大学でのこのときのかれは，たいへん元気そうであった。3年前の来日の折よりも，2年前のイギリスのときよりも，さらに生命力を得ているかのようであった。声にも，以前にも増して張りが出てきており，冗談も飛び出すほどであった。これ（?）が84歳の人かと驚かされた。

　会場（インターナショナル・ハウス）のロビーで，待たせた人のソファーに向かって小走りに近づいていった姿が，いまでも印象深く私のなかに残っている。そのロジャーズが何故急に，という想いでいっぱいである。

　この大会の最初の夜，参加者全員の夕食時に私はカールのところに近づいていき，再会の挨拶と握手をした。そのときの感触をいまでも想い起こすことができる。"柔かく暖かい手"であった。カールのこの"柔かく暖かい手"は，私に力を与えてくれた思いがする。私のパースナル・パワー（personal power）を湧き立たせてくれた。共鳴のなかに，相手に力を与える手がそこにあった。その手は，いまはもう亡い。この夏にはラ・ホイアに行き，カールの墓参をしてきたいと思う。冥福を祈りながら……。

〈注〉
1）　正確には，facilitate weekend groups と呼ばれる。

2) ラ・ホイア・プログラムの参加者を small group に分ける際，事務局から配られる sheet。assigned small group は 2 回おこなわれたが，その都度全参加者に配られ，この時どのグループに所属するかが知らされる。第 1 回目と第 2 回目のメンバーは，全く異なったグループに所属するよう配慮されている。

初出著書・論文一覧

第1部　カウンセリング
第1章　パーソンセンタード・アプローチへの軌跡——カール・ロジャーズの理論と実践に沿って
　　「パーソンセンタード・アプローチ」(pp.3-20)　ナカニシヤ出版　1999年
第2章　カウンセリングの基本的な捉え方
　　「ヘルス・カウンセリング」(pp.144-162)　教育医事新聞社　1989年
第3章　カウンセリング入門
　　1～17：「教育医事新聞」(カウンセリング入門講座第1回～第17回)　教育医事新聞社　1985年
　　補：「カール・ロジャーズとともに」(pp.72-76)　創元社　1986年
第4章　自己表現を大切にするカウンセリング
　　『児童心理』No.614 (pp.104-108)　金子書房　1993年
第5章　対話とカウンセリング——カウンセラーの役割
　　『現代教育科学』No.337 (pp.57-61)　明治図書　1984年
第6章　心理臨床面接における「傾聴」の実践的意味
　　「東京家政大学附属臨床相談センター紀要」第3集 (pp.49-60)　東京家政大学臨床相談センター　2003年

第2部　生活指導／生徒指導
第1章　人間的成長の援助と生活指導
　　「現代の教育」(pp.94-111)　学術図書出版社　1990年
第2章　生活指導の方法理論
　　「人間形成——教育方法的観点から」(pp.123-135)　明治図書　1977年
第3章　非行と生活指導
　　「現代教育の基本知識」(pp.173-212)　一ツ橋書店　1983年
第4章　「荒れる」学校状況とその克服の視点——カウンセリングによる「共感」的関係の創造
　　「いま授業で何が問われているか」教育方法 13 (pp.37-47)　明治図書　1984年
第5章　甘やかされている子の心の問題
　　『児童心理』No.696 (pp.18-23)　金子書房　1998年
第6章　自己実現に関する一試論
　　『東京家政大学研究紀要』第16集 (pp.49-56)　東京家政大学研究紀要編集委員会　1976年

第3部　援助論考

第1章　自己再構成へのトレーニング
　　　「ヘルス・カウンセリング」（pp.116-142）　教育医事新聞社　1989年

第2章　「感」を啓き「観」を創る──エンカウンター・グループ体験からの自己の変革
　　　「エンカウンター・グループから学ぶ」（pp.39-55）　九州大学出版会　1991年

第3章　グループでの「傾聴」トレーニング
　　　「臨床心理基礎実習」（pp.108-128）　培風館　2004年

第4章　教師教育へのヒューマニスティック・アプローチ──1教師のカウンセリング学習を通して
　　　『人間性心理学研究』第10巻第2号（pp.21-27）　日本人間性心理学会　1992年

第5章　エンカウンター・グループとカール・ロジャーズ
　　1：『相談学研究』Vol.8　No.1（pp.33-35）　日本相談（現・カウンセリング）学会　1975年
　　2：『ENCOUNTER 出会いの広場』No.21（pp.5-8）　人間関係研究会　1996年
　　3：『ENCOUNTER 出会いの広場』No.5（pp.47-49）　人間関係研究会　1987年

索　引

あ
アンビバレント　*161*
イマキュレート・ハート・プロジェクト　*9*
「いま・ここで」　*105*
因果関係論　*94*
「H型」の人間関係　*32*
ADCPA　*250*
エンカウンター・グループ　*2*
援助的アプローチ　*154*

か
開発主義の教育　*110*
カウンセリング・ロール・プレイ　*52, 54*
学習指導要領　*91*
課題志向（task-oriented）グループ　*8*
感覚（身体）覚醒グループ　*8*
感受性訓練　*107*
　　──グループ　*8*
感受性豊かな同伴者　*59*
管理的アプローチ　*154*
北風と太陽　*196*
教育基本法　*93*
教育測定運動　*23*
共感　*43*
　　──性　*48*
共感的
　　──あり方　*47*
　　──な感受性　*58*
　　──理解　*45*
グループ体験　*4*
傾聴　*72*
ゲシュタルト・グループ　*8*
ゲシュタルト療法　*39*
顕型　*132*
元型　*132*
原型　*132*
行動（主義的）カウンセリング　*39*
交流分析　*39*
国際クライエント中心的・体験的心理療法会議　*17*
国際パーソンセンタード・アプローチ・フォーラム　*17*
応え　*229*
コミュニティ・ミーティング　*9*

さ
サイコドラマ　*226*
シクロ　*14*
刺戟・反応理論　*94*
自己
　　──一致　*45*
　　──概念　*97*
　　──構造　*96*
　　──指示　*48*
　　──実現　*96*
　　──の力　*69*
　　──理論　*112*
静かなる革命　*11*
実存主義　*95*
疾風怒濤の時代　*130*
社会性　*183*
「自由で安全な風土」　*101*
自由討議　*106*
主体性　*183*
少年法　*121*
職業指導運動　*23*
スーパービジョン　*52*
スチール・シャッター　*14*
精神衛生運動　*23*

精神分析的カウンセリング　39
西部行動科学研究所　7
絶対傾聴　117
全国精神衛生協会　24
潜在的可能性の実現傾向　7
操作主義　94
創造性　183
組織開発グループ　8
組織の人間化　238

た
対決　176
体験的学習　51
第2回国際PCAフォーラム　250
逐語記録　215
注入主義の教育　109
「出会い」の関係　101
Tグループ　8
独自性　183

な
内観　39
内的準拠枠　97
人間関係研究会　18
人間研究センター　7
人間性回復運動　8
人間中心主義　95
人間中心の哲学　239

は
パーソンセンタード・アプローチ　2
　──発展学会　18
箱庭療法　39
バズ学習　106
パネル・ディスカッション　106
非行　121

PCA　2
非指示的　3
　──面接法　6
非操作性　186
ヒューマニスティック　225
ファシリテーター　9
フォーカシング　39
プロセス・スケール　74
ポーランド・ワークショップ　15
ボストン職業局　23

ま
マイクロ・カウンセリング　39
無条件の肯定的配慮　45
森田療法　39

や
遊戯療法　39
夢分析　39

ら
ラ・ホイア・プログラム　2
来談者中心
　──カウンセリング　39
　──的　3
理論的学習　51
臨床的カウンセリング　38
ルスト・ワークショップ　14
論理＝喚情療法　39
レスポンス　84

わ
わが魂にあうまで　24
「分かちもつ」　108
我と汝の関係　242

著者紹介
増田　實（ますだ　みのる）
1963 年　東京教育大学大学院教育学研究科修了
東京家政大学名誉教授／東京成徳大学大学院特任教授
カウンセリング心理学専攻
主著に『健康カウンセリング』（編著）日本文化科学社（1994）
　　　『パーソンセンタード・アプローチ』（編著）ナカニシヤ出版（1999）
　　　『フォーカシングの展開』（共著）ナカニシヤ出版（2005）他がある。

問題解決的／成長促進的援助
カウンセリング，生徒指導実践への基本的視点

2005 年 8 月 20 日　　初版第 1 刷発行　　　　定価はカヴァーに表示してあります

　　　　　　　著　者　　増田　實
　　　　　　　発行者　　中西健夫
　　　　　　　発行所　　株式会社ナカニシヤ出版
　　　　　　〒606-8161　京都市左京区一乗寺木ノ本町15番地
　　　　　　　　　　　　Telephone　075-723-0111
　　　　　　　　　　　　Facsimile　 075-723-0095
　　　　　　　　　　Website http://www.nakanishiya.co.jp/
　　　　　　　　　　Email　iihon-ippai@nakanishiya.co.jp
　　　　　　　　　　　　郵便振替　01030-0-13128

装丁＝白沢　正／印刷＝ファインワークス／製本＝兼文堂
Printed in Japan
Copyright © 2005 by M. Masuda
ISBN4-88848-860-6